扩大中等收入群体的路径研究

——基于代际流动的视角

尹玉琳◎著

ZHONGDENG SHOURU QUNTI

ZHONGDENG SHOURU QUNTI

中国财经出版传媒集团
中国财政经济出版社
·北京·

图书在版编目（CIP）数据

扩大中等收入群体的路径研究：基于代际流动的视角／尹玉琳著．-- 北京：中国财政经济出版社，2025.4. -- ISBN 978-7-5223-3713-5

Ⅰ. F126.2

中国国家版本馆 CIP 数据核字第 2025TP3129 号

责任编辑：张晓丽　　责任校对：张　凡
封面设计：孙俪铭　　责任印制：史大鹏

扩大中等收入群体的路径研究
——基于代际流动的视角
KUODA ZHONGDENG SHOURU QUNTI DE LUJING YANJIU
——JIYU DAIJI LIUDONG DE SHIJIAO

中国财政经济出版社 出版

URL: http://www.cfeph.cn
E-mail: cfeph@cfeph.cn

社址：北京市海淀区阜成路甲 28 号　邮政编码：100142
营销中心电话：010-88191522
天猫网店：中国财政经济出版社旗舰店
网址：https://zgczjjcbs.tmall.com
涿州汇美亿浓印刷有限公司印刷　各地新华书店经销
成品尺寸：170mm×240mm　16 开　14 印张　200 000 字
2025 年 4 月第 1 版　2025 年 4 月河北第 1 次印刷
定价：78.00 元
ISBN 978-7-5223-3713-5
（图书出现印装问题，本社负责调换，电话：010-88190548）
本社图书质量投诉电话：010-88190744
打击盗版举报热线：010-88191661　QQ：2242791300

本书获以下项目的资助和支持：

山东省自然科学基金青年基金项目：跨期双重选择行为下家庭财富资本与代际流动的传递机制研究（ZR2022QG041）

山东工商学院青年启动金项目：代际职业流动视角下社会阶层固化成因的研究（BS201811）

山东工商学院财富管理特色项目：基于家庭财富资本的代际传递机制研究（2019ZBKY078）

青岛金圣润电器有限公司数字化管理优化咨询项目

前言
FOREWORD

自改革开放以来，我国的社会形态与经济体制发生了翻天覆地的巨变，社会阶层结构也随之转变。时至今日，尽管经济体制已基本确立，但我国仍需持续完善经济体制转型，扫除经济发展过程中的体制障碍。从社会发展水平来看，与1978年相比，中国社会结构发展取得了巨大进步，然而在社会资源匹配不均衡、户籍制度壁垒、社会阶层结构等问题上，仍需不断深化改革。

从历史发展经验来看，社会分层结构两端的阶层群体收入差距不断扩大，同时中等收入群体规模较小，尚未在社会结构中占据主体地位，形成没有中等收入群体支撑的“空心”社会，会引发社会创新能力不足、人力资源浪费等社会性问题。“空心”社会也不利于经济发展，会导致国家国际竞争力下降和经济疲弱。在低水平消费和产能过剩的情况下，不成规模的中等收入群体无法通过拉动消费带动经济增长，供给与需求难以平衡，经济增速下滑。

本书基于代际流动视角研究扩大中等收入群体的原因，主要是以下两个方面。

一是源于两者的逻辑关系。

社会流动涵盖代内流动与代际流动。代际流动主要从动态视角反映社会流动性的强弱，相较于代内流动性，代际流动性更能体现社会结构的开放性。中等收入群体作为社会阶层的重要组成部分，其规模与稳定性是衡量一个国家或地区社会经济发展水平和社会和谐程度的重要指标。代际流动性强，意味着个体通过自身努力实现社会地位上升的机会多，社会阶层之间的壁垒相对较弱，这有利于中等收入群体的扩大和“橄榄型”社会的形成。反之，若代际流动性弱，社会阶层固化严重，则会导致社会结构僵化，中等收入群体难以有效扩大，进而阻碍社会经济的发展和全民共同富裕目标的实现。因此，从代际流动视角研究扩大中产阶层路径，对于推动社会结构转型、实现经济持续发展具有重要意义。

二是源于社会阶层固化的成因。

个人社会阶层的形成主要受两方面因素影响：其一是先赋性因素，包括家庭背景、人际关系、权力要素等；其二是后致性因素，如个人后期的努力程度。自经济转型以来，先赋性因素在社会阶层流动中逐渐占据主导地位，成为社会阶层向上流动的关键因素。同时，受“人格化交易”影响，“关系”在劳动力市场和商品市场中扮演重要角色，使处于优势地位的社会阶层，代际间社会地位的继承占主导，后致性因素对子代经济收入、权利、社会声望的影响力减弱，而处于弱势的社会阶层难以向上流动。在整个转型期间，代际的社会资本不平等对社会阶层流动的影响最为突出。高收入群体子代的代际资源本就优于中等收入、低收入群体的子代，再加上公共权力寻租等行为更是编织了一张密实的关系网，进一步加剧了这种代际不平等。社会底层群众缺少家庭背景、人际关系及权力资本等先赋性因素的助力，只能依靠个人才能以及努力流入中等收入群体及以上收入群体。因此，厘清代际流动传导机制与扩大中等收入群体比重之间的关系十分必要。

在本书中，部分章节内容使用“中产阶层”这一概念对研究问题进行了探讨。这种探讨建立在对“中等收入群体”与“中产阶层”之间既有紧密联系又有显著差异的认识之上。

首先，两者在经济维度上存在重叠性。中等收入群体（Middle - income

Group）与中产阶层（Middle Class）均指向社会结构中的中间层级，其核心交集在于经济地位。根据世界银行标准，中等收入群体通常指日人均收入10—100美元的群体；而中产阶层在经济指标上往往覆盖相似区间，但需同时满足职业类型（如白领、专业技术岗位）、教育水平（大专以上）及资产积累（房产、金融资产）等复合条件。

其次，两者在社会建构上存在差异性。中等收入群体是统计型概念，侧重量化分层，通过收入或消费水平划定群体边界；中产阶层则是社会型概念，包含文化资本（审美趣味、价值观念）、社会资本（人际关系网络）与政治参与等非经济属性。例如，美国中产阶层常与“郊区生活”“大学教育”“政治温和派”等文化符号绑定，而中等收入群体仅反映经济位置。

最后，两者在动态稳定性上存在差异性。中等收入群体的构成易受经济波动影响（如通胀、失业风险），呈现较强流动性；中等收入群体因具备文化资本代际传递机制（如教育投资、职业传承）与社会网络黏性，表现出更强的结构韧性。法国社会学家布迪厄指出，中等收入群体的真正壁垒不在于收入，而在于将经济资本转化为文化资本的制度化能力。

相较于仅采用“中等收入群体”这一概念进行问题分析，部分章节运用“中产阶层”这一术语更能深入剖析中等收入群体在发展过程中所面临的诸多问题，其原因在于以下三个方面。

一是避免“中等收入陷阱”的认知偏差：单纯扩大收入群体可能陷入“统计幻象”，而培育真正的中产阶层需同步推进公共服务均等化（如教育资源分配）、职业结构升级（如工程师红利释放）与文化认同建构（如城市融入机制）。

二是警惕“被中产化”风险：部分发展中国家将城市工薪阶层简单归类为中产，忽视其抗风险能力脆弱性（如印度“月光中产”的医疗债务困境），提示中国需建立多维度的社会保障基准线。

三是把握“中产社会”的治理转型：如新加坡“居者有其屋”政策对阶层稳定的作用，中国需通过房地产长效机制、累进税制改革等制度设计，防止中等收入群体因资产价格波动发生系统性返贫。

本书研究主要分为八个部分，如下所述。

“绪论”，主要内容包括研究背景和问题的提出、研究理论与现实意义、相关文献综述等，其中梳理国内外研究动态时，在对中等收入群体、中产阶层的概念进行界定后，梳理社会流动与社会分层、社会流动与代际流动的关系；同时本章还阐述了本书的研究思路和框架、主要研究的工具与方法等内容。

第一章“扩大中等收入群体的原因”，论述了中等收入群体的社会政治功能、经济功能，以及中等收入群体发展过程中存在的问题。

第二章“制度、制度变迁与社会阶层”，是扩大中等收入群体的理论分析基础，也是贯穿全书的基调，主要包含新制度经济学理论以及社会分层理论与社会流动理论。

第三章“扩大中等收入群体的实证分析”，主要从代际收入、代际职业两个角度，测算其对子代社会阶层的影响，由此提出扩大中等收入群体的两种路径：代际职业流动路径和代际收入流动路径，并使用 AMOS 软件测算了社会阶层的传递路径。

第四章“路径一：中等收入群体的代际职业流动性分析”，主要使用 STATA 软件测算了中等收入群体子女的代际流动指数和代际继承指数，利用 Mlogit 模型测算并对比分析了各个因素对中等收入群体和整体社会阶层的影响，在此基础上，用新制度经济学视角分析中等收入群体代际职业固化的原因。

第五章“路径二：中等收入群体的代际收入流动性分析”，在理论基础分析的基础上，深入探讨了父辈收入对子代收入的影响，并进一步考察了代际职业传承（即父子同职）对中等收入群体及社会整体阶层代际收入流动性的具体影响。

第六章“国际视角”，从国际视角出发，深入研究发达国家、发展中国家以及转型国家在协调城乡发展、推动中等收入群体形成与成熟发展等方面的经验与教训，进而得出对我国中等收入群体发展具有重要借鉴意义的启示。

第七章“结论与政策建议”，在主要结论方面，对第三章、第四章及第五章的实证研究成果进行了系统性的总结。在政策建议方面，则是从代际流动的视角出发，基于实证研究分析，归纳了第六章的国际经验，并进一步融入新制度经济学中“人格化交易”与“有限准入秩序”的深刻思考，提出了具体的政策建议。

目录
CONTENTS

绪　论

第一节　研究背景和问题的提出

1978年之后，中国实施了一系列改革措施，社会形态、经济体制也随之发生了巨大的变化，社会阶层结构也随之转变。直到今天，虽然经济体制已经确立，但是中国还需不断进行经济转型，披荆斩棘，扫除经济发展过程的体制障碍；从社会的发展水平来讲，与1978年相比，中国社会结构的发展虽然也已取得了巨大的进步，但在社会资源匹配不平衡、户籍制度壁垒、居民收入结构等社会问题上，还需要不断深化改革。从社会分层结构方面来看，社会分层结构两端的阶层群体收入差距呈不断扩大的趋势，同时中等收入群体规模较小，并未在社会结构中占据主体位置，而没有中等收入群体做支撑的“空心”社会，会产生社会创新能力不足、人力资源浪费等社会性问题；“空心”社会也不利于经济的发展，导致国家的国际竞争力衰落和经济疲弱。在低水平的消费和产能过剩时不成规模的中等收入群体无法通过拉动消费带动经济增长，供给和需求之间难以平衡，经济增速下滑。在深化改革的攻坚时期，要实现人民共同富裕这一目标，就必须加快社会转型的步伐，使社会发展与经济发展速度相匹配。而中等收入群体的扩大和“橄榄型”社会的形成正是完成这一目标的重要标志。

在党的二十大上，我国的民生问题——特别是就业问题再次得到了强调。

会议提出要“提高就业质量和人民收入水平”，并调整收入分配结构，以扩大中等收入群体的比例，这对于经济的健康发展、社会的稳定与和谐至关重要。在社会主义市场经济转型期，我国的利益格局日益多元化，社会分层的趋势也变得更加明显。观察所谓的“富二代”“贫二代”“官二代”“农民工二代”等社会现象，我们可以发现，那些拥有更多经济资本和社会资本的子代，往往在社会阶层中的位置高于那些没有家庭背景的后代。有限的准入秩序加剧了代际间的不平等，并将代内的不平等转化为代际不平等。如果公共权力监察不力，权力寻租成为可能，权力干预市场经济的运行，部分人利用这种特权谋取不合理、不合法的财富，轻松进入社会阶层的顶端。如果他们获得的社会地位并未得到广大底层群众的普遍认可，导致了“仇富”心理的产生，社会两极分化的矛盾不断累积，可能会引发一系列社会问题。中等收入群体作为高收入群体与低收入群体之间的“缓冲带”，在一定程度上可以缓解社会矛盾的爆发。因此，本书将社会阶层的传导路径分为直接路径和间接路径，并以代际职业流动、代际收入流动为切入点，研究职业和收入对子代社会阶层的影响，并借鉴国际经验，为扩大中等收入群体提供政策建议。

第二节　研究的理论意义和现实意义

现阶段，从代际流动性视角研究扩大中等收入群体问题，在我国具有重要的理论意义与实践意义。

（一）理论意义

1. 丰富中等收入阶层理论研究

本书有利于深入认识我国中等收入群体发展过程中的机遇与挑战，已有学者从社会学或政治视角提出了扩大中等收入群体占比的措施。社会学视角通常关注中等收入群体的社会地位、生活方式、价值观等方面，强调社会结构的调整和社会流动的促进。政治视角则侧重于中等收入群体的政治参与、利益诉求和对政治稳定的影响，提出通过政策调整来满足中等收入群体的需求。然而，这些视角存在一定的局限性。社会学视角往往缺乏对经济因素的深入分析，而政治视角则可能忽视了经济基础对中等收入群体发展的决定性作用。因此，从经济学视角研究中等收入群体的发展具有重要的理论意义。

2. 丰富代际流动性理论

代际流动性反映了一个社会的公平程度和机会平等水平。较高的代际流动性意味着子女的经济社会地位更多地取决于自身的努力和能力，而不是家庭背景。这对于激发社会活力、促进经济发展和维护社会稳定都具有重要意义。本书从代际流动性视角出发，对城乡之间的中等收入群体进行对比研究，并加入制度因素，分析了影响中等收入群体扩大的因素、形成与传导机制，从代际流动视角分析了社会阶层是否存在固化现象，以及代际职业继承性对代际收入流动会产生怎样的影响，是否会产生职业与收入的双重固化，为扩大中等收入群体提供一些政策建议，丰富代际流动性理论。代际流动性理论的研究有助于深入理解社会阶层的形成和变迁机制，为制定公平合理的政策提供理论依据。

（二）现实意义

1. 扩大中等收入群体占比是推进共同富裕的核心要义

扩大中等收入群体，不仅有利于提高低收入群体的收入，更是提高低收入群体的就业质量。党的十九届五中全会决议首次将“人的全面发展、全体人民共同富裕取得更为明显的实质性进展”的表述作为2035年基本实现社会主义现代化远景目标的重要内容，同时提出“中等收入群体显著扩大”的目标要求。2021年8月，中央财经委员会第十次会议就扎实促进共同富裕的现实基础、重大意义、基本原则、要求条件等作出重要部署，强调“要扩大中等收入群体比重，增加低收入群体收入，合理调节过高收入，取缔非法收入，形成中间大，两头小的橄榄型分配结构”。由此可见，“扩大中等收入群体”是扎实推进共同富裕的必要条件。

2. 扩大中等收入群体是政治稳定、社会和谐的必然要求

没有中等收入群体的“空心”社会是极其不稳定的，两极分化的贫富差距会激化社会矛盾、加剧社会动荡，使政治生活不稳定、政权更迭。就中国而言，要实现“全面建设小康社会，逐步实现共同富裕”的伟大目标，扩大中等收入群体是十分必要的。如何扩大中等收入群体的占比是现阶段迫切要研究的一个问题。研究这一问题，有助于充分认识社会阶层结构，为社会阶层结构适应现代化发展做铺垫。

3. 扩大中等收入群体有利于拉动内需，而内需的平稳增长是经济持续增长的动力之一

中等收入群体是消费的主力军，他们的消费行为对国内市场有巨大的拉动作用，有助于扩大内需，构建新发展格局。大国经济的重要特征，就是必须实现内部可循环，并且提供巨大国内市场和供给能力，支撑带动外循环。经过改革开放 40 多年的发展，我国经济快速成长，国内大循环的条件和基础日益完善，在有着 14 亿多人口的民生基本需求中，更在已有 4 亿多并日益增加的中等收入群体所形成的全球最大最有潜力的市场中。随着向高收入国家行列迈进，中等收入群体比重持续扩大，由此将形成巨大的市场需求潜力，必然扩大内需消费，形成内部循环，进而带动外循环，推动新发展格局渐成。由此可见，扩大中等收入群体，不仅是跨越“中等收入陷阱”的有效措施，也是构建新发展格局的关键一环。

第三节　国内外研究动态

一、概念界定

1. 中等收入群体

中等收入群体（Middle - income Group）是指在一定时期内，家庭收入或个人收入处于社会中等水平的人群。这个概念在不同的国家和地区有不同的具体定义和标准，但通常包括以下几个方面。

在收入水平上，中等收入群体通常位于社会收入分布的中间部分。具体标准可能因国家和地区的经济发展水平、收入分配状况以及物价水平等因素而有所不同。世界银行将中等收入群体定义为每日收入在 10—100 美元的人群。这一标准考虑了全球范围内的收入分布和购买力平价。在中国，中等收入群体的界定通常基于家庭年收入或人均收入。例如，国家发展和改革委员会将中等收入群体定义为家庭年收入在 7 万—70 万元的家庭。

在生活水平上，中等收入群体的生活水平通常高于贫困线，能够满足基本生活需求，并有一定的消费能力。他们通常能够负担教育、医疗、住房等基本开支，并有一定的储蓄和投资能力。中等收入群体通常具有较高的消费能力，能够购买汽车、房产、教育服务等高价值商品和服务。他们通常享有较好的生活质量，包括居住条件、教育水平、医疗保障等。

在社会地位上，中等收入群体在社会中通常具有一定的社会地位和影响力。他们通常是社会的中坚力量，对社会稳定和经济发展具有重要作用。中等收入群体通常从事较为稳定的职业，如公务员、教师、医生、工程师、企业管理人员等。他们通常具有较高的教育水平，能够适应现代社会的发展需求。

在代际流动性上，中等收入群体的形成和发展与代际流动性密切相关。代际流动性是指个人或家庭在社会经济地位上的变化，通常通过教育、就业等途径实现。中等收入群体通常能够为子女提供较好的教育资源，提高其社会经济地位。稳定的就业市场和公平的就业机会也是促进代际流动的关键。中等收入群体通常能够通过稳定的职业获得较高的收入和社会地位。

2. 中产阶层

中产阶层①（Middle Class），由于概念表达存在差异，本书将中产阶级、中间阶层、中间阶级等概念视为同等概念。由于社会资源在不同社会群体中存在分配差异，于是就有了社会分层的概念，进而衍生出了中产阶层的概念。亚里士多德是最早描述中产阶层状态的学者，他将人类的生活方式和政治活动分

---

① 在本书中中产阶层的概念不同于中等收入群体的概念，其概念范围更加广泛。

为：过度、不及和中庸等状态，认为，中产阶层是比较理想的中庸阶层，他们拥有适当的财富，且基本生活需要得到了满足，所以不需要暴力发动阶级斗争，是两极分化阶级矛盾的平衡者，有利于维持城邦政治稳定，防止政体向极端倾斜①。早在18世纪，中产阶层的概念已初步形成，虽然在政治上“中产阶层”这一概念被频繁使用但在不同的环境中表达的含义有所不同，包含的内容经历了由“自由民”②“小资阶级”③“有产者”④到“资产阶级”的变化。在此之后，众多学者从不同的视角对中产阶层的概念进行了界定，但他们都没有深入挖掘中产阶层的本质问题，直至马克思才真正触碰到中产阶层的实质问题。

马克思界定了中产阶层的对象、性质，并阐述了中产阶层的社会功能，他认为，随着资本主义社会与经济的发展，中间阶级的规模不断壮大，中间阶级是介于无产阶级工人和资本家之间的社会阶级，他们主要依靠收入生活，成为工人负担的同时也为资本家带来了安全和力量⑤。马克思在《马克思恩格斯全集》一书中，将中产阶层定义为“介于无产阶级和资产阶级之间的社会阶层”。在《法兰西内战》中马克思在阐述无产阶级革命的伟大意义时进一步细化了中产阶层，他指出：这是工人无产阶级作为革命先锋队的第一次革命，工人阶级被包含小贩、手工业者和商人的中等阶级认可，巴黎公社因解决了中等阶级内部的债权和债务问题，而解救了中等阶级。马克思按照是否占有生产资料将社会阶层分为无产阶级和资产阶级，而中产阶层的社会特性一部分类似于资产阶级，一部分又类似于无产阶级，因为中产阶级占有部分生产资料，同时又受资产阶级压迫。随着资本积聚，中产阶层的中间状态也会发生变化，一部分中产阶层向上流动，发展为资产阶级；大部分中产阶层向下流动，沦落为无产阶级。

工业化以后，西方众多学者利用马克思社会结构分析方法，进一步发展了

① 亚里士多德．政治学［M］．北京：中国人民大学出版社，1999.

② 自由民是除奴隶及妇女、儿童以外的公民的通称。

③ 小资产阶级在马克思主义学说中是指介乎资产阶级、资本家及无产阶级者之间的社会群体。

④ 有产者是指占有资产的社会群体。

⑤ 马克思，恩格斯．马克思恩格斯选集（第26卷）［M］．北京：人民出版社，1973.

马克思的中产阶层概念，俗称新马克思主义中产阶层观。如以 Nicos Poulantzas（1976）为代表的“新小资产阶级论”①。他认为，脑力劳动者所从事的“科学活动”如科技、技术、管理、教育等，其具有生产过程的意识形态和资本主义生产的特征，所以称脑力劳动者为“新小资产阶级”。

而马克斯·韦伯补充了马克思的划分社会阶层标准，除了经济标准外，还包含权力、社会声望等标准，该方法理论又被称为多元分层理论。（1）从经济收入的角度来说，相同经济地位的群体构成了同一社会阶层，这部分群体又组成了一个集团，他们的生活际遇相同；（2）从社会声望的角度来说，社会声望是个体身份地位的象征之一，社会阶层可以根据声望的高低加以划分；（3）从政治权力的角度来说，政治权力主要是依靠政治强制力，实现对国家公民的制约和支配的能力，按照集团是否有这种能力来划分社会阶级。

马克思认为中产阶层与无产阶级同属一个社会阶层，随着社会阶级矛盾的持续积累，中产阶层的阶级意识和斗争意识会被激发，进而转化为与无产阶级结盟的自为阶级。而韦伯则认为，无论是在生产资料的占有量上，还是在财富与收入、生产机会方面，中产阶层与无产阶级都有着极大的差异，因此二者是完全不同的两种社会阶层。与工人阶级相比，中产阶层为了实现经济利益的最大化，通常更加期望社会、经济和政治的稳定，故而不会发动大规模的暴力革命。在此之后，西方大多依照韦伯的多元划分标准的思路对社会阶层进行划分，也由此衍生出了多种多元社会分层理论。而对中产阶层的界定，就有至少六种划分标准。不同于仅用一元的财产关系分析中产阶层，他们沿用韦伯的分析思路，使用多元职业关系，以职业的社会报酬及社会评价等标准分析新中产阶层——白领。这七种划分白领的标准主要有：

第一，社会职能角度。克龙奈在《现代社会中的雇员阶层》中提道，作为新中产阶层的白领人员承担四种职能：一是担任行政、事务职能；二是担任设计、计算、研究、分析等技术工作；三是具有监督、管理、控制职能的工

① 尼科斯·普兰查斯．当代资本主义的阶级［A］．何建章，等，编．1976。为与资产阶级相区分，普兰查斯将中产阶层定义为新小资产阶级。

作；四是经营商业、买卖。

第二，从劳动方式上的角度。Emil Lederer（1912）的《现代经济发展中的私人基础》是第一部以白领为研究对象的著作，为了与从事体力劳动的蓝领区分，将从事脑力工作的劳动者统称为白领。他认为白领拥有与蓝领等社会阶层不同的特殊阶级利益，是一个特殊的社会阶层，主要由职员、技术人员、办公室人员等构成。

第三，从职业分层的角度。米尔斯（1986）以职业分层界定白领，通过从与老式中产阶级的对比过程中描述了新中产阶层的特征。新中产阶层主要由专业技术人员、经理、办公人员等构成，同时与老式中产阶级不同，新中产阶级不占有生产资料，领取的工资报酬不足以支撑起独立经营，与其他阶层的职业收入相比，其收入大概处于“中间位置”。这种老中产阶级到新中产阶级，一方面是从有产到无产的转变；另一方面，财产分层转变为职业分层。由于白领从事非直接生产性的活动，其无固定私产，无财产分配权。所以白领依靠知识与技术领取较丰厚的工资报酬，且其职业较稳定，为了保护其利益稳定性，他们通常缺乏政治革命的热情，更期待社会稳定。

第四，从外在条件的角度。罗杰·吉罗德对白领的界定标准具体来说有三个：工作环境为科室工作；上班穿戴是否得体，是否必须穿戴特殊的工作服；工作对象是文件、文字符号、人而不是“物”。

第五，从工作条件角度。格尔哈斯·伦斯基（1987）认为：介于资产阶级和体力劳动者之间的中产阶层，工作条件远远好于体力劳动者，收入高于体力劳动者、工作职位更稳定，同时向上流动的机会也多于体力劳动者。

第六，使用综合指标对白领人员进行了界定。吉尔伯特和卡尔（1992）使用九个变量综合分析了社会各阶层，并把社会阶层划分成六个不同的等级：“资本家阶级、上中层阶级、中层阶级、工人阶级、劳动贫穷阶级，以及下层阶级”①。他们认为中层阶级主要由白领组成，但也包括具有职业技能的蓝领；

① 丹尼斯·吉尔伯特，约瑟夫·A. 卡尔. 美国阶级结构［M］. 北京：中国社会科学出版社，1992.

中层阶级的群体一般具有良好的生活，乐于享受生活，向上流动的动机较弱。

第七，戈德索普（1987）在《现代英国的社会流动与阶层结构》一书中对社会阶层进行了分类，并指出“中间状态阶级”主要由职员、个人服务人员、小业主、小产业者、普通技术人员等组成。丹尼尔·贝尔（1984）认为，中产阶级的构成主要有知识分子、科学家，他们以知识和科学见长，从事脑力劳动。帕克（1972）在《中产阶级的神话》一书中也对中产阶级进行了界定，他将中产阶层进一步细分为两个社会阶层：一是上层中产阶级，是新中产阶层，主要包含主管和管理人员；二是下层中产阶级，主要包含蓝领工人、普通的白领等群体。

马克思和韦伯的理论范式成为研究中产阶层分层的两种经典模式，虽然研究方法不同，但也有相似之处：一是都是对社会差别的研究，即都强调了中产阶层分层及与之相应群体的关系；二是都包含社会群体对社会行动的认知和对整个社会结构状况的认识和判断。

从根本上来说，两种研究范式存在本质差异：（1）就阶级方面来讲，马克思仅从是否占有生产资料来区分不同的阶级，不同社会阶层间存在不可调和的社会矛盾；而韦伯采用多元标准，如收入、权利、社会声望等来划分社会阶层，同时韦伯还强调市场可以决定个体所属的社会阶层，所以不同社会阶层间的矛盾和冲突是可以缓和的。（2）就经济、政治和社会三者之间的关系来说，马克思认为经济基础决定上层建筑，上层建筑反作用于经济基础，经济可以决定政治上层建筑和社会意识形态，也就是说经济、政治、社会彼此之间是互为关联的；而韦伯认为三者各自具有一定的自主性。（3）就阶级未来发展方向来说，在社会发展到一定水平，无产阶级将取代资产阶级成为唯一的阶级；而韦伯则认为不同阶层之间的斗争不是“零和博弈”①。

二、社会流动与代际职业流动

社会流动是反映职位或者阶层变化的指标之一，社会流动根据研究对象是

① 零和博弈（Zero - sum Game），又称零和游戏，属非合作博弈，是指博弈的双方参与人，在严格竞争下，一方的收益必然意味着另一方的损失，两方收益与损失总和为“零”，双方不存在合作的可能。

否是同代可以分为：代际流动和代内流动。代际流动是子女职业地位相对父辈职业地位变化的指标；代内流动是一定时期内，个人当前职业地位或阶层相对初始位置的变动情况。流动表是一种交互分析表，可以展现职业地位或者社会阶层是否发生变化、发生变化的概率值。代际流动表，可以展示代际流动性以及代际继承性的大小，代际流动性指数越高，表示子女流入或者流出某职业的可能性越高。代际继承性指数越高，表示子女“子承父业”[①] 的可能性越高，社会阶层固化越严重；代内流动表，可以展示个人在一定时间内的同职率的大小，同职率是指社会个体在不同生活阶段，职业地位或者社会阶层没有发生变动的概率，同职率可以反映社会开放程度，同职率越高，表示社会成员在不同社会阶层间流动越少，阶层间的封闭性较强；代内的上升流动率和下降流动率可以反映社会总流动率。上升流动率，是指社会个体成员由较低的社会阶层流到较高的社会阶层的可能性；下降流动率是指个体由较高阶层流到较低阶层运动的可能性；总流动率越高，表示社会成员在不同的社会阶层之间垂直流动频率越高，社会阶层之间循环性流动越强。代际流入指数，是指父辈不是该阶层，而子辈流入该阶层的可能性；代际流出指数是指父辈是该阶层，而子辈流入其他某阶层的可能性。流入指数和流动指数也是反映社会流动性的指标，它们反映的是代际间的机会是否均等。代际间的社会流动是社会发展是否进步以及社会变迁的指示器，代际向上流动的可能性越高，表示社会发展充满活力、社会在不断进步。代际流动缓慢，表示子辈的社会地位的获取在很大程度上依赖于父辈，子代间机会不均等现象十分严重，社会底层的群体因为穷所以穷，子代很难脱离父辈在社会阶层中所处的不利境遇。社会的流动性越高，某阶层对其他阶层的开放度就越高，社会底层群众向上流动的机会越多，社会处于健康发展中；反之，社会流动缓慢，社会阶层结构就越封闭，社会腐败不断滋生，导致底层群众产生仇视心理，成为社会不稳定的潜在危险因素，不利于推动“全民创业、万众创新”。由于本书着重研究代际流动与中产阶层的研究，所以下文综述也着重梳理代际流动与社会阶层的关系。

---

① ［宋］释道原《景德传灯录·利山和尚》。

（一）社会流动与社会阶层

对社会阶层流动或“循环”方式主要存在两种不同理解，一种理解认为社会阶层在“精英”[①] 和“群众”[②] 之间循环流动。这一理论的代表人物为维弗雷多·帕累托。帕累托将社会阶层分为两个阶层：一是群众，非精英阶层；二是精英阶层。他认为，政治变迁是精英阶层不断循环的结果。精英循环主要有两种方式：一是不同类型精英阶层之间的循环；二是精英阶层和群众之间的循环，第二种方式主要强调社会阶层之间的流动。在帕累托看来社会要保持基本平衡与稳定，就要确保上行通道和下行通道的畅通。精英阶层处在“不进则退”的竞争环境中，非精英阶层也可以通过不断努力流入精英阶层。精英循环是建立在完善的民主政治体系、健全的法制体系以及有效的监督和约束机制之上。这显然是一种比较理想化的社会流动（帕累托，2001）。越来越多学者持有与第一种解释相反的观念，他们认为社会阶层流动是一个“再生产”[③] 的过程。主要代表理论有皮埃尔·布尔迪厄等的“文化再生产理论”。布尔迪厄和帕斯隆（2002）将社会阶层分为三个等级：居于统治地位的阶级、中间阶级和工人阶级；将资本分为三种类型[④]：“经济资本”“社会资本”“文化资本”，并用占有资本量的多少来区分不同的阶层，同时他也指出社会阶层结构并不是封闭的，存在向上流动、向下流动和摇摆不定三种流动轨迹。布尔迪厄十分重视文化在阶层中扮演的角色，认为学校教育能够促进中产阶层子女的社会流动，而不利于工人阶层子女向上流动，他们必须付出更大的努力来改变现状。实际上，即使在发达工业社会，也难以用社会阶层循环或者社会阶层“再生产”来解释不同阶层之间的流动或不同阶层的继承。正如 Erikson 等

---

① 在此处，“精英”意指“精选出来的少数”或“优秀人物”，即处于社会阶层顶端的群体。

② 在此处，“群众”是指除“精英”群体以外的社会成员。

③ 在此处，“再生产”主要是指子代直接通过代际继承的方式继承父辈社会阶层，而不是通过后天努力进入较高社会阶层。

④ 值得一提的是，布尔迪厄对资本定义与马克思的以及传统经济学对资本的定义有所不同，它还包含个体对自身或者他人的未来施加控制的能力，因而，他所说的资本也是一种权力形式，致力于调解个人与社会之间的关系。

(1979）在总结英国代际社会流动性时指出，精英阶层存在流入壁垒，劳动力市场存在“有限竞争”[①]，非此阶层的子女难以进入该阶层，精英群体通过代际继承从事经济、社会等活动，即“阶层再生产”；在代际社会流动过程中，中产阶层和社会底层群体的劳动市场表现出较高的开放性。

赖特（2008）根据社会阶层和成员之间不平等产生的原因，将研究社会分层与流动的理论进行了分类，主要有以下三类路径：

一是个人属性路径。代表人物有帕累托、戴维斯、莫尔、布劳、邓肯和丹尼尔·贝尔等，由于个体的经济地位和报酬主要通过有酬劳动获得，他们从决定职业和收入的影响因素入手，考察个人属性（如教育、家庭背景、动机、人际关系）如何影响个人的社会地位。结果发现，一部分社会群体的富裕不是因为剥夺了他人的财富，一个人的成功与他人的失败没有必然的因果关系。

二是机会阻隔路径。韦伯（1997）认为，三种权力分配的形式（即经济、政治和威望)，有没有权力、权力多大以及拥有的是哪种权力可以决定个体在交换产品和技能时双方经济利益的大小。格兰诺维特（Granovetter，1973）的弱关系理论[②]、林南（Lin，1982，1990）的社会资源理论[③]、伯特（Burt，1992）的结构洞理论[④]、皮奥雷（Piore 等，1973）的双重劳动力市场理论[⑤]均从不同视角，提出了资源占有优势地位的一方，会剥夺或者压迫另一方的权益，以获得更大的利益。由于机会阻隔的存在，占有某种优势的群体向上流动的机会也高于其他群体，从而社会阶层地位较高的群体，更能利用地位优势剥夺他人利益。

---

① 有限竞争是完全竞争与完全垄断之间的一种调节资源配置的市场状态。

② 弱关系指和联系不频繁的人的关系，格兰诺维特指出，由于弱关系在群体范围内发生，传播信息更广泛，因此个人就职最密切的社会关系往往是弱关系而不是强关系。

③ 在林南看来，社会资源主要指“那些嵌入个人社会关系网络中的资源，如权力、财富、声望等，这种资源存在于人与人之间的关系之中，必须与他人发生交往才能获得”。

④ 所谓“结构洞”就是指社会网络中的空隙，正是这种空隙可以为处于该位置的组织和个人带来其他成员无法获得的信息和某些资源上的优势。

⑤ 该理论指出：在现实中的劳动力市场中，人力资本理论所提出的统一竞争性的假设难以满足，导致劳动力市场存在着显著的内部分割性，导致教育与劳动收入不完全呈正比的关系。

三是剥削和支配路径。马克思认为，阶级的产生和社会阶层间不平等关系是由于剥削与支配造成的，是否占有生产资料是划分个体社会阶级归属的标准。

对比三种不同的研究路径发现：个人属性路径比较注重于微观分析，个人属性通过影响个人发展的各种机会从而影响其社会地位，这种个人属性不阻碍或者剥夺他人的发展机会。而机会阻隔路径注重社会制度的分析，精英群体可以通过有限准入秩序，阻碍非精英群体向上流动，通过代际继承传递利益，通过权力之便获取租金。剥削和支配路径进一步明确指出占优势地位的群体不仅可以控制资源，阻隔另一部分群体向上发展，还会剥削和支配别人的劳动，使弱势群体陷入恶性循环中。

近年来，基于个人属性路径的微观分析俯拾即是，而基于机会阻隔、剥削和支配路径的宏观分析却寥寥无几。不仅是由于个人属性路径反映了目前该领域研究的主流思潮，也是由于个人属性路径中的影响因素比较容易量化，从而在实证研究上占有优势。但是这种微观分析的路径也有局限性，赖特认为，如果过分关注个人属性就会忽视特权、支配和剥削等基本问题，而这恰恰是社会学家不能回避的问题。

（二）当前中国职业代际流动研究

中国职业代际流动研究趋势比较多元化。研究多采用个人属性路径、机会阻隔路径，分析个人因素、家庭因素、制度变迁因素等对职业代际流动的影响。关于代际职业流动的研究大概分为两大类：一类是测算在中国发展的不同时期下，代际职业流动的程度、特征及成因；另一类是研究个人因素和社会性因素对个体地位获得以及代际职业流动的影响。

关于中国不同时期地位获得的主要方式，学者们持有不同的观点，如张翼（2004）、张瑞玲（2010）认为，1978 年以后代际流动性不断增强。李晚莲（2010）认为，以新中国成立初期到改革开放前为转折点，其代际流动差异最小，新中国成立前社会阶层分化最为严重，代际差异较大；改革开放后代际差异也在不断拉大。吴莹等（2010）认为，父辈职业类型对子代职业类型的边际效应逐渐减弱，即先赋性因素对子代的影响力逐渐减弱，社会阶层对其他群体的开放程度不断上升。郝大海（2009）发现，教育、垄断等因素在不同时期对子代就业的影响有所不同。父亲教育尽管在大多数时间对子代进入单位都没有显著的直接影响，但由于它在各个历史时期对子代教育均具有显著的正面影响，进而对子代进入工作单位形成稳定的间接影响，20世纪60年代中期以前，父辈工作单位对子代进入单位并不产生直接影响，后来才对子代单位具有显著的直接影响。

那么，在经济体制朝向社会主义市场经济转型的中国，其代际社会流动又呈现出什么特征？倪志伟（1989）提出了“市场过渡论”①，由于经济体制由计划经济转向市场经济，再分配权力因市场机制的引入而被削弱，给中低收入群体创造了向上流动的机会，社会各个阶层间流动性增加，市场流动通道顺畅，社会对群体流动更加开放。很多学者持有与之相反的观点，如Bian与Logan（1996）提出的“权力维续论”②、Róna－Tas（1994）提出的“权力转换论”③以及Zhou（2000）提出的“政治和市场共进论”④等诸多理论，他们普遍认为，在向市场经济转型过程中，再分配权力并没有退出历史舞台，并且仍然影响着代际社会流动，使社会阶层向上流动通道仍不通畅，精英阶层的代际继承性特征仍较明显。陆学艺（2004）认为，自改革开放以来，社会职业流动趋向“向上流动的潮流”，并逐渐形成了开放型社会结构。然而，李春玲（2005）认为，改革开放以后，代际流动和代际继承的发展趋势一致，开放与封闭并存，即社会代际流动性增强与代际继承性增强并存，阶层之间仍存在较强的流动障碍。李路路（2004）从城市社会阶层相对关系模式角度理解代际

① 在向市场经济转型的过程中，关于是“市场排斥权力”还是“权力主导市场”命题中，倪志伟选择了前者。

② 该理论认为，转型期的国家，其执政党和单位体制并没有发生根本改变，市场机制是再分配体制内的制度安排，来自市场激励的收益仍然有利于拥有政治权利的部分群体。

③ 该理论指出，在社会主义向资本主义转型时期，拥有政治权力的部分群体仍能将政治权力优势转化为经济优势，继续保持自己优势地位，转型会增加收入的不平等。

④ 周雪光认为，在转型期，职位权力和组织等级制度方面持续存在。

社会流动时指出，虽然经济体制发生了转型，但是原有的社会阶层关系并没有发生根本转变，阶层再生产即代际继承仍是其主要的发展模式。

关于中国政治、经济转型期的代际职业流动的研究并没有形成统一结论。对该领域研究成果进行梳理总结，主要有以下特性：

（1）就研究结果及研究方法来说：第一，绝大多数学者认同，父辈职业对子代的职业的选择有显著的影响，优势群体在职业选择上占有优势，存在不平等因素影响子代职业的获取；第二，实证研究多以布劳和邓肯的地位获得模型为基础，除了父辈职业、教育水平等外，新增加了父辈工作单位类型、父辈政治面貌、性别等解释变量；第三，开始注重制度因素对代际流动的影响，如户口制度、社会资本等。

（2）主要问题与存在的争论。对地位获得与代际流动研究也存在理论局限性：第一，理论基础薄弱，难以回答代际职业流动的社会机制的问题，对代际职业流动性的高低没有统一的划分标准，且代际职业流动性实证结果多为描述性分析；第二，职业地位的划分标准也难以统一，职位高低划分的标准，且即使同一个职位类型，在不同单位，工资报酬差异也很大；第三，将家庭影响变量碎片化，忽视家庭（甚至家族）整体力量对子代获取职业的影响；第四，关于是否职业工业化越发达，代际流动性就越高也没有得到一致性答案。

（3）研究展望。代际职业流动研究有很大发展空间：第一，虽然由于不同地区之间经济、政治、制度、文化等因素存在很大差异，无法得出全国性的结论，但是比较代际流动性在不同地区之间的差异是十分有必要的。第二，由于缺乏作用机理的理论基础支撑，代际职业流动性的影响因素研究受到了很多质疑与抨击，在未来的研究中，对理论基础的补充与完善也是十分必要的。第三，代际流动模型如何适用于中国问题的分析。西方学者比较注重先赋性因素、自致性因素对代际流动性的影响，但中国是一个比较注重人情的社会，因此社会性因素（制度性因素）的作用也不能忽视，如中国的户籍制度、工作单位类型、政治面貌、家族等因素，所以研究中国问题必须将中国国情考虑进来。

三、社会流动与代际收入流动

代际收入流动性是使用收入指标，研究子代间获取收入的机会是否均等。长期以来，所谓的“富二代”“农二代”等现象层出不穷，代际间的收入差距问题也日益成为关注的焦点。较低的收入、财富以及职业的代际流动性，会进一步加剧社会阶层的固化，最终导致社会不稳定、经济发展速度缓慢等一系列问题。因此，研究代际流动性及其影响机制，可以为建立和谐、稳定、公平的社会提供理论支撑。

代际收入流动衡量的是一个人的收入水平受其上一代人收入水平影响的程度，一般用代际收入弹性的概念来衡量流动性的大小，代际收入弹性与代际收入流动性呈反向关系。代际收入弹性越小，表明子代的收入水平受父辈收入水平的影响越小，代际收入流动性越大，子代收入差距拉大的原因更多受后致性因素的影响，如个体特征属性以及努力程度等。有必要就代际收入流动性的研究路径进行分类整理，于是本书就代际收入流动性与收入差距的关系以及代际收入流动性与机会均等的关系进行了梳理。

（一）代际收入流动性与收入差距

Björklund 和 Jäntti（1997）在比较瑞典和美国的代际收入时发现，瑞典的代际收入流动性较高，同时同代之间截面收入平等程度也较高，代际收入流动性和收入平等性之间可能存在正相关关系，但还需要进一步探讨两者确切的关系。对于代际收入流动性和收入差距之间的关系研究结论大致可以分为以下三类。

1. 高流动性与低收入差距的广义一致性

学者分别研究了代际流动性和收入差距的影响因素，但没有建立两者之间的直接作用机制模型，所以无法知道两者的确切关系，只能看出大致的关系。Becker 和 Tomes（1979）指出，同代之间横截面收入差距是市场运气的方差、能力的方差、能力的可遗传性和家长对子代的投资倾向四个参数的增函数，代际收入流动性是能力的可遗传性、家长对子代的投资倾向等变量的减函数。代际流动性和同代之间收入差距有两种共同的影响因素，但收入差距还受市场运气的方差、能力的方差等因素的影响，所以不能得出两者之间有确切的负相关关系的结论。

在 Solon（2004）的模型中，代际收入弹性和横截面收入的方差是可遗传的能力、人力资本投资效率、人力资本投资回报三个变量的增函数，是公共人力资本投资的累进性变量的减函数，所以，代际收入流动性与收入差距之间有很大的一致性，但是，代际收入流动性还与能力遗传方程中干扰项的方差有关，所以代际收入流动性与收入差距之间可能并非完全的负相关关系。

2. 代际收入流动性与收入差距有确切的关系

Owen 和 Weil（1998）指出，两者之间存在确切的关系，经济发展水平更高且社会发展较平稳的国家，普遍存在较低收入差距和较高流动性的现象；类似地，Maoz 和 Moav（1999）也曾指出，随着经济的增长，社会流动性提升，收入不平等程度下降。但是这些结论是建立在存在信贷约束和个人工资取决于个人能力的基础上的，在这些前提假设下，收入差距较低意味着信贷约束对子代获取人力资本投资的约束力有所减缓，加上低收入群体的子代个体能力并不一定偏低，低收入群体的子代也获取了向上流动的机会，从而促进了代际间的流动性，提高了经济效率，促进社会进步发展。

前提假设条件发生变化，结论也会大相径庭。如 Galor 和 Tsiddon（1997）假设金融市场作用机制比较完善，随着技术进步，个人能力回报会有所上升，那么个体同代间不平等程度也会上升；由于技术进步，家庭背景对子代收入的影响力减弱，所以代际间的流动性增强，于是代内之间的不平等程度和代与代之间收入流动性同时上升。Napel 和 Sehneider（2008）假设子代的能力与父辈的能力存在正相关关系，那么代际流动性会下降，代内之间的收入差距仍然保持不变。

3. 代际收入流动性与收入差距关系的复杂性

Morand（2004）明确指出，由于经济体中代内收入差距和代际收入流动性分别取决于不同的影响因素，加上每个模型中影响因素的自变量与因变量的关系也是错综复杂的，故很难系统性确定两个不同模型决定的因变量之间的关系。Hassler 等（2007）从不同的制度角度来阐述代际收入流动和收入差距之间的复杂关系，并指出：

首先，两者之间相互影响。从信贷约束和人力资本角度来讲，收入不平等一方面使低收入家庭的高能力后代因受信贷约束，而无法向上流动，从而降低了代际流动性；另一方面也会激发父辈对子代进行人力资本投资的积极性，在这种情况下，代际流动性是否下降取决于低收入家庭和高收入家庭对后代人力资本投资的相对差距：倘若高收入家庭的投资激励上升更高，相对高收入家庭，低收入家庭的子代更难以向上流动，代际流动性就会下降，否则相反。从劳动力供求角度来讲，随着技术进步，高流动性增加了技术劳动力的相对供给，从而其劳动力报酬也会相对减少，劳动力的供求关系趋向均衡状态的过程中，技术劳动力和非技术劳动力之间收入差距也会缩小。

其次，外生冲击不同，两者的关系也有所不同。第一，外生冲击来自生产部门时，两者的关系呈正相关：生产部门的冲击通过影响要素回报而缩小收入不平等，这种正向激励效应会提高代际流动性。第二，外生冲击来自教育部门时，两者的关系呈负相关：教育改革往往是提高教育的可得性，低收入家庭高能力的子代向上流动的机会增加，代际间流动性上升，非技术劳动力的相对供给会相对减少，其劳动报酬就会相对上升，从而低收入家庭和高收入家庭的收入差距随之减少，于是表现为代际流动性和收入差距呈负相关关系。

上述作用机制很好解释了现有的研究结果。如 Björklund 等（2002）对比研究了英国、加拿大、丹麦、芬兰、挪威、瑞士、美国收入差距和代际流动性的情况，研究发现：教育制度差异会影响该国的收入差距和代际流动性，两者基本呈现负相关关系：代际流动性较高、收入较平等的加拿大与北欧国家，其教育补助较高；而流动性较低、收入差距较不平等的英国与美国，其教育补助较少。此外，Dahan 和 Gaviria（2001）发现，拉丁美洲的收入不平等和代际流动性呈负相关关系，而美国恰好相反，收入不平等和代际流动呈正相关关系，之所以出现这种现象，是由于美国公共教育支出较高。Lambert 等（2007）在比较英国不同时期代际职业流动性的变化趋势时发现，在教育制度改革的重要时期，代际流动性也大幅度上升。Comi（2003）对比欧洲南部和北部的流动性时发现，南部地区的代际收入流动性小于北部地区，但是两个地区的收入差距相差不大。Comi 对此进行了解释，他认为北部地区代际收入流动性较大的原因主要在于其公共教育支出较大，教育提高了代际收入流动性，而南部的收入差距较小在于政策对子代工资进行了压制。

（二）代际收入流动性与机会均等

虽然在很多文献中，将代际收入流动性看作作为机会是否公平的一个指标，但是两者之间并没有直接或者必然的关系。

首先，机会公平的界定没有统一的标准，如何测量也是一个难题。经济学家 Roemer（2004）对机会公平进行了界定：如果收入差距是由后致性因素（如个人努力的程度）造成的，那么子代间的机会是均等的；但如果收入差距是由先赋性因素（个体不可控的）造成的，那么子代间的机会是不均等的。Lefranc 等（2009）建立一个包含运气的机会均等模型，综合考虑到数据的限制与可操作性后实证发现：1979—2000 年，机会不平等的程度趋于下降的同时而法国的收入分配差距缩小了。Checchi 和 Peragine（2010）将意大利居民总收入不平等分解为“被道德伦理上接受”[①] 收入差距和“被道德伦理上攻击”[②] 收入差距两部分，用这种方法衡量的机会不平等约占总收入不平等的 20%，且南部地区的不平等程度高于北部地区。

其次，先赋性因素（如家庭背景等）是子代无法控制的外在因素。虽然代际收入流动性的程度和收入机会是否均等存在一致性关系，但是由于两者的影响因素很不同，所以两者之间的关系并非必然的正相关。

也有部分学者认为，代际收入流动性机会均等与结果公平之间都具有一致

① 由 Checchi D，Peragine V. Inequality of Opportunity in Italy［J］. Journal of Economic Inequality，2010，8（4）：429－450 一文中“Ethically Offensive”一词直译而来。

② 由 Checchi D，Peragine V. Inequality of Opportunity in Italy［J］. Journal of Economic Inequality，2010，8（4）：429－450 一文中“Ethically Acceptable”一词直译而来。

性。例如，Lefranc 等（2008）使用家庭出身的条件收入分布函数对“机会均等”进行了界定，将得到的“机会公平系数”[①] 与基尼系数进行对比，结果发现，美国和意大利的收入差距和机会不等的程度都比较大，机会公平和结果公平之间存在强相关的关系。法国和德国的收入不平等程度相似，但是与德国相比，法国的机会更加不平等，这种不平等往往是由于政策决定者的选择导致的。

（三）代际收入流动与经济效率

关于代际收入流动和经济增长两者之间的关系，在早期的经济增长模型中，将代际收入流动看作外生的，并假设代际间的个人行为决策相互独立且代际收入流动的变动与教育回报的产生不相关，因此，他们认为不能对不同经济增长阶段的经济体的代际收入流动进行比较。而后续的研究中，在经济增长模型中，将代际收入流动作为一个内生变量引入模型当中。对现有的相关文献梳理总结，代际收入流动性主要通过以下路径影响经济增长。

路径一：人力资本投资效应。

不少学者认为，人力资本投资是代际流动性影响经济增长的路径之一。如今，人力资本作为生产的重要要素越来越受到人们的普遍关注，在生产效率的提高和经济增长过程中发挥着重要作用。当经济发展速度放缓时，不平等的收入分配制度和较低的社会流动性可能导致人力资本投资不足，从而进一步阻碍经济增长。要使经济持久健康快速发展，提高代际收入流动和加大人力资本的投资是十分必要的。

为了对以上理论进行验证，Owen 和 Weil（1998）、Maoz 和 Moav（1999）以及 Galor 和 Moav（2004）等构建了一系列经济学理论模型。通过实证分析得出了以下结论：代际流动越高越有利于教育资源的配置效率的优化，而个体能力与人力资本积累之间存在较强的相关性。于是就产生了以下逻辑推理：当一个社会的代际流动较高时，人力资本投资的规模就越大，人力资本的增加又进

① 机会公平系数是用家庭出身的条件收入分布函数，利用非参数统计的方法对随机占优标准进行排序所得的估计值。

一步促进了经济增长。值得一提的是，这一结论是否成立是建立在个体能力的分布是否随机的基础上的，当个体能力的分布是随机时，代际流动较低意味着个体能力较低的高收入子代更多地占用了教育资源，而当代际流动较高时，具有更高能力的低收入子代也能获得较好的教育资源，从而整体社会的人力资本的积累也随之提高。

路径二：劳动力资源的匹配效应。

从宏观资源配置角度来讲，个体经济收入、社会地位以及政治权力的获得过程实际上将社会成员分配到各种职业与各个岗位的过程。当劳动力市场资源配置比较高效率时，应该按照个体能力与特质等标准实现劳动力资源的最优匹配，从而大幅提高社会的运转效率。

Galor 和 Tsiddon（1997）通过构造 OLG 模型①对以上结论进行了验证，并将技术进步划分为技术革命和技术创新两个阶段。处于技术革命阶段时，代际流动性较高，知识在家庭内部的传递效率下降，子代的家庭出身变得不重要，能力较强的子代将就职于高技术部门内，劳动力市场化配置效率较高，从而进一步促进经济发展。但是随着技术的可获得性的增加，代际流动性开始减弱，子代的家庭背景的重要性也逐渐凸显，由于代际继承的增加，高技术部门中低能力个体的集中度上升，从而技术发展与进步的速度放缓，进一步导致未来经济增长速度的下降。Galor 和 Tsiddon 认为，劳动力市场中社会成员就职的流动性大小是决定技术进步周期和产出增长的主导因素。当流动性较低时，劳动力市场将存在人力资源的错配，从而技术进步和产出增长都将放缓。由此，他们得出了降低社会流动性将不利于经济增长的结论。

此外，Hassler 和 Mora 等（2007）构造了一个由代际流动、技术进步和人力资源配置等因素同时决定的理论模型②。通过数理推导得出以下结论：在一般均衡的模型中，当代际流动和技能分配是内生时，劳动力市场根据个体的能

① OLG 模型（Overlapping Generations Model）：跨期迭代模型，该模型研究了代际财富传导机制等问题。

② 在该文中，他们建立了一个包含代际流动和收入不平等的一般均衡模型，分析了公共补贴、教育资源差异以及劳动力市场差异等外生因素对代际流动性和收入不平等的影响。

力进行资源配置，那么技术进步和人力资源配置机制将是相互促进的，就会出现经济快速增长与高流动并存的发展体系，但也有可能陷于经济低速增长与低流动并存的困境。

路径三：物质市场与地位市场的激励效应。

社会流动性也可以通过促进人们努力工作的激励效应来影响经济增长速度。如今，人力资本对经济增长的影响越发显著，良好的激励机制会提高社会成员的工作效率，进而促进整个社会的经济效率的提升，而社会流动性又是这一激励机制的重要组成部分。唐世平（2006）认为，要推动社会经济和文明的发展，就必须在物质市场和地位市场上建立良好的激励机制，社会成员之间流动的渠道可以通过调控地位市场中的激励结构从而影响经济增长。虽然研究视角不同，Brown（1973）也用类似的观点解释了文艺复兴时期工业革命的兴起，他认为这主要源于当时社会流动渠道的改变。

关于代际间的资源传递，代际职业流动是使用离散的职业指标，而代际收入流动使用的是连续的收入指标。王海港（2005）、Gong 和 Meng（2012）、杨瑞龙等（2010）；韩军辉（2010）、何石军和黄桂田（2013）等研究了中国的代际收入传递问题时，一致认为：中国代际之间资源传递对子代的收入有显著性影响，父辈收入较高时，子代的收入也较高，代际传递使同代之间的收入差距在代际间传递，中国的代际收入弹性较高，代际收入流动性较差，同时在不同的分位水平上，代际收入流动性也不同，低分位数下的代际收入流动比较差，即低收入群体的子代向高收入流动的可能性比较小。孙三百等（2012）认为，要使低收入群体子女走出“代际传递陷阱”的解决办法就是实现劳动力的自由流动。这些研究主要从“代际收入流动”这一指标说明了社会阶层间存在代际机会不均等的情况。

第四节　本书分析框架

从研究思路来看，本书研究的选题是转型期我国中等收入群体的扩大，关注的焦点是转型期中等收入群体形成与发展的机制。本书对中等收入群体形成与发展的背景进行了描述，从制度变迁、政策影响等层面分析了我国城乡中等收入群体的形成与发展过程，对现阶段城乡中等收入群体进行了界定，并对城乡与不同时期的中等收入群体进行了比较研究，分析了社会阶层与代际流动的关系，进而从代际收入流动与代际职业流动视角提出了扩大中等收入群体的途径和政策建议。

依据上述内在逻辑，笔者将本书分为五个部分。

第一部分是绪论，绪论主要包括研究的背景和问题的提出、研究的理论意义与现实意义、相关文献综述等，其中梳理国内外研究动态时，在对中等收入群体、中产阶层等概念进行界定后，梳理社会流动与社会分层、社会流动与代际流动的关系；同时本部分还包括本书的研究思路和框架、主要研究的工具与方法等内容。

第二部分是第一章和第二章：理论基础及分析框架。第一章，从社会政治、经济功能的角度出发，阐述了扩大中等收入群体的原因。第二章是全书的理论基础，也是贯穿全书的基调。本书利用代际流动性这一变量，分析了扩大中等收入群体中存在的问题，并用制度经济学加以解释。第一章是全书的逻辑起点，第二章是全书的理论分析基础，同时也为第三章、第四章、第五章提供了理论支撑。

第三部分是第三章、第四章和第五章：实证分析。第三章主要从代际收入、代际职业两个角度，测算其对子代社会阶层的影响，由此提出扩大中等收入群体的两种路径，路径一是代际职业流动，路径二是代际收入流动性，第三章的内容主要是为第四章和第五章做铺垫。第四章是代际职业流动分析，从职业角度分析中等收入群体问题；第五章是代际职业传承对代际收入流动的影响分析，以测算是否存在双重固化机制，导致中产阶层难以扩大。第五章，用于揭示中等收入群体是否存在固化以及中等收入群体向上向下流动的内在传递机制。在此基础上，结合第六章扩大中等收入群体的国际视角的经验分析，提出本书的政策建议，以此作为本书理论分析框架。

第四部分是第六章：经验及现状分析。对发达国家、发展中国家以及转型国家在协调城乡发展、促进中等收入群体的形成与成熟发展等方面经验与教训，得出对中国中等收入群体发展的重要借鉴启示。

第五部分是第七章：结论与建议。在主要结论方面，本章系统总结了第三章、第四章、第五章实证研究的结论，而政策建议是在总结第六章其他国家对中国中等收入群体发展启示的基础上，又加入了新制度经济学中“人格化交易”与“有限准入秩序”方面的思考，并基于代际流动的视角提出制度性政策建议。

本书逻辑分析框架如图 0－1 所示。

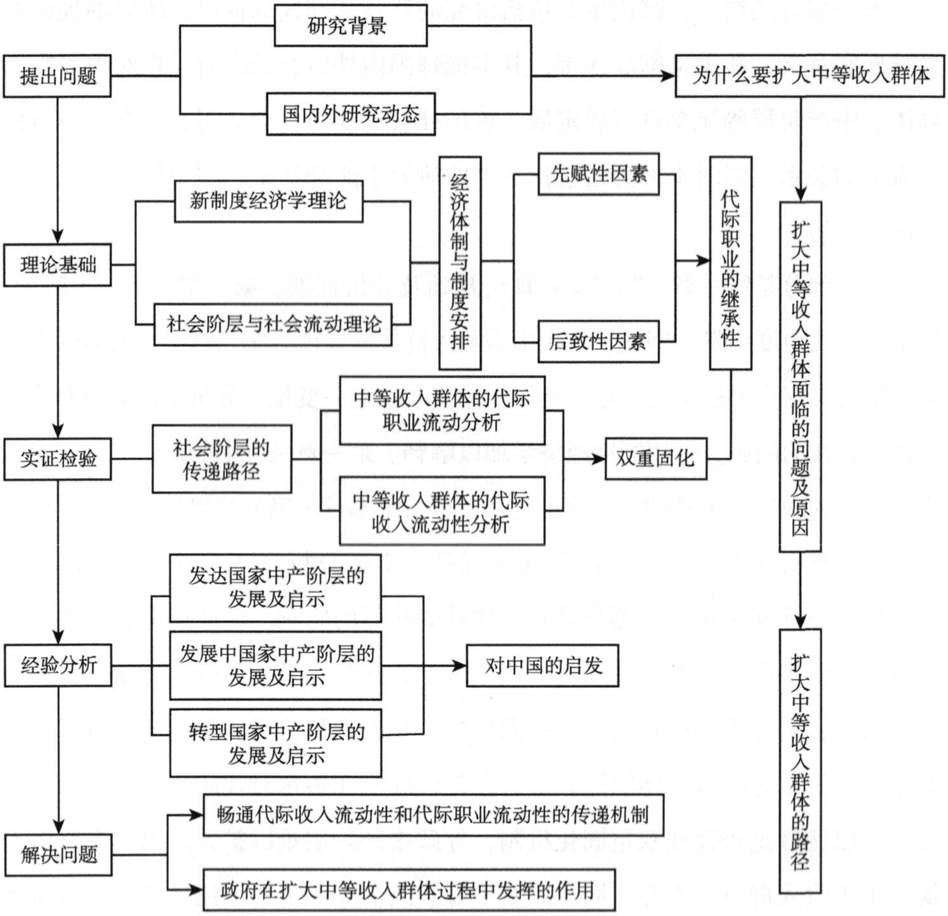

图 0－1　本书逻辑分析框架

第五节　研究方法

一、文献研究法

本书梳理了以下三个方面的文献：一是近年来有关中等收入群体、中产阶层的相关文献；二是近年来关于代际收入流动以及代际职业流动研究的相关文献；三是关于社会分层与社会流动研究的相关文献。梳理文献的主要目的首先是界定中等收入群体、中产阶层，其次是厘清为什么从代际流动性视角研究扩大中等收入群体的路径。

二、实证研究法

为了深入研究我国转型期中等收入群体的形成和发展的各种机制，分析我国中等收入群体在发展与成熟过程中，先赋性因素和后致性因素与其社会地位获得的内在关系，本书运用路径分析法、矩阵分析法、Mlogit 模型、多元回归模型等现代计量经济学的研究工具方法对本书的理论观点及假说进行实证检验。

三、比较研究法

由于存在城乡二元分割的现象，所以在分析代际流动性时，分城镇和农村两种情况对其进行了研究，同时考虑到中等收入群体的特殊性，本书也将社会整体阶层考虑进来，对比分析了整体阶层与中等收入群体的差异。

本书技术路径如图 0－2 所示。

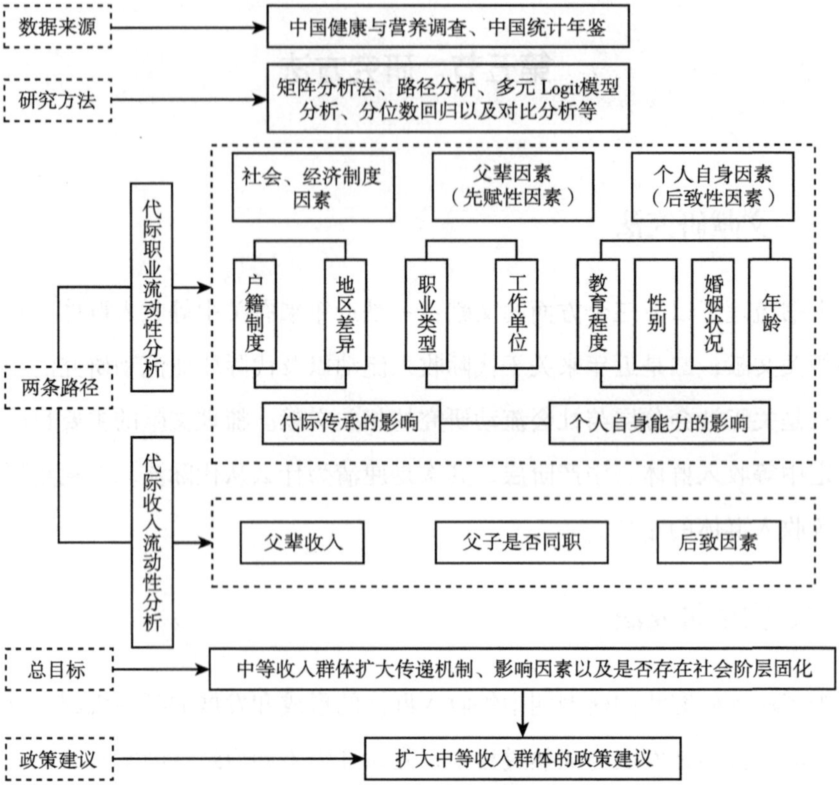
数据来源
中国健康与营养调查、中国统计年鉴
研究方法
矩阵分析法、路径分析、多元Logit模型分析、分位数回归以及对比分析等
两条路径
代际职业流动性分析
社会、经济制度因素
父辈因素（先赋性因素）
个人自身因素（后致性因素）
户籍制度
地区差异
职业类型
工作单位
教育程度
性别
婚姻状况
年龄
代际传承的影响
个人自身能力的影响
代际收入流动性分析
父辈收入
父子是否同职
后致因素
总目标
中等收入群体扩大传递机制、影响因素以及是否存在社会阶层固化
政策建议
扩大中等收入群体的政策建议

图0－2　本书技术路径

第一章　扩大中等收入群体的原因

中等收入群体的壮大，是国家经济发展、社会进步的具体体现。它不仅能够反映一个国家或地区的经济繁荣程度，还能彰显社会结构的优化与民众生活水平的提升。中等收入群体的扩大，意味着更多的人能够享受到经济发展的成果，拥有相对稳定的收入和较高的生活水平，这对于促进社会稳定、增强消费能力、推动经济结构优化升级等方面都具有重要意义。因此，扩大中等收入群体，不仅是经济持续健康发展的内在要求，也是构建和谐社会、实现共同富裕的重要途径。本章将深入探讨中等收入群体在社会政治领域所扮演的角色，以及他们在经济领域所发挥的作用。同时，本章还将分析中国中等收入群体在发展过程中遇到的一些显著问题，并且探讨导致中等收入群体阶层固化的原因。

第一节　中等收入群体的社会政治功能

党的二十大报告再一次强调“扩大中等收入群体”，以及“加快推进基本公共服务均等化，缩小收入分配差距”，作出了具体的战略安排。在持续多年的经济快速增长、城镇化率不断提升时期，中等收入群体也逐步进入大众视野。

在社会政治功能研究方面，国外学者或早期国内学者主要使用的是中产阶层的概念展开的，在此视角，中等收入群体和中产阶层无异，因此本节使用中产阶层的概念阐述中等收入群体的社会政治功能。学者们从中产阶层的社会功能的研究主要是围绕中产阶层是否是社会“稳定器”展开的。多数学者认为中产阶层是维系社会的“稳定器”，也有少数学者提出相反的观点，扩大中产阶层的过程也对社会稳定和社会秩序提出了挑战，是社会的“振荡器”。

（一）中产阶层是社会的“稳定器”

多数学者赞同中产阶层社会“稳定器”的观点。亚里士多德（1981）认为，中产阶层作为社会阶层的中流砥柱时，国家政体才最好。因为中产阶层不会损害或者窥探其他阶层的经济利益，他们生活比较安逸平稳。托克维尔（1997）认为，由于中产阶层的既得利益较多，所以他们唯恐失去现有利益，从而迫切希望社会稳定。他还指出，中产阶层具有缓冲作用，是国家与个人之间的缓冲地带，能够缓冲富人阶层和穷人阶层的阶级矛盾，减少暴力与革命的频发。齐美尔（2002）认为，中产阶层占据主要组成部分的社会，比其他阶层占据主要地位的社会更加稳定，因为中间等级能够缓和矛盾对社会结构的冲击，从而起到防震垫的作用。李普塞特（1993）认为，当社会底层群众进入中产阶层，中产阶层发展到一定规模时，就能发挥调节社会矛盾冲突的作用，避免暴力革命。虽然他们的分析视角不同，但大多数学者比较赞同中产阶层是社会“稳定器”的看法，中产阶层在社会不同阶层之间起到润滑剂的作用、缓和两极分化的阶级矛盾和社会冲突。

（二）中产阶层是社会的“振荡器”

在中产阶层不断壮大与成熟的发展过程中，即在特定历史条件下，中产阶层也会带来社会的振荡，成为社会的“颠覆器”或“振荡器”。在社会现代化进程前期，中产阶层政治诉求与参与要求较为强烈，社会冲突比较激烈。比如英国工业革命时期，新兴中产阶层阶级斗争的意识比较强，反而成为组织和反抗封建统治的重要革命力量。除此之外，发达国家中的美国和西欧等、新兴国家中包括韩国和巴西等国家，中产阶层崛起的过程中都引起社会冲突，有时甚至是社会冲突的组织者。默顿（2006）也曾指出，中产阶层虽然不是最受压迫的社会阶层，但是正是他们组织最受压迫的群体发动了革命。托克维尔（1996）在分析法国大革命时指出，当时的中产阶层实际上是一个反叛阶级，他们强烈地批判现实，鼓动发动全面革命，在他们的组织下，点燃了社会底层群众的政治参与度，煽动了底层群众对统治阶级政权的憎恨，加速激化了阶级矛盾，使革命得以迅速蔓延，从而推翻了封建统治。亨廷顿也认为，中产阶层是真正具有革命性斗争意识的阶层，他们是反对政府统治的主要革命力量。同时他也指出中产阶层是个十分不稳定的阶层，有时他们扮演革命斗争的组织者，有时他们扮演稳定政体的基石。

中产阶层之所以会发挥社会“振荡器”的作用，主要因为：一是他们有比较强烈的维护自身经济财富和提高社会地位的愿望，与之对应的是他们的参政欲望也比较强烈，但愿望常常不能得到完全满足。二是在现行社会政治制度中，中产阶层没有直接参与政治活动的渠道和方式，被政治体制排斥在门外。三是在一定程度上，中产阶层具有影响社会意识形态的能力，能组织和发动社会群众参与某种社会活动。在这三种因素同时发生的情况下，特别是较为激进的中产阶层分子常常会推动社会改革，影响社会稳定。

（三）中产阶层的社会功能

也有部分学者对中国中产阶层的社会功能进行了详细的阐述。李强（2001）指出，中产阶层位于社会阶层结构的中间位置（介于社会顶层和社会底层之间），作为社会阶层的缓冲层，其意识形态比较温和、保守，所以中产阶层具有维系社会稳定的社会功能。同时中产阶级还能够引导社会消费。在社会转型时期，我国应尽快促进白领阶层、中产阶层的发展。

李正东（2001）认为，中产阶层已经在中国出现，并推动社会结构整合新机制的建构与形成。其社会功能有：（1）其聚合性与同化性的特性能够促进社会的稳定和社会阶层结构的再整合；（2）其协同性能够促进协调社会的发展；（3）其缓冲性能够调节两极分化的阶层矛盾，使政治较稳定；（4）其导向性是整合社会结构的新机制。

张宛丽（2002）认为，在中国社会转型期，中产阶层能够发挥的积极社会作用主要有：社会利益矛盾的缓冲功能；现代化社会价值观及社会规范的创建、引导功能；社会主义市场经济秩序的行为示范功能①。

周晓虹（2005）认为，中国中产阶层除了具有政治后卫与消费前卫两个基本功能外，同时还具有示范作用。政治后卫是指中产阶层一般都主张以渐进的方式推进民主而非动荡的方式，这种意识形态正好有利于中国社会和谐与稳定；由于中产阶层具有相对理性、超前的消费观念，能够促进消费，极大地拉动经济发展；中产阶层的示范作用主要是指对其他阶层尤其是低收入阶层的影响，不仅表现在消费的示范上，还表现在子女教育、职业道德、商业诚信、成就动机，以及家庭伦理等各个方面。中产阶层的示范作用有利于形成健康的生活方式、稳定的社会秩序，良好的经济秩序。张静（2007）认为，我国中产阶层主要有维护社会稳定、促进底层群众向上流动以及促进经济发展的作用。

沈瑞英（2009）认为，社会稳定是有许多因素综合作用的结果，如何引导其正确地发挥中产阶层的积极作用，发挥其缓冲社会冲突、维护稳定的功能，值得更深入地研究。中产阶层的社会政治功能随外界因素而变化，是社会稳定的双刃剑。一是从政治层面上，要努力引导中产阶层发挥其积极作用，避免制定错误的中产阶层政策而导致社会动荡。二是强势的中产阶层才能发挥维护社会稳定发展的作用，社会稳定是多方面因素相互依存、相互协调、相互作用的结果。三是中产阶层的内部也包含不同的层级和群体，他们的价值观和政治态度也是不同的，有时甚至截然相反，只有统一他们的意识形态才能有效地发挥积极作用。四是西方许多国家的社会分层理论是建立在不同意识形态下的理论，并不适用于所有国家。中产阶层并不能自发地发挥其积

---

① 张宛丽．对现阶段中国中间阶层的初步研究［J］．江苏社会科学，2002（4）：85－94.

极的社会政治功能，这需要从国家社会、政治的宏观层面上对中产阶层加以整合、引导。因此，要使中产阶层发挥积极作用，需要从如何扩大、引导整合中产阶层两个层面上来考虑，创造扩大中产阶层的有利社会条件和环境，为中产阶层的政治参与提供引导的同时，也为其政治诉求提供有效、多样的渠道。

第二节　中等收入群体的经济功能

在中等收入群体的经济作用研究方面，国外学者或早期国内学者主要使用的是中产阶层的概念展开的，在此视角，中等收入群体和中产阶层无异，因此本节使用中产阶层的概念阐述中等收入群体的经济功能。

（一）中产阶层能够促进经济增长

关于经济上的作用较多的仅是关注不同阶层之间的收入分配情况，或者是经济绩效，如马克思对资本的分析以及皮克帝（Pekitty，2014）分析和测算财富两极分化的程度与影响。对中产阶层的经济影响关注较少，更多焦点放在如何减少贫困上，提到中产阶层也只是研究中产阶层作为捐助者对于减少绝对贫困的作用。然而，随着国民经济的发展，中产阶层的队伍正在不断壮大，Homi Kharas（2010）曾预测，随着新兴经济体国家的繁荣发展，其中产阶层的规模将迅速扩大，这部分群体将成为拉动21世纪全球贸易和经济增长的主力军。

Landes（1998）认为，庞大的中产阶层是经济增长、社会发展的基石。英国之所以成为第一个工业国家是因为中产阶层发挥了关键性的作用。Adelman和Morris（1967）也认为，中产阶层是西欧国家经济发展的发动机。Easterly（2001）模拟了中产阶层与经济增长两个变量之间的关系，实证结果发现，在不同国家之中，中产阶层规模越大，会带来经济增长速度越快、种族分裂程度越缓慢的积极效应。Liu Aying 和 Li Dike（2008）使用16个省份的数据测算了2001—2005年中产阶层规模与经济增长关系，实证结果发现两者呈正相关关系，发展教育有利于扩大中产阶层。Homi Kharas（2010）提出了不同的见解，他认为，在社会经济转型期，中国的经济增长主要依靠高储蓄以及对外开放，与中产阶层无关。但他在比较巴西和韩国经济增长的发展差异时指出，两个国家经济绩效的差异是由中产阶层规模不同造成的，也承认在经济增长过程中中产阶层起到一般性积极作用。

也有学者研究了中产阶层促进经济增长的路径。主要包括三个方面：

第一，直接作用，主要包含：中产阶层对消费、投资的作用以及中产阶层的创新力等方面对经济的影响力。首先，中产阶层对消费的作用。Murphy 等（1989）认为，中产阶层作为消费的主体，其职业较稳定、收入水平较高，因此消费能力更强，对产品的差异化的需求较强，因此也刺激产品的生产创新，拉动投资。Nomura（2010）指出，比较其他社会阶层，中产阶层的消费欲望更高，是消费的主力军，当人均收入在6000美元与25000美元时，收入增加1%个单位，耐用品以及保险等服务的消费需求的增长将大于1%个单位。当收入处于较高水平（超过25000美元）时，收入增加1%个单位，这种需求的增长将小于1%单位。Schor（1999）指出，受消费信贷以及超前消费主义文化的影响，收入对消费欲望约束力减弱，进一步刺激了中产阶层的消费支出。Homi Kharas 和 Gertz（2010）认为，随着经济的快速发展，亚洲的中产阶层消费能力将超过许多欧美国家，成为拉动世界经济增长的主要力量。Natalie Chun 等（2017）使用1985—2006年72个发展中国家的数据，测算了中产阶层扩大与消费增长的关系，实证结果发现，两者呈正相关关系。Zhang Yuan 等（2011）也得出了相同的结论，并认为，中产阶层能够促进由投资拉动经济增长模式转为内需拉动经济增长模式的转型。其次，中产阶层对投资的作用。Doepke（2008）认为，中产阶层的价值观和经济地位决定了中产阶层比穷人更注重储蓄的管理和人力资本的投资。最后，中产阶层的创新能力，Acemoglu 等（1997）指出，中产阶层具有较强的创新力，在工业化时期，中产阶层是英国企业家的主力军，企业家的创新性破坏和较强的投资意愿，促进其现代化经济的快速发展。Banerjee 等（2008）认为，在中小企业家数量较少的发展中国家，中产阶层是否具备创新力尚存在争议。

第二，间接作用，中产阶层通过创造良好的社会秩序和经济秩序，从而间接地发挥促进经济增长的功能。随着中产阶层的壮大，对民主治理和社会稳定的诉求比较高。Birdsall（2000）、North（1990）、Hausman 等（2005）强调在国家治理中，中产阶层扮演着重要角色。North（1990）认为，与低收入群体相比，中产阶层更有能力和权利要求政府提供更好的公共服务，加快政府制定与落实增长导向型的政策，更有能力监督执政人员，为大众带来较民主的政治生活，较稳定的社会进步。而更加民主的制度还进一步扩大了更多社会成员享受政治权利与经济权利，完善法律法规，保护个人产权不受侵犯，进一步促进经济增长。Hausman 等（2005）认为，中产阶层能够发挥其社会政治功能如减少社会冲突、降低政治的不稳定而为经济发展创造良好的环境，从而促进经济增长。Alesina 等（1991）、Persson 等（1994）、Clarke（1995）、Perotti（1996）、Birdsall（1997）、Deininger 等（1998）认为，中产阶层能够改善收入分配不均等的状况。跨国研究证实，经济增长缓慢会导致收入差距拉大。而中产阶层能够发挥降低收入不平等的作用，促进收入分配趋向公平，缩小的收入差距反过来又进一步促进了经济增长。

第三，中产阶层社会成员独有的个体特征（如偏好、价值观等）也会影响经济的增长。Galo 和 Moav（2004）中产阶层对经济的直接影响和间接影响是将中产阶层看作一个整体，但实际上，中产阶层内部群体是异质的，不同的政治意识形态，决定了他们的经济行为也存在差异，为此，对经济增长的效应也不相同。Schmoller（1977）从两个维度描述了中产阶层的差异性：一是中产阶层存在上层中产阶层和下层中产阶层；二是中产阶层又可以细分为老中产和新中产。米尔斯（1986）又对老中产和新中产进行了扩展和总结。在后工业化时期，米尔斯将中产阶层的划分成为研究社会结构变化的重要范式。

（二）中产阶层能够促进经济稳定与社会政治稳定

经济稳定主要是指社会成员的经济生活朝着协调有序的方向发展，且发展态势是可以调控的。经济稳定的主要表现有：市场上生产要素的配置比较合理、政府制定的宏观调控政策比较有效，与经济建设相匹配的社会保障制度、收入分配制度等其他制度比较健全。艾森斯塔德（1988）指出，经济问题能否顺利解决关乎现代化及其政治体制的发展甚至存亡。亨廷顿（1998）指出，经济发展有利于政治民主化的推进。

由于社会的发展是经济、政治及其他等各方面综合作用的结果，所以经济发展不等于社会稳定。如霍斯里茨和韦纳指出，在印度宣布结束英国殖民统治而独立后，社会暴力冲突仍然发生在经济比较发达的工业化地区。托克维尔（1997）指出，法国的公共繁荣在社会不稳定的大革命前发展得最迅速，大革命爆发的地方正是经济发展进步最快的地区。“五月风暴”正式起源经济繁荣发展的法国以及西欧各个国家。亨廷顿（1989）在《变化社会中的政治秩序》一书中也写道：随着经济的快速发展，经济不平等的现象越来越严重，和社会成员不承认这种不平等的合法性，两种因素综合起来就引发了政治不稳定。

在向现代社会的转型过程中，经济的发展过程中，经济结构、社会结构也随之调整，经济发展使社会以利益多元化为发展趋势，从而打破传统的利益机制，产生了新的多种利益主体，这反过来又进一步推动了经济的发展，但这种发展趋势也会影响经济的稳定性。伦斯基（1987）在《权利与特权》一书中曾指出：当市场经济不受政治上控制而自由发展时，必会导致社会出现“富者越富、贫者越贫”的现象。因此，新的利益主体之间出现了如两极分化，贫富差距扩大，地区、城乡、行业之间发展不平衡等矛盾。这种利益矛盾的不断激化，又会引起新的经济、社会政治的不稳定。所以经济的稳定也要依靠政治制度来维护。要实现经济稳定的增长，政府就要承担建立公正有序的市场竞争制度、纠正市场失灵、合理地分配社会资源等公共职能。

第三节　我国中等收入群体发展中存在的问题

截至2024年底，我国中等收入群体为4亿多人，如果以14亿人的基数计算，中等收入人口占比约为28%。随着全国832个贫困县全部摘帽，我国已从绝对贫困治理向相对贫困治理和实现共同富裕的新阶段迈进。过去，我们低收入人口占多数，而共同富裕应当是扁平型社会，即全体人民都能够享有高质量、高品位的美好生活。社会阶层结构就必须经历由“哑铃型”到“橄榄型”的转变，而要构建“橄榄型”社会的关键所在：需要明确“提低扩中调高”方针及系统化的行动方案。

（一）中等收入群体发展中存在的问题

中国法制和社会新秩序尚未跟上我国社会结构变化的步伐。中等收入群体在发展过程中，尚存在许多不合理的因素，由于缺乏合法化和制度化的途径，其规模难以扩大，主要表现在以下几个方面：

一是高收入群体的大部分成员来自权力中心，或者与权力中心的关系密切。他们之所以能进入高收入群体，在于官商之间权钱交换。由于存在有限准入秩序，他们依靠不平等竞争优势和钻研国家体制、政策上漏洞的便利来获取额外的超额收入。“权力资本”① 侵占了低收入群体和中等收入群体的正当利益。

二是当前社会仍存在不合理的分配秩序。由于缺乏有效的监督，某些腐败官员，依靠不合理，甚至不合法手段谋取财富，又利用不正当钱财贿赂上级以博取提升自己社会地位的官位。他们利用权力向企业和个人收取非财政、非正规费用，或干涉经济运行搞垄断经营，并凭借这种垄断收入进入高收入群体，扰乱“按劳分配”的收入分配制度，极大打断了他人通过自身努力进入中等

① 当“权力”和“资本”相勾结的时候，权力腐化堕落，“权力”就转变成了“资本”。

收入群体的渠道，使低收入群体“仇富”[①] 心理滋生，进而对中等收入群体及以上群体产生了阶层对抗情况，当这种阶层矛盾积累并爆发时，就会影响社会稳定。

（二）我国中等收入群体发展中特有的问题

我国中等收入群体的发展在快速城镇化和经济转型过程中呈现出一些独特问题，这些问题既与全球共性挑战相关，又受到中国特有制度和社会结构的影响。

1. 收入增长与生活成本的结构性矛盾

中等收入群体面临“夹心层”困境，中等收入群体的收入增长速度往往低于高收入群体，然而他们却需要承担与高收入群体相似甚至相近的高额房价、教育费用以及医疗开销。这种经济负担使他们的实际可支配收入显得捉襟见肘，难以满足日益增长的生活成本。以一线城市为例，房价与收入的比例高达 20—30 倍，这个数字远远超出了国际上普遍认为的警戒线水平，进一步加剧了中等收入群体的经济压力。

中等收入群体面临消费升级压力，中等收入群体在从基本生活转向品质消费（如学区房、私立教育、健康管理）过程中，消费支出激增，但收入增长难以匹配，部分家庭甚至通过借贷维持消费水平。

2. 制度性壁垒加剧脆弱性

我国存在户籍制度与公共服务脱节的问题，在我国，大约有 2.8 亿人的农民工群体，其中约 30% 的人已经达到了中等收入水平。然而，由于受到户籍制度的限制，他们很难享受到城市中的教育、医疗等公共服务资源。特别是他们的子女在升学过程中面临的问题尤为显著，例如异地高考的限制，这导致了他们只能处于一种“半城市化”的状态。

我国尚存在社会保障“双轨制”遗留问题，在当前的社会保障体系中，体制内外群体在社保待遇方面存在显著的差异。具体来说，企业职工的养老金替代率普遍低于 50%，这表明他们退休后能够从社保中获得的养老金仅占其

---

① 此处“仇富”并不是仇视一切富者，而只是对于那些利用不正当手段非法暴富者的愤愤不平。

退休前工资的一半左右。相比之下，机关事业单位工作人员的养老金替代率却可以达到80%甚至更高。这种待遇上的不均衡，不仅反映了不同职业群体在退休后生活质量上的潜在差距，也加剧了中等收入群体对未来经济保障的焦虑和担忧。

3. 职业发展天花板与转型风险

我国中等收入群体面临产业升级中的技能错配问题，随着制造业领域数字化转型的不断推进，许多传统技术岗位正在逐渐减少，这导致了35—50岁的中等收入劳动者群体面临一个严峻的问题——“技术过时”的风险。由于再培训体系的不完善，这些劳动者在职业转型的过程中遭遇了重重困难，难以适应新的技术要求和市场需求。

我国中等收入群体面临“内卷化”竞争，白领阶层普遍陷入“高强度、低效率”的恶性竞争循环，典型表现为互联网、金融等行业盛行的“996”工作制（早9点至晚9点、每周6天）。尽管工作时长远超国际平均水平，但薪酬增速显著放缓：2022年IT行业平均薪资增长率降至4.5%（2016年为12%），而同期企业利润增长通过“优化人力成本”实现，形成“劳动投入与回报背离”现象。晋升通道狭窄进一步加剧焦虑。以大型企业为例，中层管理岗位竞争比例高达20∶1，35岁以上员工面临“非升即走”压力，部分行业甚至出现“35岁裁员红线”。与此同时，教育扩张与产业需求错位导致“高学历低就业”扩散——2023年硕士研究生送外卖人数超7万人，房地产中介中本科及以上学历占比达17%，反映人力资本浪费与职业价值缩水。但薪酬增长停滞，晋升通道狭窄，部分行业出现“高学历低就业”现象。

4. 财富积累机制缺陷

资产结构单一化严重制约着中等收入群体的财富稳健增长。中等收入家庭财富高度集中于不动产，根据央行《2022中国城镇居民家庭资产负债调查》，房产占家庭总资产比重达77.7%，远超美国的34.6%。这一现象背后，一方面是传统观念中对房产“家”的属性的执着追求，另一方面也是由于房产在过去长期被视为较为稳定且保值增值的投资选择。这种“资产锚定房产”的模式导致风险高度集中：深圳、厦门等城市房贷收入比突破160%（国际警戒线为40%），意味着居民需用16个月收入偿还一年房贷。2023年部分二线城市房价下跌15%—20%，直接引发家庭资产缩水与断供潮（如郑州法拍房数量两年激增3倍），房地产波动直接威胁财富安全。

股市波动剧烈，股价如同过山车般起伏不定，普通投资者难以把握其中的投资机会，稍有不慎便可能血本无归。信托行业近年来频繁暴雷，一些信托产品无法按照约定兑付收益，投资者遭受重大损失。随着金融市场的不断变革，理财产品也打破了刚兑模式，以往投资者所依赖的固定收益保障不再。在这种情况下，中等收入群体出于风险规避的考量，更倾向于将资金存入银行进行保守储蓄。但银行储蓄利率相对较低，难以实现财产性收入的有效增长，使他们在财富积累的道路上步伐缓慢。

5. 政策设计的"悬崖效应"

福利政策的精准性缺失给中等收入家庭带来诸多困扰。部分补贴政策以绝对收入为门槛，这种简单粗暴的划分方式缺乏对家庭实际情况的综合考量。例如在公租房申请方面，一些收入略超标准的中等收入家庭，尽管他们在住房方面同样面临着巨大压力，却因这一硬性收入门槛而无法享受公租房保障。这些家庭往往处于高不成低不就的尴尬境地，既无法承担市场上高昂的房租或房价，又被排除在公租房福利体系之外，实际福利获得感极低。

税负痛感显著影响着中等收入群体的消费能力。当前个税起征点与高生活成本不匹配，在物价不断上涨、生活开支日益增加的情况下，现有的个税起征点使许多中等收入家庭过早地进入纳税范围。专项附加扣除覆盖面有限，对于二孩以上家庭，抚养多个子女的教育、生活成本大幅增加，但相关扣除政策未能充分考虑这一情况；非学历教育支出在现代社会中也占据着家庭支出的重要部分，如成人职业技能培训、兴趣爱好培养等，但同样未纳入专项附加扣除范围。实际税负的存在挤压了家庭的消费空间，使他们在消费时不得不谨慎权衡，抑制了消费活力。

6. 社会心态与代际压力

"阶层固化"焦虑在中等收入群体中弥漫。优质教育资源高度资本化，学区房价格飙升，成为普通家庭难以承受之重。为了让子女能进入优质学校，家长们不惜花费巨资购买学区房，甚至背负沉重的债务。课外培训市场也异常火爆，各种辅导班、兴趣班费用高昂，家长们为了不让孩子输在起跑线上，纷纷投入大量资金。在这种环境下，寒门子弟由于经济条件限制，在获取优质教育资源方面处于劣势，进入重点高校的比例逐渐下降，代际流动通道收窄。这进一步加剧了中等收入群体对子女教育的过度投入，形成一种恶性循环。

“未富先老”挑战日益严峻。在独生子女政策下，“421”家庭结构普遍存在，即一对夫妻需要赡养四位老人、抚养一个孩子。中年群体作为家庭的顶梁柱，同时承担着子女教育、房贷及父母医疗支出等多重压力。子女教育费用逐年攀升，从幼儿园到高等教育，各种费用不断增加。房贷的长期还款压力也让家庭经济负担沉重。而随着父母年龄的增长，医疗支出成为家庭的又一大项开支。在这种情况下，家庭负债率攀升至55%以上，许多家庭面临着巨大的经济压力，生活质量受到严重影响，社会心态也越发焦虑。

我国中等收入群体的困境，本质上是经济转型期社会结构快速变迁与制度供给不足之间的系统性矛盾。随着工业化、城镇化、数字化的三重转型加速，原有的制度框架（如户籍、社保、财税、教育等）未能及时适配新经济形态下的风险分配、福利保障和机会公平需求，导致中等收入群体在“市场风险社会化”和“社会保障市场化”的夹缝中承受超额压力。

第四节　我国中等收入群体阶层固化的可能性成因

本部分主要从经济、社会、文化三个方面分析我国中等收入群体阶层固化的成因。经济方面，考虑产业结构调整、收入分配制度以及房价等因素对中产阶层的影响。社会方面，从教育资源分配、社会网络和社会资本以及社会流动的制度性障碍入手，阐述其如何阻碍阶层流动。文化方面，分析消费观念和生活方式以及价值观和社会心态的变化对中等收入群体阶层固化的作用。

（一）经济因素

1. 产业结构调整缓慢

一些传统产业占比较大的地区，经济转型困难，新的经济增长点难以快速形成。在这些传统产业中，企业的创新能力不足，技术更新换代慢，员工的收入增长空间有限。例如，一些以资源开采、低端制造业为主的地区，由于产业附加值低，企业利润不高，难以给员工提供大幅涨薪的空间，这使中等收入人群难以通过职业发展实现收入的快速提升，在一定程度上表现出阶层流动的停滞。

新兴产业发展不均衡，主要集中在少数发达地区和大城市。这导致其他地区的人才向这些区域集中，进一步加剧了区域间的发展不平衡。对于那些无法进入新兴产业的人群来说，他们的职业选择相对较少，上升通道变窄，从而增加了阶层固化的风险。

2. 收入分配制度有待完善

初次分配中，劳动报酬占比较低。在一些行业中，资本、技术等要素的回报过高，而劳动者的收入增长相对缓慢。例如，在金融、房地产等行业，高管和专业技术人员的收入远远高于普通劳动者，这种收入差距使中等收入群体以下的人群难以通过劳动收入进入中等收入群体，而已经处于中等收入群体的人也面临着较大的竞争压力，一旦失去现有职位，可能难以维持中等收入人群的生活水平。

再分配调节力度不足。税收制度对高收入群体的调节作用有限，社会保障制度在缩小收入差距方面的功能尚未充分发挥。例如，个人所得税的累进程度不够高，一些高收入人群可以通过各种方式避税；而社会保障体系在覆盖范围和保障水平上还存在不足，无法有效保障低收入群体的基本生活，也难以帮助他们实现向上的阶层流动。

3. 高房价

近几年房价虽有所下降，但是过去的高房价已造成中等收入群体的沉重负担，也在一定程度上阻碍了阶层流动。低收入人群难以进入中等收入群体，购买房产的压力巨大，需要支付高额的首付和长期的贷款，这使他们在其他方面的消费和投资受到限制，难以积累更多的财富。而对于已经处于中等收入群体来说，房产往往是他们的主要资产，但房价的波动也给他们带来了较大的经济风险。如遇房价下跌，他们的财富会大幅缩水，甚至可能陷入债务危机，从而影响他们的阶层地位。

（二）社会因素

1. 教育资源分配不均衡

优质的教育资源主要集中在大城市和发达地区，农村和贫困地区的教育质量相对较低。这种教育资源的差距使不同地区的孩子在起点上就存在巨大差异。例如，大城市的孩子可以享受到更好的师资、教学设施和课外活动资源，他们更容易进入名牌大学，毕业后也有更多的机会获得高收入的工作，从而进入中等收入群体。而农村和贫困地区的孩子则面临着教育资源匮乏、教学质量不高的问题，他们通过教育实现阶层跨越的难度更大。

教育成本不断上升，中等收入群体对子女的人力资本投资竞赛，导致教育负担加重，这种“抢跑游戏”使中等收入群体在教育上的投入巨大，增加了家庭的经济压力。各种辅导班、兴趣班的费用高昂，学区房价格居高不下，这些都使中低收入家庭在为孩子提供优质教育方面面临巨大压力。对于一些经济条件较差的家庭来说，他们可能无法承担这些费用，从而导致孩子在教育竞争中处于劣势，难以实现向上的阶层流动。

2. 社会网络和社会资本的影响

社会关系网络在职业发展和资源获取中起着重要作用。拥有丰富社会关系网络的人往往能够更容易地获得信息、机会和资源，从而实现职业晋升和财富增长。例如，在一些行业中，通过校友关系、家族关系等渠道可以获得更好的工作机会和项目资源。而那些缺乏社会关系网络的人则可能面临信息不对称、机会不均等的问题，难以进入高收入行业和职业，从而增加了阶层固化的风险。

社会资本的积累也存在差异。社会资本包括信任、规范和网络等，它可以为个人和企业带来更多的合作机会和发展空间。然而，社会资本的积累往往与个人的社会地位、家庭背景等因素有关。例如，从人类社会历史上看，出身于富裕家庭或社会地位较高的人往往更容易积累社会资本，他们可以通过家庭背景、社交圈子等渠道获得更多的资源和支持；而出身于贫困家庭或社会地位较低的人则可能缺乏这样的机会，难以积累足够的社会资本，从而在阶层流动中处于不利地位。

3. 社会流动的制度性障碍

户籍制度限制了人口的自由流动，使农村居民在城市中面临着诸多不公平待遇。例如，在就业、教育、医疗、社会保障等方面，农村户籍人口往往无法与城市户籍人口享受同等待遇。这不仅影响了农村居民的生活质量，也限制了他们通过自身努力实现阶层跨越的机会。一些农村居民即使在城市中工作多年，也难以真正融入城市社会，成为中产阶层的一员。

职业资格认证制度和行业准入制度存在不合理之处，可能阻碍人才的流动和晋升。一些职业资格认证考试难度过大、费用过高，或者存在不合理的学历、工作经验等要求，使一些有能力的人无法获得相应的职业资格，从而限制了他们的职业发展。此外，一些行业的准入门槛过高，存在垄断现象，也使新进入者难以获得机会，不利于阶层的流动。

（三）文化因素

1. 消费观念和生活方式的影响

中产阶层的消费观念和生活方式在一定程度上可能导致阶层固化。例如，中等收入群体往往追求高品质的生活，注重品牌、消费和文化品位。这种消费观念和生活方式他们在教育、住房、医疗等方面的支出较高，从而形成了一种相对稳定的生活模式。对于那些想要进入中等收入群体的人来说，他们需要具备与之相匹配的消费能力和生活方式，这在一定程度上增加了阶层跨越的难度。

消费文化的影响也使人们更加注重物质享受和社会地位的象征，而忽视了个人能力和内在价值的提升。在这种消费文化的引导下，人们可能会过度追求物质财富和社会地位，而忽略了通过学习、创新和努力工作来实现个人成长和阶层流动。

2. 价值观和社会心态的变化

社会上存在的功利主义、实用主义价值观可能影响人们的职业选择和发展方向。一些人在选择职业时过于注重收入和社会地位，而忽视了个人兴趣和专业特长。这种价值观可能导致一些人在职业发展中缺乏热情和动力，难以取得突出的成就，从而影响他们的阶层流动。

社会心态的变化也可能对阶层流动产生影响。例如，如中等收入群体普遍感受到某种隐忧和压力，存在中等收入群体的焦虑，这种心态也刺激了更强烈的物质主义倾向，导致现今的中等收入群体极度追求物质享受而忽视其应承担的社会责任；一些人存在“安于现状”“小富即安”的心态，缺乏进取精神和创新意识；而另一些人则存在“仇富”“仇官”等不良心态，对成功人士和高收入群体存在偏见和不满。这些心态都不利于形成积极向上的社会氛围，也会影响人们通过自身努力实现阶层跨越的动力和信心。

第二章 制度、制度变迁与社会阶层

第一节 新制度经济学理论

什么是制度？新制度经济学家诺思（2008）认为，制度是游戏规则，它的内涵比成文的规范要广泛得多，包括普通的行为规范、规则的执行机制、个人的信仰和预期等。制度又包含正式制度和非正式制度。正式制度主要是有意识地制定出来的、成文的政策法规集合，且有专门的机构确保其实施。非正式制度一般是指不成文的、无意识的，对社会成员的活动有一定约束力的，在长期交往活动中逐渐形成的一种意识形态、道德伦理价值观、风俗习惯。正式制度与非正式制度的区别在于，非正式制度对个体的约束方式主要依靠双方共同的信念或者责任感，不涉及交易第三方、没有强制性违约惩罚措施。而正式制度对双方的约束来源于具有权威机构，一方违约时，第三方机构可以对违约方实施强制性处罚措施。不管正式制度还是非正式制度都是一个不断变迁的过程。

一、制度变迁：从人格化交换到非人格化交换

制度变迁的特征可以从不同的角度来概括。道格拉斯·诺思从交易双方关系入手，认为要实现现代经济转型必须先实现从人格化交换转向非人格化交换

制度转型。诺思将人格化交换定义为：这种交换建立在交易双方相互了解基础上。其主要特征有：交易主体知识水准低，经济规模小，交易成本较高。而非人格化交换主要特征：交易双方可能彼此并不了解，并且不以个人形态特征区分交易主体。诺思使用博弈论分析方法来解释人格化交换转向非人格化交换的转变过程。在分析中，他将制度看成一种游戏规则，当游戏重复并单一时，参与者比较少，玩家可以在游戏中进行良好的合作。而当游戏只有一个回合、参与者的数量很大且彼此不认识时，合作难以顺利达成。

诺思试图解释经济发展与制度变迁的关系：（1）专业化分工、分工的不断发展是实现规模经济，提高经济发展水平的重要途径。而向非人格化交换的转型有利于促进专业化分工、扩大市场交易范围，因此制度转型成功与否是影响经济发展的重要因素。（2）在非人格化交换模式中，交易双方的合作取决于是否有完善、公平、有效的正式制度约束和产权制度，所以说国家政体影响经济制度的发展方向，从而影响经济是否能平稳、持续的发展。如果说制度的绩效在于降低交易成本，那么节约交易成本就是制度变迁的动机之一。诺思对于交换中人际关系特征的概括不仅具有丰富的经济学意义，而且蕴含了更广泛的社会信任和文化的内涵。

（一）非正式约束与正式约束（Informal Constraints and Formal Constraints）

人格化交换模式形成于市场经济初期。这种模式的交换形式，交易发生在熟人圈子中间，交易完成的顺利度决定下次是否重复交易，双方利益共同最大化是交易的基础，双方关系稳定是交易发生的前提条件。虽然没有强制性法律手段来约束双方履行合约，但是其违约的社会成本比较高，导致欺诈、机会主义倾向行为较少。相互信任和人格是长期互利合作的基础，一旦基础条件被破坏双方很难再达成交易。因此，早期的人格化教育主要依靠个人的道德水准和价值观来约束。这种交易建立在参与者人数较少、交易双方信息对称的条件下，由于双方的交易成本较小，加上共同的道德伦理与价值观使交易重复发生。然而，这种情况下交易成本之所以较少，是由于在前期的交易中，已经支付了巨额的交易费用，也牺牲了外部的交易机会。

在现代市场经济中，非人格化交换是一种常见的交换形式。在这种形式下，交易对象有多种选择，因为交易关系已经超越了个人之间与企业之间的限定。在这种交易模式下，交易对象可以是熟人、陌生人、本地人、外地人等，交易范围比人格化交易更加广泛。另外，交易是否重复发生是不确定的，非人格化交易以独立交易、充分竞争、自由流动和机会均等为基本特征，这种交易的完成是建立在强制性的、严格的法律约束的前提下的。由于这种交换方式，参与人数众多，交易信息不完全、不对称，交易合作是一次性的，这就决定了交易一方违约的动机比较大，存在较高的“道德风险”①。在这一时期，道德规范和价值观等非正式约束无法有效发挥作用，成文的法律法规以及权力机构的强制性约束得以施展。这种约束下，提高了交易合同的违约成本，使合作更可信，在一定程度上降低了参与者决策的不确定性。这种事后违约惩罚机制，使陌生人之间的非人格化交易成为可能，交易不再局限于熟人之中。

（二）特殊主义和普遍主义（Particularism and Universalism）

Parsons 和 Shils（1951）、Blau（1987）等提出了社会交换理论，并指出：任何形式的交换都发生在一定的社会信任关系中。延续诺思对人格化交换和非人格化交换的定义，他们认为两者的区别在于社会信任结构是不同的。Parsons 和 Shils 将社会信任结构分为特殊主义社会结构和普遍主义社会结构。Blau 认为，两类社会信任结构的区别在于：交易行为是否独立于他们之间的特殊关系。特殊主义社会信任结构是指：交易行为与交易客体之间存在特殊关系，这种特殊关系决定客体价值的高低，人格化交换依赖于这种特殊信任结构。而普遍主义信任结构下的交易客体的价值行动者本身没有关系，交易遵循效率、利润和机会均等的原则，是非人格化交换的信任结构。

---

① 道德风险主要发生在信息不对称的环境中，在这种条件下，经济行为主体不承担其行动的全部后果，在最大化自身效用的同时，一方会作出不利于他人行动的现象。

在特殊主义的信任结构中，交易行为主体之间存在较强的相互依附关系，所以这种关系具有取向性和自愿性。人格化交易发生在这种信任关系网络中。双方的信任程度决定了交易成本的大小，一般两者呈正相关关系，因为信任关系可以降低双方之间讨价还价和搜索信息等价交换成本。因此，交易在相互信任的熟人之间发生得更加频繁。如果在企业拥有这种特殊主义信任结构，则企业内部成员之间的关系将更加密切，他们都愿意为维护集体利益，为追求集体利益最大化而作出努力贡献。在这种情况下，通常企业的交易成本和维护成本也较低。但是这种特殊的人际关系在交易前期需要大量的"人际关系投资"，是长期不断进行交易、交易双方不断了解与合作下形成的。但是，这种信任关系存在规模难以扩大的局限性，所以人格化交易发生在较小熟人"圈子"中，非常排斥与"局外人"发生交易，对某种交易来说需要艰苦的讨价还价，花更多的时间和精力去搜索相关的信息，因此，人格化交换不能适应现代大规模生产。

普遍主义的信任结构突破了特殊主义关系范围较小的局限，使行为主体之间能够建立一种广泛信任关系。虽然普遍主义中交易行为主体之间的信任度以及信任内涵低于特殊主义，但它的优势在于突破了信任关系规模狭小的局限。非人格化交换通常发生在普遍主义的信任结构中，信任规模的扩大极大地扩展了市场的广度与深度，更有利于劳动分工，提高劳动生产效率，促进分工效益趋于最大化。同时，Blau 也指出，个人依恋由于信任感下降而得以削弱，脆弱的依恋关系有利于提高个人的流动性和社会结构的适应性和流动性，降低个人进入或者退出某种组织的难度。由于组建或者创造新组织的成本较低，所以经济组织也很容易产生，从而促进经济成员之间的密切联系。非人格化交换比人格化交换更能适应社会分工和交易发展的需要，有助于社会进步、经济发展。而且有助于组织或经济体制的创新与变革。

二、中国的制度变迁

（一）传统文化与人格化交换

中国传统社会是讲人情关系的社会，社会成员之间人情关系有亲疏厚薄之分，所以相互之间的义务也有强弱之分。以伦理道德来约束双方行为的交换形式符合人格化交换的特征。第一，这种交换形式的发生仅限于交易双方彼此了解的较小圈子中，交易范围有限，交易双方是长期性交易伙伴，属于关系型交易。第二，没有强制性法律条文来保障交换的进行，交换依靠隐形的契约来约束，承诺和信任是发生人格化交换的基本因素，但如果一方毁约也没有强制性的惩罚措施。第三，交换发生在强大的、牢靠的、密实的人际关系网之中。中国人格化交换的特殊性又表现在交换是以家族血缘关系为核心不断外延的，个人往往差别对待家族内成员和家族外成员，双方合作交易时也是如此，家族外的社会成员对于这种差别待遇也表现出了理解与宽容。交易双方同在一个圈内时，交易成本比较低甚至为零，但是交易双方隶属不同的圈子时，由于存在信息不完全对称的情况，交易双方需要花费时间和精力去搜寻信息，且难以防止机会主义行为的发生，导致交易前期的决策成本、收集成本等交易成本比较高，所以当交易不重复发生时，双方也很难达成合作。

文化因素也是影响一国经济发展的重要因素。根深蒂固的家族观念，使个体无法对所有的交易对象都能一视同仁，交易的规则因这种“特殊主义”而发生了变化，经济效率被非经济因素影响而降低，由于承诺和信任只在熟人之间有可信度，所以导致交易的范围狭小，如果这种交易发生在要素市场，因无法得到大规模融资而导致厂商生产规模难以扩大。中国古代的官吏任职制度经历了从世袭制、荐举制和科举制的变迁，从中我们可以看出，从中国古代开始，如世袭制中，个人职业前景就与其出身有很大的关系。而荐举制中，个人就职又与其德行、才能等有关，尤其是德行更是决定了其能否官居要职，但是又由于这种制度很容易造成“高门华阀，有世及之荣；庶姓寒人，无寸进之路”[①]，之所以出现这种现象很大原因也是在位高官更倾向于推荐自己家族内成员。虽然科举制是“寒门出贵子”的一种重要的向上流动渠道，但是在封建时期的官场，官权拉帮结派的风气，也形成了一种特殊的关系网，同时，这一时期的官员任职制度中，个人也尤为维护自己的道德形象。这种以伦理道德

① ［清］赵翼．廿二史札记．

为主导方向的传统文化也一直延续至今，影响现在生活行为的道德规范，就经济方面而言，这种文化使交易双方十分看重以道德伦理为约束的非正式制度，劳动分工专业化和细分化程度较低，生产效率低下，难以产生规模经济。Redding（2009）在研究中国的经济制度时，将传统文化因素纳入分析框架中，他发现中国家族企业十分普遍，但是大多数的家族企业都是小企业，存在分工专业化低、分工不明确的现象，存在形式化的管理体系，实际上存在所有权与控制权合二为一的现象，并指出这些特点说明道德和文化一脉相承影响企业的发展。

（二）从人格化交换到非人格化交换

从人格化到非人格化的转变，除了制度变迁的一般规律以外，由于传统文化和社会历史条件不同，中国的制度变迁还有其特殊的规律。在西方，人人平等的意识形态深入个体生活的方方面面。这种个人权利被明文写入法律中，在保护个人权益的同时，也强调了对个人私有财产、个人产权方面的保护，在市场规模不断扩张时，受自下而上的公平竞争机制的影响，加上交易受法律等正式制度等的保护，使交易的规模不断扩大。在西方，先是培养了平等、公正等价值观，然后又逐渐建立和完善了正式规则，最终完成了从人格化到非人格化的制度变迁。但是这是建立在人格化交换并不发达的文化背景下的。

但是中国自传统社会以来就十分看重人情、血缘关系，讲究尊卑有序，这种情况下人格化交流十分发达，所以我国的制度变迁不适合照搬西方制度变迁的路径，中国要实现向非人格化的转轨可能路径是：先确立交换的正式规则，在这个环节对个人产权保护尤为关键，让交易双方认识到只有在法律规范下的非人格化交易能够带来更大的经济利益。当越来越多的经济个体认识到非人格交换的好处社会，非人格化交易也就越来越普遍、交易范围也逐渐扩大，最终整个社会在正式制度的约束下，采取非人格化交换的方式交易。

第一，从制度上来讲，能否实现向非人格化交换的转变，“理性化制度”确立是关键因素。理性化制度主要是指在各种利益集团在长期反复谈判和斗争中，形成的一种书面的行为规范；这种行为规范在法律成文中得以体现，有第三方的正式的权威机构确保法律实施，同时这种法律条文在短时间内很少变动。这种理性化制度虽然在前期的“生成成本”较高，但是它能提供长期的、有效的、稳定的行为规范，这种强制性的行为约束十分有利于非人格化交换的发展，对经济的增长、生产效率的提高有巨大的推进作用。由于制度结构的不完善，加上传统文化等方面的影响，非人格化交换在中国没有得到广泛的发展。值得欣慰的是，随着国门的打开，在引进先进技术和科技的同时，中国的传统文化也不断与其他文化相互融合，使国民的法律意识增强，对正式规则的认识也不断加深，这为向非人格化交换转轨提供了有利的条件。国内外相关实践经验证明：两种转型路径都能实现向非人格化的转型，都能够促进市场的繁荣发展。

第二，从意识形态的转变来讲，这种转变主要是指社会信任结构以及法治思维精神的转变。国民的法治思维较强会使得法律的执行成本较低，法律真实有效。虽然我国已经初步形成了一系列制度框架的法律条文，但是法律在短时间内不能改变长期积淀所形成的道德观、价值观，在遇到问题时，选择用什么手段维护自身权益关乎法律的执行成本。在现实生活中，相比发达国家而言，中国普通群众的法律意识还不强，法律思维还不强，这也使社会信任结构在短期内很难转变。另外，中国的制度转型就是重建社会信任结构。就目前的体制结构而言，缺乏普遍主义和特殊主义的行为范式，所以要实现非人格化交易的制度变迁任重而道远。

三、有限准入秩序到开放准入秩序

人类历史经历了以下三种社会秩序①：第一种是采集狩猎时代的“初级秩序”。这与现实无关。第二种是“限制准入秩序”，其特点是通过限制普通人获取某些资源、从事某些活动、参与宗教、贸易、教育和战争等领域的某些社

① 道格拉斯·C. 诺思. 暴力与社会秩序［M］. 杭行，王亮，译. 上海：格致出版社，2013.

会组织来创造租金。同时，一些有权力的人可以享受特权和租金。他们将因共同的需要维持彼此的友谊，团结起来控制社会，防止他人利用暴力攫取自己的利益。只有这些特权阶层才能掌握某些工具并建立强有力的组织。在有限准入秩序下，政治制度通过操纵经济活动创造租金，防止暴力的泛滥。认识到创造租金与维持秩序之间的直接联系，为经济理论与政治理论的结合找到了新的思路。第三种是“开放准入秩序”，它依靠竞争、自由组织和法治，并通过竞争机制和制度规范保证政府遵守宪法。

我们的研究将特别注意有限准入和开放准入之间的差异，去解释它们对组织、行为、公民自由和经济增长的不同影响。它还将探讨如何实现这两种秩序类型之间的转换。

在今天，所有发展中国家都普遍存在有限准入秩序，但它给国家经济发展带来的影响却存在较大差异。有的国家陷入极端贫困和战争，有的国家积累了大量的生产资料，取得了良好的效益，使广大社会成员共享成长成果。我们主张把发展问题分为两个阶段：第一部分是帮助落后国家把人均收入从 400 美元提高到 8000 美元。它要求我们厘清有限准入的运作机制，是世界银行发展援助所关注的重点问题；第二部分是从有限准入秩序向开放准入秩序的过渡，进一步将人均收入从 8000 美元增加到约 35000 美元。这两个阶段面临的问题是不同的。第一部分是在有限准入秩序内进行的。第二部分涉及开放秩序的转型。

大多数现有的政治和经济发展理论认为，发展应该是一个连续的过程。有限准入类型的国家的社会、经济和政治制度是以准入限制和租金创造为基础的。精英利用提取出来的租金维持秩序和控制社会。政治制度操纵经济生活作为他们自己的支持者提供租金福利。在人类文明诞生以来，这种秩序一直是社会维系的工具。有限的准入是一种“自然”状态。

然而，在过去的两个世纪，一些国家已成功地过渡到开放和竞争系统。开放获取秩序的含义是：经济、政治和社会组织（包括创造这些组织的自由）对所有公民开放，而绝大多数人都有公民权。建立组织自由的权利是维持政治和经济竞争的必要条件。政治竞争有几个层次，包括有组织的政党争取政治权力的斗争，以及不同的团体、选民和争夺政治影响力的地区。经济竞争主要来自有组织的公司。经济和政治的竞争取决于人们建立组织和寻求政府支持组织活动（如执行合同）的能力。

（一）有限准入秩序的运行机制

对政府这一主体直接或间接地包含以下两个假设：第一，政府是作为一个单一的行为人；第二，政府垄断着暴力机器。比较流行的理论包括奥尔森（Olson，1993）的“坐寇论”：政府是流寇进化成的坐寇，即通过暴力手段获得收益的统治者。政府难以破除坐寇性质主要是因为政治腐败、社会不公、文化混沌和贫富悬殊较大。诺思（North，1981）和列维（Levi，1989）的“君主收入最大化论”①：国家是一个具有福利最大化行为的“经济人”，国家面临生存与发展问题，面临潜在对手的竞争，与选民是一种交换关系。国家为了使自己的收入最大化，会为每一个不同的集团设定不同的产权，类似一个“带歧视性的统治者”。这表明，国家可能通过设定有利于特定集团的产权规则来最大化自己的收入，这可能导致中产阶层的固化。

Buchanan 等（1980）的寻租理论②：寻租是指政府官员等运用行政权力对企业和个人的经济活动进行干预和管制，妨碍了市场机制的运行，从中获取超额收入的现象。在中国，寻租行为可能导致资源配置的扭曲，使中产阶层难以通过市场机制实现向上流动，从而固化其社会地位。规范经济学和传统发展经济学也持有类似观点：一个无私的政府应当追求社会利益最大化。然而，现实中政府并非总是无私的，政府官员可能追求个人或小集团的利益，导致政策偏离公共利益，进而影响中产阶层的流动性和社会地位。

面对暴力威胁，有限准入秩序是社会的自然反应，其核心在于通过政治体

---

① 该理论放弃了制度是有效率的假设，考虑经济组织的交易成本、意识形态等对统治者经济或者政治决策的影响。

② 寻租主要是指政府官员等运用行政权力对企业和个人的经济活动进行干预和管制，妨碍了市场机制的运行，从中获取超额收入的现象。

系操纵经济利益以创造租金，从而让强大的组织和个人发现克制暴力是建立符合他们自身的利益的秩序。有限准入秩序的方式先是用暴力方式破坏社会、经济稳定的个人和集团组织起来，结成强大的精英联盟，允许精英群体享受稀缺资源（如土地、劳动力和资本）和特殊活动（如实施产权保护、贸易、宗教、教育等）。由于外来的暴力威胁会剥夺精英们的租金，因此统治集团内部便可能达成妥协，彼此维持友好。尽管它们仍然开放，但毕竟是昂贵的。维持租金要求现有联盟保持稳定，而创造和分配租金则是维持精英对统治阶层的忠诚度。这种利益关系表明，有限的准入制度形成了一种社会均衡：社会各组成部分共同努力维持现有秩序。限制准入制度的核心是通过特权安排和竞争限制创造租金，从而维持执政联盟的延续。由于这些限制，精英群体可以获得更多的租金，实现更高的利益。这种秩序既是政治安排也是经济安排，它通过限制成立组织的权利和获得经济权利的机会，来抑制暴力，同时这种限制产生的租金构成抑制暴力的激励机制。在这样的社会中，拥有实力的群体和个人明白，如果发生暴力，他们的租金就会减少，因此他们更倾向于保持和平。

为了建设一个有利于稳定、分工和交流的社会，必须给人们适当的激励，使他们能够和平的竞争，而不是诉诸武力。这可以通过创造一个环境来实现，其中个人和组织发现合作比对抗更有利可图，从而减少暴力行为。这种机制的逻辑对经济发展有着显著影响，因为限制成立组织的权利和为创造租金而规定的无数特权，意味着对经济实施广泛的政治约束，这会阻碍竞争性市场的形成和长期的经济增长。因此，有限准入秩序通过提供激励机制，使社会组织和个人在面对暴力威胁时，更倾向于选择和平竞争而非暴力对抗，这对于维护社会稳定和促进经济发展至关重要。

从历史上看，有限准入秩序相对于旧制度确实是一项重大革新。这种秩序的出现促进了专业分工、交换和财富的增长，使人们能够在更广阔的社会里追求专业化和经济发展。与原来的秩序相比，良好的有限准入秩序不仅可以保障人身安全，而且可以实现经济和租金的增长。这种秩序通过创造租金来确保精英与支配性联盟合作，从而维持社会稳定和经济增长。古代文明是优良的有限准入秩序的结果，这些文明通过建立可持续的产权与法治，最初起点是作出可信承诺维持精英的这些权利。随着精英的权利开始被界定为非人格化的权利，把这些权利向更广泛的社会群体延伸就成为可能。某些类型的有限准入秩序更为成功，而另一些则失败了。成功的有限准入秩序能够创造并维持基本稳定的政府组织结构，并在支配性联盟的框架中存在着非政府组织。这些社会能够维系独立的公共与私人组织，或者存在稳定的精英组织，但并不独立于统治联盟。有限准入秩序向开放准入秩序的转变可能是漫长的，形态也多种多样。这个转变涉及精英之间非人格化关系的出现，需要建立起精英层面的法治、支持永续的公共或私人精英组织、将拥有暴力潜能的组织集中在政治控制之下这三个临界条件。

有限准入秩序覆盖了多种类型的社会——罗马共和国和罗马帝国、公元前2000 多年的美索不达米亚、都铎王朝时的不列颠，以及如今的尼日利亚、玻利维亚和俄罗斯。有限准入秩序是一个广泛的社会组织体系，而不是指政治、经济或宗教制度的特定组合。有限准入秩序并不局限于特定的政治、经济或宗教制度组合。它可以存在于专制制度（如阿明控制下的乌干达）和选举制度（如阿根廷）中，也可以在政府经常瘫痪（如中非共和国）或长期稳定的国家（如墨西哥）中找到。也可以与不同的社会制度共存，包括社会主义制度（如苏联）和其他各种经济制度。这些社会可能在政治和经济结构上有所不同，但它们共同的特征是政府或精英通过控制经济活动和分配租金来维持社会秩序。

与开放准入社会相比，今天典型的有限准入秩序是经济和政治资源往往被少数精英阶层所垄断，国家对企业的控制更为普遍和深入，企业登记制度往往是复杂和烦琐以及腐败的关系网。有限准入社会的政府通过控制经济活动和限制市场准入来创造租金，这些租金随后被用来维持社会秩序和抑制暴力。这种秩序虽然在短期内可能有效，但长期来看可能会限制经济发展和社会进步。尽管有限准入社会可能建立了一些与开放准入社会类似的制度，如选举制和公司制，但这些制度的实际运作和效力是不同的。在有限准入社会中，这些制度可能更多地被用作维持现有精英权力和控制的工具，而不是作为促进广泛社会参与和竞争的平台。

在有限准入秩序中，执政联盟的稳定性依赖于成员之间的激励适当分配。这种分配确保了联盟成员之间的合作，防止他们寻求通过暴力或其他手段来实现个人利益。如果执政联盟中的一个主要成员因为各种原因（如个人野心、外部影响或内部不满）改变了激励，他们可能会放弃联盟，寻求通过暴力或其他手段来获得自己的利益。这种行为可能导致社会混乱甚至内战。同时，人口变化、天气、经济周期、新技术和外部威胁等外部因素都可能改变利益分配和力量平衡。这些变化可能会对执政联盟的稳定性构成挑战，因为它们可能引发对租金分配的重新谈判。如果这些谈判失败，暴力冲突可能成为现实，因为各方可能会寻求通过武力来实现自己的利益。因此，有限准入秩序被认为是一个“稳定”的系统，而不是一个“静态”系统。这意味着尽管执政联盟的模式可能会变化，包括成员的更替、权力的重新分配或新成员的加入等，但这些变化通常不会导致系统的根本性转变，而是在有限准入秩序的框架内进行调整。

（二）有限准入秩序的不同类型

目前，低收入和中等收入国家大多属于一个有限准入秩序社会，但他们的收入水平相差20倍以上。这也表明我们需要理解不同类型的有限准入秩序是有必要的，我们将有限准入秩序划分为三种类型：脆弱型、基础型和成熟型。它们之间的界限并不特别重要，主要在于到底是由谁控制暴力机器、政府内外机构的类型和性质是不同。

首先，在一个脆弱型的有限准入社会，面对国内外暴力的威胁政府无能为力，如伊拉克、阿富汗、索马里等。保罗·科利尔在其著作《最底层的10亿人》中提出了“最底层的10亿人”这一概念（Collier，2008）①，这些人大多生活在撒哈拉以南的非洲国家，社会经济长期停滞不前，且看不到改善的希

---

① ［英］保罗·科利尔．最底层的10亿人［M］．北京：中信出版社，2008.

望。这些国家普遍处于有限准入秩序状态，其中执政联盟中的每一个派别都拥有武装力量，暴力威胁是决定租金和资源配置的主要因素。这些国家的政府是原始的，不能保护私人精英组织，而且由于缺乏有效的治理和法治，人们难以通过社会组织来改善这种状况，难以维持可信的承诺。在没有政府的情况下，其他组织必须自己制定和执行规则。有限准入秩序的核心是创造租金，而租金的主要来源是限制人们建立合法的组织。这种秩序限制了社会组织的自由，从而创造了租金，这些租金被用来维持执政联盟的稳定。

科利尔的分析强调了这些国家面临的挑战，包括冲突、自然资源的诅咒、内陆国家的困境以及小国的治理问题，这些都是制约这些国家发展的主要陷阱。他的著作不仅分析了这些问题，还提出了帮助这些国家摆脱困境的建议，对于理解全球贫困状况和寻找解决方案具有重要的指导意义。

其次，在一个基础型有限准入社会里，国家已经建立了一个强势的政府，对爆发的冲突有能力镇压。在有限准入社会的社会中，政府是唯一的、可持续的执政组织，同时精英群体的利益和特权属于政府或者受政府保护。其他建立从事某些活动的组织，必须经过政府批准才能实现他们的目标。例如，20 世纪的部分国家，几乎所有的组织都在执政党的管辖之下。随着政府自身结构的不断复杂化，人们能够参与更多的组织，但控制权在政府手中。这种类型的有限准入秩序不允许建立政府组织范围以外的组织，即使是精英组织。在这些国家，任何私人组织都是对执政联盟的潜在威胁，组织的演变主要是在政府内部进行的，也没有成熟的民间社会组织。组织间的分工可以创造出提供特定公共物品或私人物品的组织，如规范贸易、教育、宗教、税收和基础设施。

在这些国家，暴力冲突的威胁基本上是不存在的。这种秩序完善了公法制度，它规定了政府的内部结构及其与执政联盟成员的关系。为解决共同问题提供了标准的解决办法，涉及领导人的变化、继承、税收、捐款、争端调解和利益分配。这些问题都可能牵扯到统治联盟的重新谈判和潜在冲突。因此，有必要使用制度化的机制来帮助解决这些问题。公共组织也有助于建立精英群体之间的共同行为准则。总之，基本型准入限制更稳定，能够抵御更多的冲击。

最后，在一种成熟的有限准入社会中，尽管政府支持或者鼓励个人或者集体成立更多组织，但仍要得到政府批准。这将限制企业竞争，并为执政联盟寻求租金。这个社会秩序涵盖了如今的拉丁美洲、南非和印度的大部分地区，政府的制度需要平等地对待执政联盟中的人民。在公法制度中，规范政府部门的行为和关系，并提供解决争端的手段。这一公共规范还必须有专门负责解释和执行的政府机构，如法院或官僚机构。

成熟的有限准入社会需要更为发达的私人组织。独立、成熟的精英组织不仅可以促进经济发展，而且可以促进内部政府组织的完善。这些组织通过要求加强某些公共机构的专业性和独立性，如中央银行和法院，对政府施加影响，从而提高政府的效率和透明度。在成熟的有限准入社会中，私人精英组织能够有效地影响政府，政府将适当地实施各种政策和制度。这种互动有助于形成更加平衡和有效的治理结构。在市场经济中，私人组织可以成为政治组织的制衡力量。它们通过提供不同的视角和压力，促使政府采取更加合理和有效的政策。公共组织和私营组织的发展达到平衡，社会将实现高水平的经济和政治发展。这种平衡有助于创造一个稳定的环境，其中政府组织和私人组织都能在各自的领域内发挥作用，同时相互制衡和支持。成熟型有限准入秩序的社会中，支配型联盟会支持多种多样的政府内外组织，但有限准入秩序仍然限制政府允许建立并支持的私人组织进入。这种秩序通过对私人组织的限制准入来创造租金，维系自身并抑制暴力。成熟型的有限准入制度，在精英阶层内部先出现非人格化的交易。这种非人格化交易的拓展有利于精英的利益，由此逐渐扩大准入的范围，启动转型过程。

成熟的有限准入社会比脆弱或基本的有限准入社会更能承受冲击。它的政治体制通常能够适应执政联盟内部组织结构的变化。然而，冲击的威胁仍然存在，这样的社会可能会遇到间歇性的危机。与以前的社会相比，社会准入制度成熟的政治稳定性只是数量的增加，而不是质的飞跃。

在这个社会中，一些成员开始致力于某些政治或经济活动，掌握武装力量的人有更多的独立组织，但他们仍然没有完全脱离政府的建立和控制。相反，在一个脆弱和基本的有限准入社会中，很难区分负责经济活动的人和负责政治的人。所有政治和经济网络都包括拥有武装力量或必须与之结盟的人。经济与政治的结合是如此紧密，政府的职能十分复杂。在有限准入社会的基本类型中，各种组织具有公共性、政治性和经济性。唯一发达的组织是政府自己的机构。

虽然三种类型的有限准入秩序有一种从初级到高级的进化顺序，但实际变迁的过程并不是一条唯一的路径。没有必然的内在机制导致社会由脆弱型向基础型再向成熟型转变。政府的职能并不是随着时代发展而进步的，也有可能是退步甚至停滞的。陷入内乱的国家，包括卢旺达、索马里和前南斯拉夫，经济与社会发展是后退的。20 世纪二三十年代的德国从一个成熟的有限准入社会蜕变为纳粹统治下的有限准入社会的基本类型。

有限准入社会的几种类型之间没有绝对的界限。在脆弱的有限社会中，暴力冲突的扩散意味着执政联盟几乎无法维持政府自己的行动。他们通常不能支持其他精英组织的运作。同样，有限准入社会的大多数精英发现，在政府体制之外维持私人组织的运作是困难的，但这些组织也必须保持与政府的密切联系。成熟的有限准入社会，这些私人组织将变得更加发达和更加独立于政府。

限制准入秩序演变的一个重要方向是政府和经济都表现出较强的专业分工。有限准入社会的基本类型支持从事某些活动的某些组织，如开发自然资源、区域和国际贸易、税收、提供公共物品等，它们为特定的精英群体提供服务和租金，因而得到政府的保护。这样，基本型的有限准入可以达到更高程度的分工、交换和投资，而不是脆弱型的。一个成熟的有限准入社会允许更多的非政府组织，包括公司的存在。反过来，这些私人组织将要求政府提高其专业标准，建立新的制度，并保护他们免受执政联盟其他成员或政府的侵犯。这样一个社会将在分工、交换和投资方面得到进一步发展。

（三）开放准入秩序的维持

开放准入秩序主要依靠竞争维持，特别是政治竞争确保经济开放，而政治开放的必要条件是经济竞争。因为经济竞争和政治竞争之间的深层联系常被社会科学家们忽视了，这也是目前发达社会的制度尚不能迅速普及的重要原因。

经济学家较早的意识到竞争性经济体制是如何运作的，并倾向于认为构建产权、支持法治是首要条件。这两者为经济活动提供了必要的激励和约束机制，确保资源的有效分配和利用。从发达国家经验来看，政治和经济体系之间呈现出竞争、开放的新格局，经济体制与政治体制之间存在密切的关系。经济制度的建立、发展和有效运转必须依靠国家政权。在现代社会，国家承担的经济职能和活动既是政治性的，又是经济性的，这部分职能和活动越多，经济和政治重合的部分就越多。这些国家已经实现了政治、经济的一体化，体系之间相辅相成、共同发展。近300年以来出现的以开放准入秩序为特征的竞争性社会，经济和政治领域的自由竞争造就了特定的社会秩序和制度结构，进而衍生出多样和复杂的组织形式。这些组织形式及其创新支持了生产率的长期提高和经济长期增长。开放准入秩序的特点和发达国家的政治经济一体化经验强调了经济和政治领域自由竞争的重要性。

一个社会是否能形成开放准入秩序，以下三点必不可少：（1）各种经济、宗教、政治、教育活动向全民开放；（2）从事这些活动的组织应得到支持和保护；（3）每个公民都必须平等地享有遵守法律的义务。开放权利享有者不一定是全体国民，界定公民资格很重要，明确哪类人有权参与政治、经济活动以及行使组织权利。按照比例标准划分，有限准入秩序的标准是一个社会中仅有5%的人享有公民投票、选举等相关权利，而超过三分之一的人享有公民权，建立一个相互竞争的开放准入秩序将会更加容易。

第一，对全体公民开放经济活动。开放经济活动具有更多益处，合伙制、公司制、合同制等相关先进制度会自然而然地支持具有创新潜力的企业家，这种模式更易接近熊彼特所描述的创造性破坏。在竞争向全民开放后，人们可以通过创新方式获取租金，随着新的个人和企业不断涌现，竞争会逐渐削减先前的租金。与此相反，政治家采用政治手段维护既得利益集团、限制产业竞争并创造租金，这是有限准入秩序的逻辑。人们期望阻止各类精英和政治家颠覆有限开放准入秩序的行为，然而，消除他们创造和占有租金的欲望是极为困难的事情。但在开放环境下，持续的竞争将会阻止他们占有租金。因此，开放准入秩序是不可或缺的。

第二，开放组织创建。赋予某些人、团体的特权，意味着剥夺其他人、团体的公平权。因为一个开放社会下的每个公民享受创造组织的权利，政府作出对人民利益有损害行动会遭到人们的抵制。组织建立的目的无论是政治、经济还是带有其他社会性质，政府就没有权力干涉人们通过结社来对抗。因为开放社会中的组织没有权利阻止竞争性组织的出现，这是有限准入体制无法实现的。有限准入社会范围内，只有服务于执政联盟的组织才会存在。租金的控制和分配是维持有限准入秩序的途径之一，相反，开放社会的执政联盟没权阻止竞争性组织，也不能阻止人们通过创造性的破坏来获得经济和政治上的利益。

第三，开放权利。权利开放是创建组织的前提，一个权利开放的社会，政府以及其他社会组织并没有权利控制利益的产生、分配，也就不能利用政治制度来分配、管理经济活动。保持开放社会平衡状态关键在于经济和社会组织形式带来政治上的竞争，平衡组织间的利益。

第四，开放政治竞争。促进政治竞争的开放在于政府不能人为管控经济，防止政治精英掠夺经济资源。由政治制度带来的租金，在各方利益的驱动下，形成开放的经济、社会组织会加剧政治上的竞争，例如抵制危害开放和竞争的政策、敦促反对党监督政府。

经济学与政治学的外生性假设面临的难点在于构建一个开放且相互分离又独立存在的经济与政治制度。在有限准入的经济环境下，难以维持竞争性的政治体制。这两种制度通过多种机制相互作用，尤其是开放的经济有助于促进政治竞争。例如，开放的经济会促使各种组织形成反对执政党垄断特权和租金的力量。改变经济利益格局是长期政治竞争的根本原因。同理，政治利益格局的频繁变化将对维护经济竞争发挥基础性作用。

在开放准入的社会中，公共组织和私人组织较为发达，在政治和经济领域都形成了制衡。与有限准入社会类似，开放准入社会体制的运作主要依靠各群体间的协调作用。为了保持开放，政府部门必须有专门的组织和机构来提供服务，建立一个得到社会支持的宪政制度是基础，以鼓励统治者及其利益集团遵守游戏规则。政治公开竞争与经济层面的竞争互相支持，但两者之间没有因果关系。有限准入与开放准入社会各有一整套经济、政治、宗教、军事和教育组织。维持一个社会的开放准入或有限准入秩序，依据自身的必然需求。不可忽视的是内在作用存在两个主要问题：一是一种社会秩序如何向另一种社会秩序转变？二是两种社会秩序的特定制度模式是如何运转的？

（四）入门条件及转变

站在历史经验的起点上，两者间转化经历两步：第一步是允许有限成熟类型的准入社会实现转轨的进入条件。但达到这些条件不一定会进入转型，而只是意味着精英集团内的关系转变一个更高的层次——非人格化交换。第二步是开始转轨，使精英群体之间的关系提升到公民制度。从北美、欧洲发达国家的历史经验来看，诺思等提出了转向开放准入秩序的三个临界条件，它们是精英之间非人格化关系出现的前提：（1）建立起精英层面的法治；（2）支持永续的公共或私人精英组织（包括政府）；（3）将拥有暴力潜能的组织（包括军队和警察）集中在政治控制之下。

实现两者间的并轨，法治、产权演变需实行两步走：一是非人格化的精英阶层法治，即在法律面前，所有的精英群体权利都平等，权利与个人势力和关系无关，这样才能把权利延伸到其他社会阶层。例如为了维护精英群体的经济利益不受损，随着股票市场中交易对象、交易范围的扩大，精英群体为了保护其持有股票的权利从而形成了企业制度，产生为所有人提供平等的法律保护权利。股票的价值受流动性影响，对于各精英阶层而言，股票所有权发展取决于非人格化交易，程度越高越好。这样，建立可持续性的精英组织就带来了更多非人格化的权利保护。二是一旦精英阶层的权利被定义为非人格化，下一步改革的方向就是非精英阶层的财产。早期，股东只是人口的一小部分，精英阶层逐渐认识到，将非人格化的法律保护延伸到非精英阶层不是件坏事。股东权利含有非人格化的成分。

在转轨的趋势下，经济和政治等相关领域由人格化向非人格化过渡，但依然受到准入限制。如果经济、政治领域已经积累了能力向开放准入跨越，并开始影响到另一个领域的进程。例如，19 世纪 30 年代，美国取得了政治领域的开放准入突破，大多数州白人男子实现了普选权，民主党人杰克逊当选总统。20 世纪 40 年代的经济危机，他们改变了北部各州原来银行和运输公司的准入限制，通过了普通公司法（Wallis，2006）。自此美国涌现了开放准入的一些特征，有限准入秩序的特征在很长的一段时间仍存在。开放准入在政治领域达到一定的高度，逐渐促进了重点经济领域的全面开放。

在这样一个转折点上，执政联盟发现在精英集团内部展开良性竞争，比维持现有的寻租制度更为有利。他们就会把自己当成非人格化的公民，而不是国王、公爵或贵族。这时，一个快速而深刻的体制变革在精英集团内部形成开放而又竞争的格局。一些人认为，“精英内部的开放竞争”不免自相矛盾。毕竟，开放准入不能与普遍准入相提并论。但必须建立这样一种政治、经济、法律和社会制度，精英们与普通公民一样平等地进行权利保护，开放秩序范围进一步扩展到更广阔的社会阶层。

在历史发展进程中，法治制度和稳定的产权起初主要是为了维护精英阶层的利益。随着时间的推移，复杂的私人与公共精英组织不断涌现，有限准入秩序逐渐过渡到成熟阶段。在这个过程中，各种权利得到了更明确的界定，保护措施也开始逐步改善。

精英阶层会对政府施加压力，促使政府履行承诺。在这种压力之下，政府这一组织形式也变得越来越成熟。政府需要平衡不同精英阶层的利益诉求，同时也要考虑到社会整体的发展和稳定。为了实现这一目标，政府可能会不断完善自身的治理结构、决策机制和政策制定过程。例如，在中世纪的欧洲，封建领主等精英阶层通过建立法律和秩序来维护自己的土地所有权和政治权力。随着商业和城市的兴起，新兴的商业精英阶层也开始要求明确的产权保护和法治环境，以促进贸易和经济发展。这些压力推动了政府在法律制定、司法体系建设和产权保护方面的不断改进。

然而，随着社会的进步，法治制度和稳定的产权不应仅服务于精英阶层，而应该逐渐扩展到更广泛的社会群体，以实现社会公平正义和可持续发展。

第二节 社会分层理论与社会流动理论

一、社会分层理论

（一）古典社会分层理论

关于古典社会分层理论主要从以下三个方面介绍。

1. 马克思主义的分层理论

其阶级理论对资本主义社会以及社会主义社会的发展有着深远影响。社会分层理论发展深入探究了社会分层现象。随着资本主义社会的发展，财富逐渐积聚，社会底层的工人处在被剥削被压迫的地位，其剩余价值被资产阶级榨取，从而工人变得更加贫困。在资本主义发展初期，少数资本家占有生产资料，拥有所有权和使用权，而大多数群体依靠出卖劳动力满足基本生活需求。雇佣双方依靠契约约束彼此，由于市场经济调节社会资源配置，在劳动力市场上，资本家通过各种手段控制劳动力需求，使劳动力相对过剩，出现了劳动力数量供给大于需求，迫使工人劳动者降低其劳动工资，以此获取更大经济利益。但是，马克思也提出了“中间阶级”的概念，主要由农民、小生产者、小手工业者、小业主等群体组成，马克思意识到中间阶层的人民是社会形态更迭过后的一支残余势力，最终沦为资产阶级收买的工具，直至陷入贫困沦为无产阶级队伍。到了19世纪欧洲革命的兴起，社会分层并没有按照马克思、恩格斯曾预料的那样，由于中产阶层缺乏坚定的信念，终将被其他阶级分裂，社会最终发展为只包含资产阶级和无产阶级，无产阶级未成功夺取国家领导政权，无产阶级被封建残余势力和新兴工业资产阶级联合击败，成为社会阶层中较底层的群体。

2. 韦伯“三位一体”社会分层理论

韦伯认为马克思主义的阶级理论忽视了文化以及政治等因素的作用，由于马克思认为经济基础决定上层建筑，所以他只关注阶级与经济的关系，使马克思主义的阶级理论不够全面。韦伯认为马克思依据经济地位推测其他领域地位的分析方法不够缜密，这种逻辑思路不够严谨。韦伯将秩序分为三个层次：经济秩序、政治秩序、社会秩序，这三种秩序相互依存、互为辩证，在任何社会都存在。因此经济秩序不能完全代替和决定政治秩序、社会秩序。韦伯认为社会分层有三个原则：建立在社会声望之上的地位、建立在经济基础之上的阶级、建立在权力基础之上的党派，且每种秩序的分配方式也不同。

关于经济秩序中如何划分社会阶层的问题，要基于个人在市场中的能力以及可以获得的多少机会，经济利益的分配方式决定社会阶层的划分方式。韦伯所说的“阶级”实际上是哪些群体拥有生活机会，社会成员在市场上获得经济利益的机会就是生活机会。占有市场机会越多经济秩序中阶级地位就越高，机会的不均等是经济资源不平等分配的原因之一。

关于社会秩序如何划分社会阶层的问题，韦伯认为，声望在社会秩序中起到重要作用，他尤其强调法律制度对社会秩序的影响。具有一定威望的特殊群体有较高的社会地位，理所当然普通群体的社会等级地位较低。他认为等级制度是源于社会评价上的一种特殊权利，声望等级较高的社会成员享有特殊的尊重、垄断等便利，这种划分阶层的方式对社会制度的影响深远。韦伯认为，同一地位等级的内部成员之间组成性质相同。就政治秩序划分社会阶层的方法，韦伯认为，这主要由国家政治权力控制的。在国家政治秩序中，执政党成员占据较高的地位，而大多数的普通群众占据较低的社会地位。

3. 涂尔干社会分层理论

作为一名社会学功能主义分层理论的奠基人，法国社会学家涂尔干从“有机体”概念着手分析社会分层理论。他借用生物学有机体的概念，将社会制度比作人体的各种器官、各种部分，社会制度决定社会是否能良好运转。他尤为强调各个社会部分之间的联系，在此基础上，他分析了社会分层程度对社会有机体的维系和运转有何影响，影响程度多深？

由于社会个体间存在不信任和机会主义的问题，涂尔干强调发挥道德对社会秩序良好运转的过程中所起的作用。他认为，从国家层面上讲，良好的道德秩序减少社会冲突和混乱的发生频率；从个体层面上讲，良好的道德秩序可以防止因缺乏规范而违背规范的个人失范等相关行为。新的社会制度可以减少机会主义、投机主义诱发的冲突，促进成员之间和谐共处。涂尔干刻意区分“个人主义”与“唯我主义”的不同，强调社会有更高的目标，不只是功利主义般的利益计算。他主张道德需要重建，重建的来源不是唯我主义，而是对所有人的同情和对正义的渴望。随着社会的不断进步，应当致力于提高人民群众的道德品质，为个体创造良好的道德环境，减少不顾他人利益甚至不惜损害他人利益以谋取自身利益等的个人行为和集体行为。涂尔干认为，在新时代，道德问题比传统意义上的物质问题更为突出，所以要求社会不断提升道德整体水平，通过教育、科学方法和社会结构的调整等方式及时纠正或部分改进社会中的不良道德问题，还不是冒进地采取创造新的道德的方式取代有问题的道德。

涂尔干认为，在现代化社会以前，社会成员通过基本自给自足生产方式满足生活需要，社会劳动分工不专业且分工较少，社会成员缺乏自主意识，导致个体无法表达个人意愿，那时期社会成员之间的合作是机械团结起来的。机械团结是指执政群体通过制定系统的集体规则，结构化社会生活、规范化个人生活。在社会高度发达时期，社会分工专业化程度较高且精细化水平较高，各种制度规范较完善，个人可以充分表达自己的意愿，此时期的社会成员的整合是有机团结起来的。有机团结表示社会上的个体通过道德规则还不是强制性的法律条文而整合在一起的。这正是区分社会发展水平的标准之一。

涂尔干确实提出了社会群体存在两种不平等的观点，他将不平等分为“外在不平等”和“内在不平等”两种类型。外在不平等：这是指由于人的出身背景不同而导致的不平等，也就是我们通常所说的先赋地位（Ascribed Status）。这种不平等在机械团结或前工业社会中起支配作用，是由出生的社会环境强加在个体身上的那类不平等。内在不平等：这是指由于人的才能差异导致的不平等，我们习惯称为自致地位（Achieved Status）。在工业社会中，需要内部不平等，因为所有的外部不平等都危及有机团结的安全，换言之，威胁工业社会的社会秩序和劳动分工的特有功能。内在不平等是建立在个人才能基础上的不平等，对于工业系统的特有功能而言，具有特定才能的人必须安排到最适合发挥他们才能的位置上。涂尔干认为，在工业社会中，内在不平等是更为重要的，因为它基于个人的能力和贡献，而不是出身或背景。他主张的是机会均等下的“能人统治”（Meritocracy），在这种情形下，不平等仍将存在，但是一种建立在美德上的不平等是必需的。另外，涂尔干指出，外在不平等会影响社会的有机团结，他认为，由于社会不同个体的才能差异所导致的机会不平等是被普遍接受的，也是社会高速发展所需要的，要引导人力资源朝最优化方向发展，让其充分发挥自己的才能。

（二）现代社会分层理论

1. 功能主义的社会分层理论

该理论认为社会不平等体现为社会分层，涂尔干和帕森斯等认为，任何社会都存在社会分层是源于社会运行的需要。戴维斯和莫尔（1945）是提出功能主义的社会分层理论的主要代表人物，该理论主要包含以下观点：第一，任何社会中，需要具备专业技术和特殊才能的职业（如教师、医生、教授、律师等），其重要性程度高于某些其他职位（如服务员、售货员、清洁工等）；第二，这些人才在上岗之前一定要经过严格培训并付出更多的努力和成本；第三，为与个人的才能和技术相匹配，用人单位要聘请这部分人才必须支付更多的报酬或者让其拥有更高的权利；第四，社会将给予人才更多的回报，对所有个体成员都有益；第五，重要职位、薪酬更高运转机制必然会造成职位间的薪酬的差距和社会不同阶层间的地位差距；第六，享有稀少物品上的差异以及地位声望上的差异等社会分层差异现象是不可避免的，适当的差异对社会具有积极影响。

功能主义分层理论激发了众多学者投入社会分层的研究中，如布劳和邓肯在《美国的职业结构》一书中，分析了“职业地位”与社会分层的关系。在本书中他们指出，在现代工业社会中，职业结构是划分声望阶层、经济阶层、政治权力阶层的重要标志。虽然职业类型不能直接代表阶层地位，但它却能控制所属阶层对经济、社会等资源的占有力，是代表阶层地位的最佳指标。所以，一般而言，职业地位与社会声望、收入、社会阶层呈正向关系。

功能主义社会分层理论有其优点和创新之处，但同时也无法解释很多现实问题，主要体现在以下三个方面：一是先赋性因素会导致个体的资源配置存在先天的差异，即使个体无任何才能却也可以利用先天获得的优势地位占据较高的社会地位，但一个优秀的平民子女却不能享受这样的优势；二是能力较强的从业者并不一定都能够享受高薪酬、高地位等实质性的回报，如中小学教师、护士、警察等职业会由能力较强的人担任，可实际上其工资并不高，而歌手、演员等职业的社会价值较低，他们的收入却非常高；三是教育不均衡造成地位获得的不均衡，如贫穷的人会因为教育资源的缺失无法发挥自身才能。总而言之，社会分层并不能实现最有才干的人赋予最重要的角色。

2. 莱特的新马克思主义阶级论

莱特使用马克思主义的阶级分析方法研究了社会分层问题。莱特、普兰查斯和布雷弗曼等，在解释西方国家 20 世纪以来中产阶级迅速发展的原因时指出，现代资本主义社会存在三个基本阶级，除了资产阶级和无产阶级两大基本阶级外，还包括小资产阶级。他们虽拥有生产资料，但不雇用工人。除此之外，莱特还提到中间阶级，此阶级主要包含小业主、管理者和监督者、半自主性雇员等，莱特认为，中间阶级是不会轻易被资产阶级或无产阶级同化的。这一群体在马克思主义学说中是指介乎资产阶级/资本家与无产阶级之间的阶级。小资产阶级占有一小部分生产资料或少量财产，一般既不受剥削也不剥削别人，主要靠自己的劳动为生，但是其中有一小部分有轻微的剥削。作为劳动者，在思想上倾向于无产阶级，作为私有者，又倾向于资产阶级，极易受资产阶级思想的影响。因此，在反对封建主义的斗争中既具有革命性，同时也存在政治上的动摇性、斗争中的软弱性和革命的不彻底性。

3. 新韦伯主义阶级论

该理论补充和发展韦伯的多维度社会分层方法，并着重分析了经济秩序以“市场机制”划分的社会阶层，主要代表理论有：帕金的“社会封闭理论”和戈德索普的阶级划分原则理论①。

在韦伯的“社会封闭理论”上，帕金进一步发展了该理论。他指出社会封闭是为了实现自身利益的最大化，利益群体将缩小了受益范围，只限制部分群体有获取资源和机会的资格。社会封闭机制可以通过“排他”和“内固”的相互作用实现社会阶层结构的分化。“排他”机制发挥稳定现有社会分层秩序的作用，而“内固”机制可以破坏现有社会分层结构。帕金还指出，社会封闭机制起作用的同时，社会群体之间有一个缓冲带，缓冲社会封闭机制的直接作用。在当今发达国家中，社会流动并不直接在底层和顶层的两端间流动，一般是以缓冲带为中介，先流入或者流出到缓冲带，再向下或者向上流动。所以较高的向上流动率，不代表并不表明封闭机制没有发挥作用，这是这种作用被缓冲带所掩盖。向上流动为社会底层群众提供依靠后致性因素改变其弱势地位的渠道，降低社会底层阶级的“内固”程度。所以，向上流动作为“安全阀”对社会平稳、可持续发展有重要意义。

戈德索普使用韦伯阶级划分方法研究社会分层的问题时指出：职业报酬和工作状态综合决定个体的阶级地位，根据劳动力市场关系和生产单位关系（即市场状态或者阶级状态和工作状态两种标准）来划分社会结构。在戈德索普之前对于阶级划分的方式主要有两种，即社会阶级和职业阶级。戈德索普在阶级分类框架图中，结合了职业分类以及社会关系划分方法，将社会划分为不同的阶级，这种方法操作简便，而是将财产占有和知识技术相结合，首先将社会阶层划分为体力劳动者和非体力劳动者，然后又划分出了由公务人员阶级、工人阶级和普通雇员及小业主等组成的中间阶级。

---

① 李春玲，吕鹏．社会分层理论［M］．北京：中国社会科学出版社，2008.

4. 精英与社会分层

帕累托认为，精英在社会阶层中处于顶端位置，并提出了“治理精英”和“非治理精英”概念[①]，其中治理精英是指可以决定社会的性质、发展的个体集合。莫斯卡认为，社会结构存在“统治阶级”与“被统治阶级”相对立的两大基本阶级。只有统治阶级内部维持平衡关系时，阶级统治才能比较稳定，否则就会发生社会革命。米歇尔斯提出了“寡头统治定律”，即任何类型、任何阶段的社会都是由寡头统治的。他认为，组织的存在、普通人不具备领导技能以及基于私利动机等原因，产生了寡头统治。米尔斯研究美国社会权力结构时，批判了多元主义，并指出，研究精英群体时，不能脱离对社会整体权力结构的分析，在抵制历史阴谋论和共谋论的同时，强调了制度和组织的重要性。

（三）社会分层的前沿理论

与马克思主义以及韦伯主义的社会分层理论不同，布迪厄的社会分层开创了新的研究理论。他将物质资源以及符号资源划分为三个组成部分——经济资本、文化资本以及社会资本。权力资本高于这三个资本之上。据此，他提出了由三个维度构成的社会空间，这三个维度存在相关关系：一是根据社会阶层拥有的经济、文化、社会资本的总量，中产阶层位于占据支配阶层和劳动阶层的中间位置，且人口数量最多；二是根据拥有资本的布局，可以划分不同的阶级部分；三是根据各个资本变化的轨迹，即不同阶层的社会流动方向决定了其发展方向。

在阶级分析中布迪厄将文化资本引入框架中，他认为，如同经济资本一样，文化资本在代际之间传递，并对子代的教育以及其他后致性因素具有累积性的影响力，从而间接影响子代社会、经济地位等。学校和家庭是培养文化资本的重要机构，教育培育文化，是垄断者实施文化专断的社会机制，用来实现权力关系的再生产。

苏联解体、东欧剧变以及社会主义国家如中国、越南的社会转型等重大事

---

① 非治理精英是与治理精英相对的一个概念。

件衍生了新的社会阶层理论。如吉拉斯的“新阶级”理论。他认为：苏联在取得政权之后，其统治阶级变成了拥有权力的新剥削阶级，并没有实现马克思主义定义的无产阶级革命目的——消灭阶级。

市场转型理论兴起于20世纪80年代，其核心观点是：社会主义国家向市场经济转轨的过程中，直接生产者、市场资本、人力资本和文化资本拥有者是转轨的获利方。魏昂德（Walder，1995）指出，在市场转型过程中，国家政体变革的广度和对侵占公共资产的限制程度决定了精英群体从转型中的获益大小。

李路路（2004）认为，在中国的社会、经济转型时期，虽然市场机制使资源配置的分配方式发生了变化，但是阶层之间的关系并没有发生根本改变，阶层再生产的方式也没有发生变化，这主要是由于自上而下的改良式变迁和一些制度性因素决定的。李强（2010）认为，在社会转型期，中国的社会分层经历了政治分层到经济分层的转变。与之对应的是，政治上的不平等转变为经济上的不平等。

二、社会流动理论

在现阶段社会流动的文献中存在两个基本理论范式或两种分析逻辑。

第一，现代化逻辑，经济技术理性——功能主义范式。该逻辑以经济技术理性的发展为假设前提，在内在逻辑上要求社会各方面的结构性特征趋向一致。因此，现代化进程中，经济结构、职业结构的转型以及社会流动的障碍的扫除，将增加社会流动的可能性，大幅减少代际之间继承的可能性，致使总的社会流动率上升，代际机会将更加平等，社会阶层结构更加开放。

第二，社会、政治逻辑。众多学者认为，社会流动受制度、文化传统、意识形态以及政治等因素的影响程度要高于受经济技术理性的影响。因此，决定现代化过程、社会流动率以及社会结构开放程度三者之间的关系不仅受经济技术理性的影响，为此，他们对现代化逻辑提出了以下质疑：

从社会流动模式角度讲，社会流动率是否随着经济技术理性扩张而上升？许多学者对此提出了质疑。如费瑟曼等比较美国和澳大利亚社会流动的状况时发现，工业化虽然提高了社会流动率，但这主要是由代际之间社会结构变动引起的，而不是由职业阶层之间的相对流动引起的。在市场经济和核心家庭制度背景基本相同的工业化国家，在控制了父子之间的职业分布后，其代际间的相对流动率基本相同。在 FJH（Featherman - Jones - Hauser）假设下，得出基本一致的结论：相对流动是机会平等和社会开放的重要标志之一，对比不同国家的相对流动发现，其基本关联模式相似，在子代家庭出身与最终社会阶层地位间的关联强度上存在差异，代际继承指数较强、代际流动距离较短的代际继承，对先赋性因素对子代社会地位具有持续性影响。一些学者扩大了 FJH 研究对象，并将范围扩大到进入工业化的国家，发现依然存在相似的职业阶层分布模式和社会流动模式。还有学者认为，在社会主义国家，社会流动模式随着中心任务而变化。戈伯等发现，代际继承是苏联社会流动的主导模式，随着经济转型代际的关联程度有不同程度的上升。

从社会流动机制角度讲，其主要目标是揭示在不同的制度背景和社会结构下，社会流动的形成机制。现代化逻辑理论认为，随着现代化水平的提高，社会流动率也随之上升。但是经验研究表明：社会流动率并没有随经济技术扩张而上升。现代化逻辑的结论没有得到经验研究的支撑。

目前，对中国社会流动机制的研究多以布劳 - 邓肯的路径分析的理论基础，该理论研究家庭背景等先赋性因素如何影响子代社会地位，同时也用于分析个人因素等后致性因素对个人职业的影响。

以连续的个体社会经济指数的分布为基础的地位获得模型主要是从个体微观层面揭示社会流动的传递机制；由于各阶层之间的关系是非连续的，所以该模型难以揭示各阶层之间结构性位置的流动机制。

第三节　本章小结

本章是全书的理论基础部分，也是贯穿全书的基调，主要包含新制度经济学理论以及社会分层理论与社会流动理论。

就交易类型而言，一方面中国传统社会是讲人情关系的社会，社会成员之间人情关系有亲疏厚薄之分，这为人格化交易创造了有利条件，另一方面也不利于实现从人格化交易到非人格化交易的转变。在中国传统文化背景下，通过采取比较温和的改革方式，由人格化交易到非人格化交易的制度变迁将是一个非常漫长的过程。

就社会秩序而言，中国目前也处在由有限准入秩序向开放准入秩序过渡的阶段。而有限准入秩序地运转主要通过限制竞争、创造租金来维持（North，Wallis 和 Weingast，2009），这不同于开放准入秩序。在开放准入的秩序中，市场对大部分人开放；个人通过竞争创造价值，通过熊彼特所说的“破坏性”创新获得利润①。这种利润不同于有限准入秩序中精英提供的“租金”。要实现有限准入秩序向开放准入秩序的转轨，就要实现对精英阶层的权力的法治界定，即权力的非人格化，也就是说，所有的精英分子都享有同等的权利，不需要与个人的关系挂钩。同时，要让精英认识到非人格化交易的拓展有利于自身的利益，由此逐渐扩大市场准入的范围，将权力扩大到更广泛的社会阶层。

我国政府文件或者法律条文中较多提到的是无产阶级、资产阶级等概念，关于中产阶级鲜少提及，出现在视野中的多是中等收入群体等概念。中产阶层的概念不等于中等收入群体的概念，中等收入群体是从收入角度来界定的，而中产阶层是有多划分标准界定的，如从经济收入、社会声望，以及政治权力等多角度综合划分社会阶层，中产阶层的概念范围比中等收入群体的概念更加广泛。

就社会流动而言，在现阶段社会流动主要有两种分析逻辑——现代化逻辑以及社会、政治逻辑。现代化逻辑认为，在现代化进程中，经济结构、职业结构的转型以及社会流动的障碍的扫除，将增加了社会流动的可能性，大幅减少了代际之间的继承可能性，致使总的社会流动率上升，代际机会将更加平等，社会阶层结构更加开放。而社会、政治逻辑则认为，社会流动受制度、文化传

---

① 熊彼特指出，企业家通过创造性地打破市场均衡，从而获取超额利润的机会（［奥］约瑟夫·熊彼特：经济发展理论［M］. 邹建平，译. 北京：中国画报出版社，2012）。

统、意识形态以及政治等因素的影响程度要高于受经济技术理性的影响。

因此，本书旨在结合社会流动的两种逻辑，并在理论模型中融入制度性因素，将中国社会阶层划分为三个部分——高收入群体、中等收入群体以及低收入群体。本书以中等收入群体作为主要研究对象，并对社会整体阶层进行了对比分析。同时，本书从代际流动的视角出发，探讨了在扩大中等收入群体过程中所面临的主要问题。

第三章　扩大中等收入群体的实证分析

本章主要从职业和收入这两条路径来深入研究子代社会阶层的问题。子代的社会阶层主要受到后致性因素和先赋性因素的双重影响。后致性因素能够直接作用于子代的社会阶层，为子代的阶层定位提供重要动力。而先赋性因素的影响则更为复杂，它不仅可以直接作用于子代的社会阶层，还能够通过对子代后致性因素施加影响，从而间接作用于子代的社会阶层。为此，本章着重考察间接效应对子代社会阶层的影响，重点阐述职业和收入是如何在中产阶层路径中发挥作用的。在职业方面，子代所选择的职业类型、职业发展前景以及职业所带来的社会地位和经济收入等，都与他们所处的社会阶层密切相关。在收入方面，稳定且较高的收入水平是子代成为中产阶层的重要标志之一。收入不仅决定了子代的生活质量和消费能力，还影响着他们的社会交往、教育资源获取以及未来的职业发展机会。通过对职业和收入这两个关键因素的分析，可以更深入地理解子代社会阶层的形成机制，以及后致性因素和先赋性因素在其中的复杂作用。同时，也为促进社会阶层的合理流动和构建更加公平、公正的社会提供有益的参考。

第一节　理论回顾与研究假设

随着工业化进程的不断推进，制造业的快速发展，工人群体的规模也迅速扩大，在中国社会转型和经济结构转型时期，中国工人的发展动向也成为社会关注的焦点，因为这不仅影响社会、经济的转型方向，也关乎未来社会、经济的发展。马克思对工人的界定主要强调是生产资料私有制为基础的资产阶级的对立阶级——无产阶级。而新时期工人阶级的概念内涵和范围已经和马克思所在时代以及中国计划经济时期等十分不同。在社会、经济进入发达水平的国家，工人阶层逐渐衍生出以管理才能和以技术才能见长的“中产阶层”和“白领”，并成为就业群体的主力军。这一现象冲击了马克思关于工人的概念（李路路，2016）。

中国社会结构、经济结构的转型使工人群体的问题变得更加复杂。对社会资源配置由自上而下的中央集权计划经济调控转为自下而上的市场经济调控，这一转型导致生产资料的占有形式发生了变化，马克思对社会主义工人阶级的界定也需要与时俱进重新定义。

以工人阶层为研究对象时，对“社会制度安排引起不平等”的分析是研究重点（沈原，2006），而“社会不平等”的问题又是社会分层的本质核心内容（李强，2011）。陆学艺（2002）在《中国社会十大阶层》一书中曾指出，“金字塔”形社会结构中底层群体主要由产业工人、商业服务业工人组成。有管理才能和技术才能的工人群体构成了社会中等收入群体。从社会分层角度出发，对父辈为中等收入群体的子代，其社会资源的占有和机会的平等程度进行分析，有利于全面认识新时代工人发展问题。

一、我国中等收入群体的路径研究

我国学术界在中等收入群体路径研究方面经历了从“中产阶层”到“中等收入群体”的演变。在中产阶层的路径生产方面的研究较少，但是对影响扩大中产阶层的路径方面已取得较丰富的研究成果。周晓虹（2002）指出，中产阶层在成长过程中面临着三大主要问题：（1）财富向少数富裕阶层过度集中；（2）国家工业化的步伐落后于农村劳动力流出的速度；（3）意识形态压力。这些问题影响中产阶层的健康发展。陆学艺（2004）在《当代中国社会流动》一书中就指出，在现阶段，要继续完善非公有制产权制度，创造有利于中产阶层生长的社会环境。李正东（2004）认为，要扩大中产阶级，就要在户籍制度、加快城镇化步伐、降低社会底层群众中农业劳动者的比例等方面下功夫。阮德信（2004）认为，“亚企业家制度”也是扩大中产阶层的路径之一。胡鞍钢（2007）认为，政府积极引导有利于中产阶层在生成过程中发挥社会、经济“稳定器”的作用。张宛丽（2010）认为，疏通各阶层之间的流通渠道，有利于扩大中产阶层的规模。李强（2010）认为，循序渐进、落实到位的政府政策是中产阶层健康成长的保障。吴启焰和刘春卉（2015）指出，中产阶层再生产存在空间再生产与社会再生产两种循环路径，且相互交融、互为因果。李培林（2017）认为，目前，中国处在跨越“双重中等收入陷阱”的时期，他将“双重中等收入陷阱”定义为：在中等收入发展阶段人均产出的长期停滞和中等收入群体占人口的比例长期停滞甚至下降。为此，他从人力资本优先发展战略、减免税收政策、激励创新及完善知识导向的分配政策、培育大学生和农民等方面提出政策建议以扩大中等收入群体的比例。

二、研究假设

综合上述实证研究结果，本章建立如图 3－1 所示的理论研究框架，并提出了以下假设：

假设 1：后致性因素对子代社会阶层有显著的影响。

假设 1.1：子代的受教育程度对子代社会阶层正影响，即随着子代受教育程度的上升，子代社会阶层就越高。

假设 1.2：子代收入对子代社会阶层正影响，即随着子代收入水平的上升，子代社会阶层就越高。

假设 1.3：子代的工作单位类型对子代社会阶层正影响，即随着工作单位类型的上升，子代社会阶层就越高。

假设 1.4：子代对生活压力的感知对子代社会阶层正影响，子代生活压力感知越大，工作时间越长，工资收入随之上升，故社会阶层地位也随之上升。

假设 2：先赋性因素对子代社会阶层有显著的影响。

假设 2.1：父辈是否是中等收入群体直接影响子代的社会阶层地位。父辈是中等收入群体有利于子代社会阶层的提升。

假设 2.2：父辈受教育程度越高，子代社会阶层越高。

假设 2.3：父辈收入水平越高，子代社会阶层越高。

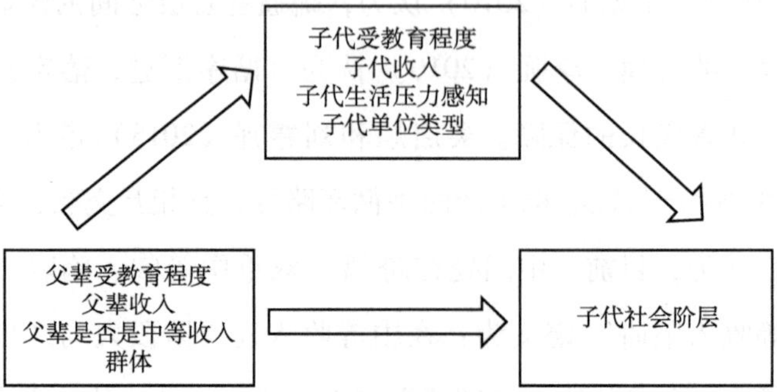

图 3－1　理论逻辑分析

第二节　数据来源及主要变量的统计性

中国健康与营养调查（China Health and Nutrition Survey，CHNS）目前包含 1989 年、1991 年、1993 年、1997 年、2000 年、2004 年、2006 年、2009 年、2011 年和 2015 年的数据。问卷采用分层抽样法，问卷调查的东部地区主要包含北京、上海、江苏、山东、辽宁，中部地区主要包含黑龙江、河南、湖北、湖南，西部地区主要包含广西、贵州、重庆。问卷的调查范围包含成人和儿童，其中成人的调查内容包含人口学特征、工作及收入情况、卫生服务需求、卫生服务利用及健康情况等。根据以上调查数据进行分类整理得到了一组父母与子女配对的数据，随着女性从业率的提高，样本保留了女性的调查数据。

基于上述的研究假设，本章以子代社会阶层为被解释变量，并在 CHNS 调查数据中从先赋性因素和后致性因素两个层面选取了实证分析所需的解释变量。其中，后致性因素主要是子代的受教育程度、收入、生活压力的感知以及单位类型；先赋性因素主要包括父辈的受教育程度、劳动收入以及是否是中等收入群体。具体的变量以及其说明如表 3－1 所示。

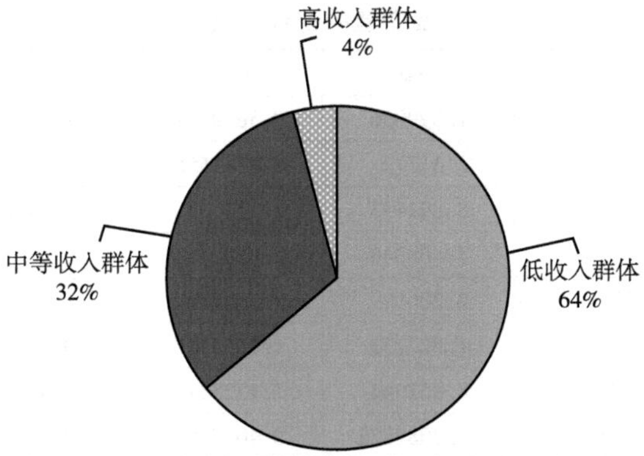

图 3－2　子代社会各阶层占总体社会阶层的比重

表 3－1　主要变量的描述

变量名称	含义	说明
csc	子代的社会阶层	高收入群体＝3；中等收入群体＝2；低收入群体＝1
cedu	子代受教育程度	小学毕业＝1，初中毕业＝2，高中毕业、中等职业技术学校毕业＝3，大专或大学毕业及以上＝4
clny	子代收入的对数	
cwt	子代生活压力的感知	子代每天的工作时间
cuw	子代的单位类型	政府机关、国有事业单位和研究所＝4；国有企业＝3；小集体（如乡镇所属）、大集体（县、市、省所属）＝2；家庭联产承包农业、私营、个体企业、三资企业（属于外商、华侨和合资）等其他类型＝1
fedu	父辈受教育程度	
flny	父辈收入的对数	
fmc	父辈是否是中等收入群体	是＝1；否＝0

主要变量的统计性描述如表 3－2 所示，子代的社会阶层（csc）的均值接近 1，说明中国社会阶层结构中低收入群体所占比例最高，这一点在图 3－2 中得到了进一步证实，在社会阶层结构比例图中，低收入群体所占比例最高，中等收入群体所占比例较高，高收入群体所占比例最低。所以表 3－2 中的主要变量存在被平均的可能性，如子代受教育程度的均值仅为 2.3177，接近初中毕业的水平，父辈的受教育水平更低。父辈收入的均值低于子代收入，组内离散程度要高于子代。

表 3－2　　　　主要变量的统计性描述

变量	观测值	Mean	Std. Dev.	Min	Max
csc	2754	1. 399056	0. 5699961	1	3
cedu	2754	2. 31772	0. 8781555	1	4
clny	2754	8. 891443	1. 114737	3. 797232	12. 60307
cwt	2754	7. 468046	2. 429215	0	24
cuw	2754	2. 206609	1. 330226	1	4
fedu	2754	1. 527233	1. 135316	0	4
flny	2754	8. 862944	1. 172831	0. 4362532	12. 8868
fmc	2754	0. 2087872	0. 4065158	0	1

注：数据来源 CHNS。

第三节　理论模型的构建与实证分析

一、模型拟合及结果检验

本节使用路径分析模型研究后致性因素和先赋性因素对子代社会阶层的影响。根据图 3－1 的理论逻辑模型和表 3－1 所选取的主要变量，构建如图 3－3 所示的路径分析模型。

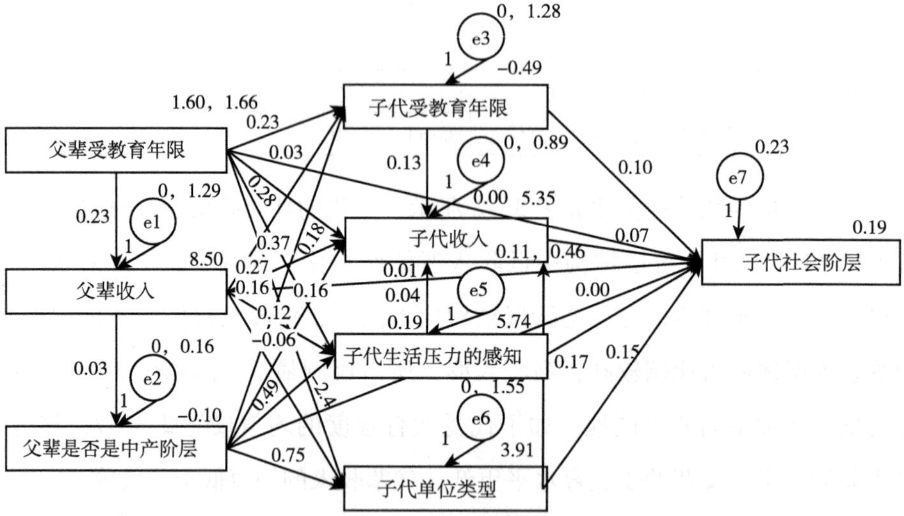

图 3－3　初始的路径分析

本节使用 Amos 软件对子代社会阶层的传递路径进行了模拟，并对模型进行了检验，检验结果如表 3－3 所示。在表 3－3 中显示，默认模型中的卡方值（CMIN）等于 465－417，自由度（DF）＝4，而路径 CMIN/DF 等于 116.354 远远大于 3，因此有必要对图 3－3 进行修正。

表 3－3　　　　初始路径检验结果

Model	NPAR	CMIN	DF	P	CMIN/DF
Default model	40	465－417	4	0.000	116.354
Saturated model	44	0.000	0		
Independence model	16	3554.060	28	0.000	126.931

由于子生活压力的感知对子代社会影响的直接效应并不显著，所以删除了该路径。修正后子代的社会阶层的路径结果如图 3－4 所示。修正后，模型的 CMIN/DF 等于 2.196，说明修正后的模型拟合优度良好。同时 P＝0.111＞0.01，接受修正后的路径模型与初始路径模型相同的原假设（见表 3－4）。

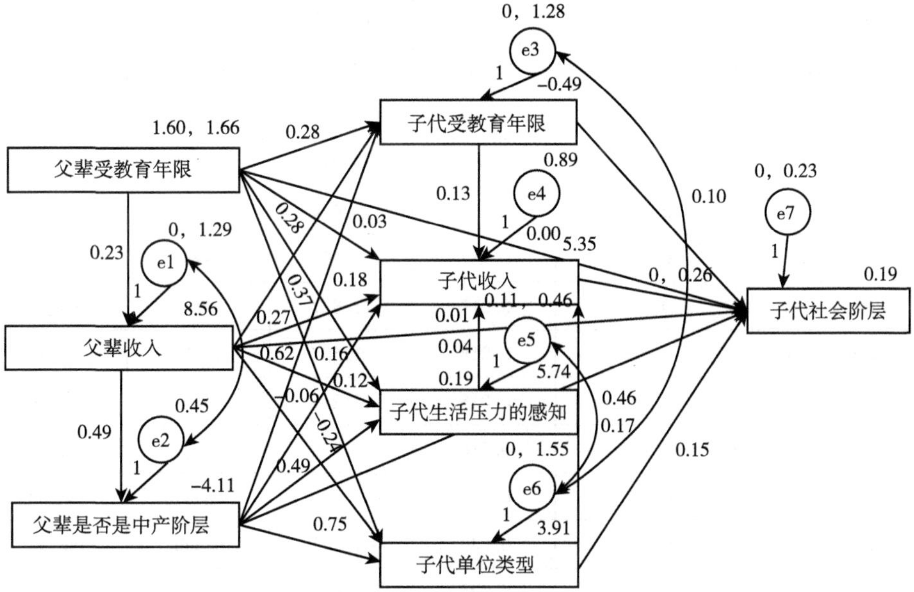

图 3－4　修正后路径分析

表 3－4　　初始路径检验结果

Model	NPAR	CMIN	DF	P	CMIN/DF
Default model	42	4－392	2	0. 111	2. 196
Saturated model	44	0. 000	0		
Independence model	16	3554. 060	28	0. 000	126. 931

二、实证结果分析

表 3－5 更加清晰地展示了子代社会阶层的各个传递路径的路径系数。

表 3－5　　社会阶层的路径回归结果

	标准化估计系数	S. E.	C. R.	P	Label
flny←fedu	0. 248	0. 017	13. 429	***	par_13
fmc←flny	1. 407	0. 007	5. 317	***	par_12
cuw←flny	－0. 211	0. 021	－11. 451	***	par_2
cedu←fedu	0. 287	0. 018	15. 515	***	par_3
cuw←fedu	0. 160	0. 020	8. 160	***	par_4
cuw←fmc	0. 228	0. 062	11. 977	***	par_5
cwt←fmc	0. 058	0. 169	2. 895	0. 004	par_14
cwt←flny	0. 043	0. 057	2. 186	0. 029	par_15
cwt←fedu	0. 068	0. 055	3. 275	0. 001	par_16
cedu←flny	0. 256	0. 019	14. 674	***	par_18
cedu←fmc	0. 086	0. 057	4. 790	***	par_21
clny←flny	0. 391	0. 017	21. 827	***	par_1
clny←fedu	0. 029	0. 016	1. 587	0. 113	par_17
clny←cuw	－0. 197	0. 015	－11. 215	***	par_19
clny←cedu	0. 147	0. 016	7. 956	***	par_20
clny←cwt	0. 115	0. 005	7. 059	***	par_22
clny←fmc	－0. 021	0. 048	－1. 175	0. 240	par_23
csc←fmc	0. 137	0. 025	7. 689	***	par_6
csc←flny	－0. 013	0. 009	－0. 666	0. 506	par_7
csc←fedu	0. 005	0. 008	0. 293	0. 770	par_8

续表

	标准化估计系数	S. E.	C. R.	P	Label
csc←cedu	0. 234	0. 008	12. 432	***	par_9
csc←clny	0. 140	0. 010	7. 348	***	par_10
csc←cuw	0. 345	0. 008	19. 234	***	par_11

结果分析如下。

（一）后致性因素对子代社会阶层显著的直接影响

子代教育（cedu）对子代社会阶层（csc）的直接影响为 0. 234（par_9 的路径系数），说明随着教育水平的上升，其社会阶层也会随之上升。子代收入（clny）对子代社会阶层的直接影响为 0. 14，子代工作单位类型（cuw）对子代社会阶层的直接影响为 0. 34。子代对生活压力的感知（cwt）虽然对子代社会阶层没有显著的直接影响，但是它可以通过影响子代的收入而间接影响子代的社会阶层，影响程度为 0. 0161（0. 115 ×0. 14）。另外，子代受教育程度和子代的工作单位类型也都可以通过影响子代收入水平还间接影响子代的社会阶层，其间接影响程度分别为：0. 021（0. 147 ×0. 14）、－0. 0276（－0. 197 ×0. 14）。至此，假设 1 得以验证。

（二）先赋性因素对子代社会阶层有直接或者间接的影响

首先，父辈是否是中等收入群体（fmc）对子代的社会阶层有直接且显著的影响。影响程度为 0. 137。父辈是否是中等收入群体还通过影响子代的受教育程度以及子代的工作单位类型而间接影响子代的社会阶层，其间接影响的路径系数分别为：0. 201（0. 86 ×0. 234）、0. 078（0. 228 ×0. 34）。

其次，父辈的收入（flny）对子代社会阶层的直接影响不显著。但是父辈的收入通过影响子代的收入水平而间接影响子代的社会阶层，标准化路径系数为 0. 0547（0. 391 ×0. 14）。父辈收入还可以通过间接影响子代的教育水平而影响子代的社会阶层，这种影响的程度为 0. 0599（0. 256 ×0. 234）；也可以通过影响子代的工作单位类型而间接影响子代社会阶层，影响程度为0.072（-0.211×0.34）。

最后，父辈受教育程度（fedu）对子代社会阶层的直接影响不显著。父辈受教育程度可以通过影响子代的受教育程度、子代的收入水平以及子代的工作单位类型而间接影响子代的社会影响，其路径系数分别是0.067（0.287×0.234）、0.004（0.029×0.14）、0.0544（0.16×0.34），至此假设2得以验证。

第四节 本章小结

一、社会阶层的两种路径

本章使用AMOS软件，从两个维度（后致性因素、先赋性因素）入手，研究子代社会阶层的传递路径。后致性因素主要考察了个人因素对其社会阶层的影响，该类型的因素主要指个人通过可以努力凭借其脑力或者技术等谋取经济收入、权利或者社会声望等地位，这种社会阶层之间的差异是大众普遍可以接受的差异。而先赋性因素主要考察了个体的家庭背景等因素对其社会阶层的影响，由于父辈的受教育程度、父辈的收入水平，以及父辈是否是中等收入群体对子代的社会阶层有着显著的影响，这种影响不仅包含间接影响也包含直接影响，先赋性因素是子代一出生所拥有的社会资源就不同，导致子代机会不均等，处在优势地位的子代不用努力就能生活很舒适，而处在贫穷地位的子代，即使更加努力也难以摆脱困境，这种代际间的不公平是大众难以接受的，这种状况如果长期存在将会阻碍社会阶层之间的正常流动，使社会阶层固化。

父辈是否是中等收入群体不仅对子代的社会阶层有间接的影响，且其直接影响也十分显著。父辈是中等收入群体的子代，子代向上流动的可能性越大。同时父辈也可以通过影响子代的收入、受教育水平，以及单位类型等间接影响子代的社会阶层。这正是本书基于职业流动性考察中等收入群体扩大路径的原因。

在社会阶层的传递路径中，父辈的收入虽然对子代的社会阶层没有直接的影响，但它可以通过影响子代的收入水平、子代的受教育程度等间接影响子代的社会阶层，于是本书基于代际收入流动性角度考察中等收入群体的路径。

基于代际流动性角度考察扩大中等收入群体的路径，主要是由于先赋性因素不仅直接影响子代的社会阶层也通过代际资源传递的方式间接影响子代的社会地位。为此本书着重从代际职业流动性、代际收入流动性这两条路径，研究其背后的传递机制，从而为扩大中等收入群体提出些许政策建议。

二、本章主要结论

就后致性影响因素而言，子代受教育程度、子代收入，以及子代工作单位类型都对其社会阶层有正向作用，子代的生活压力感知虽然不直接影响社会阶层，但是可以通过影响其收入而对其社会阶层产生影响。

就先赋性影响因素而言，父辈是否是中等收入群体将直接影响子代在社会阶层中所处的位置，以及连同父辈的收入、父辈的受教育程度等变量通过影响子代的特征变量而间接影响子代的社会阶层。

第四章　路径一：中等收入群体的代际职业流动性分析

本章主要从代际职业流动性的视角，分析父辈是否是中等收入群体对子代职业流动方向的影响。根据子代的职业类型是否优于父辈，将代际流动分为代际职业向上流动、代际职业继承以及代际职业向下流动，本章对比分析了父辈为中等收入群体与整体社会阶层时，代际职业流动的差异，为扩大中等收入群体提出更具有针对性的建议。在研究方法上，本章主要使用 Mlogit 模型分析了各个因素对代际职业流动方向的影响，由于劳动市场存在二元分割现象，在分析过程中分别讨论了城镇与农村两种情况，并从新制度经济学的视角解释了社会阶层固化的成因。

第一节　理论回顾与研究假设

一、代际职业流动的影响因素研究

至此，我们提出疑问，影响代际职业流动的因素究竟有哪些？通过梳理相关文献，我们将影响因素分为三种类型：一是个人因素，如先天性禀赋、个人特征属性以及后天努力的特征因素；二是制度因素，如社会、经济制度变迁等因素；三是社会资本等非制度因素。

很多学者认为个人因素对代际职业流动性发挥着重要作用。郭凡（1995）认为子代的个体特征因素，如性别、年龄、教育程度等都会影响代际职业流动的大小，当发生代际流动时，经济地位获得提升的机会最大，第二是声望地位，第三是整体地位，最后是权力地位。严善平（2000）认为，家庭背景可以通过影响子女的教育、政治面貌从而影响其收入和职业的获得。李路路（2003）认为，在市场体制转型的过程中，虽然市场机制逐渐替代再分配权力机制成为资源分配的主要机制，教育一直发挥着传递社会阶层地位的作用，子代直接继承父辈社会地位的可能性较高。张翼（2004）认为，在代际职业流动受制度影响及工业化的假设条件下，父辈通过对子代人力资本投资（如教育）而间接影响子代的职业地位，而不再通过制度性因素传递其资源。同时，父辈职业地位、户籍制度等先赋性因素仍然是影响代际职业流动的重要因素。郭丛斌和丁小浩（2004）认为，教育具有显著的跨越职业代际效应，受教育程度越高，跨越职业代际效应越大，即子代向上流动的可能性越大。邢春冰（2006）认为，父辈通过人力资本投资来影响子代的就业机会，同时父辈家庭的外出就业情况、所有制性质以及职业类型等因素都会影响子代就业。

国外学者对代际职业流动影响因素的研究主要针对个人因素，但在国内，较多的研究强调制度因素对代际职业流动和代际职业继承的影响。程丽香（2003）认为，“整体而言，社会性因素是导致福清市农村社会流动的主要原因”，其中社会性因素主要包含“工业化与经济发展、社会分层结构、就业制度与就业机会、文化价值观念、社会生活环境等”①。余红和刘欣（2004）认为，父母的工作单位特征对子女的就业有显著性影响，国家政策的变化以及单位文化使个人地位获得的影响因素也发生了直接变化。高勇（2009）认为，个人因素中先赋性因素和后致性因素、制度因素中的社会开放度以及“社会结构中的樊篱以及樊篱的变迁问题”都会影响代际流动。郭丛斌和丁小浩（2004）以及孙凤（2006）认为，劳动力市场存在二元分割的主要市场和次要

① 程丽香．沿海农村的社会流动——来自福建省福清市18个村庄的调查［J］．福建省社会主义学院学报，2003（3）：67－72.

市场，使代际职业流动缓慢，同时强调了教育对代际流动性的影响。王春光（2003）认为，市场机制的引入并没有改变代际职业流动受制于制度因素的现状，“家庭背景、所有制、户籍制度以及其他因素”，使代际职业流动在起点上就不平等。边燕杰等（2006）认为，在劳动力市场上，市场机制抑制了部分代际继承机制对子女的影响，但是“单位和地区是再分配体制下的两大结构壁垒，对地位获得的影响是深刻的，持续性的”。吴晓刚（2007）认为，与城镇相比，农村户口的子女在地位获得时更容易受父辈职业的影响，户籍制度使城镇子女不易向下流动，而农村子女不易向上流动。

关于社会资本对职业获得的影响，边燕杰（1997）分析了 1988 年天津居民职位获得的影响因素，在“工作分配制度”下，个人网络并没有用于收集就业信息，而是用以获得“来自工作分配实权人物的影响”，没有关系的求职者得到了招聘信息，也无法获得此职位。同时，将求职者与应聘代理人之间的关系分为：直接关系和间接关系，间接关系比直接关系更容易使求职者获得更好的职位。李强（1999）指出，由于“缺少地位积累、地位继承和社会资源”而使农民工的再次职业基本上没有发生向上流动。边燕杰和张文宏（2001）认为，在经济转型时期，社会网络主要用于提供人情而不是传递信息，在再分配体制下、双轨制时代和转型时代强关系假设都发挥着重要的作用。周玉（2006）利用省委党校的数据，分析了党校干部级别的影响因素，除了人力资本和年龄等因素外，社会网络资本对其影响显著。

虽然近些年，有不少学者从个人因素、制度因素以及社会因素等方面分析了代际职业流动的传导机制，但忽略了中国是个“人情社会”，从而忽略了家庭与家庭之间的家族联系，因此本书试图从微观家庭个体出发，从宏观视角分析代际职业流动缓慢、代际继承是主要地位获得方式的成因。本书借鉴诺思的“人格化交易”和“有限准入秩序”思想，将制度因素融入代际流动性的传导机制中，用以研究中等收入群体的扩大路径。

二、研究假设

为了分析经济体制转型背景下，有限准入秩序下的单位壁垒以及地区壁垒对代际职业流动性和代际职业继承性的影响，不仅要验证进入某一目标职业受到某些特定自变量的影响，而且要检验这些自变量的作用在不同历史时期呈现不同的特征。为此，将 CHNS 数据库中 1989—2011 年的离散时间按经济发展大概划分为三个小阶段：

第一阶段，经济体制转型初期（1979—1991 年）。经济体制开始向“有计划的商品经济”转型，逐渐摒弃了“合作化”的发展模式和计划经济体制。具体而言，农村开始实行家庭联产承包责任制，乡镇企业“如雨后春笋般涌现”，国有企业对自主权和“利改税”实行了一系列改革措施，国家逐渐对外开放。

第二阶段，全面建立社会主义市场经济体制时期（1992—2002 年）。1992 年明确了改革的目标是“建立社会主义市场经济体制”。举国经历了一系列重大的改革如：价格体制改革、商品流通体制改革、金融体制改革、国有企业改革等，市场化程度不断提高。

第三阶段，完善市场经济体制时期（2003 年至今）。深化经济体制改革，并开始转变政府职能；努力为市场经济创造公平竞争的环境，健全社会保障体系等；工业反哺农业，改革国有企业，鼓励私有企业投资，提倡以内需拉动经济，实行供给侧改革。

由于数据的调查年份是离散的，根据上述划分，现将 1989—2011 年的数据划分为三个阶段：1989—1991 年、1993—2000 年、2004—2011 年。基于第三章的分析，本章主要提出了如下假设。

假设 1：子女职业受父辈职业因素的影响，劳动力市场存在人格化交易，农村的劳动力市场开放程度低于城镇；

假设 2：子女的职业受父辈单位类型的影响，存在单位壁垒及有限准入秩序制度；

假设 3：就现阶段而言，“读书无用论”是错误的，教育可以防止子辈职业向下流动，促进职业向上流动；

假设 4：代际职业流动存在性别差异，女性职业向下流动的风险高于男性。

第二节　主要变量及统计性分析

选用“主要职业”作为衡量工作类型的指标。同时按照 Erikson 和 Goldthorpe（2002）的职业等级分类表①，将职业分为 12 种类型，具体赋值如表 4－1 所示。同时按照李春玲（2003）的划分方法②，经简单调整后，将中等收入群体按照职业标准划分五类：管理者/行政官员/经理、高级专业技术工作者、一般专业技术工作者、办公室一般工作人员、技术工人或熟练工人。同时将军官与警官、管理者/行政官员/经理（厂长、政府官员、处长、司局长、行政干部及村干部等）等划分为高收入群体，将士兵与警察，服务行业人员，（管家、厨师、服务员、看门人、理发员、售货员、洗衣工、保育员等），司机，非技术工人或熟练工人（普通工人、伐木工等），农民、渔民、猎人等划分为低收入群体。就年龄而言，子女的年龄必须年满 18 周岁且有一份全职工作，父辈年龄低于 60 周岁，同时剔除掉了代际年龄间隔少于 18 周岁的配对群体。

表 4－1　　职业类型及其赋值

职业	赋值
职业类型属于管理者、行政官员、经理（厂长、政府官员、处长、局司长、行政干部及村干部等）	12
军官与警官	11
高级专业技术工作者（医生、教授、律师、建筑师、工程师等）	10
一般专业技术工作者（助产士、护士、教师、编辑、摄影师等）	9
办公室一般工作人员（秘书、办事员）	8
技术工人或熟练工人（工段长、班组长、工艺工人等）	7
士兵与警察	6

① Erikson R, Goldthorpe J H. Intergenerational Inequality: A Sociological Perspective [J]. Journal of Economic Perspectives, 2002, 16 (3): 31－44.

② 李春玲. 中国当代中产阶层的构成及比例 [J]. 中国人口科学, 2003 (6): 25－32.

续表

职业	赋值
服务行业人员（管家、厨师、服务员、看门人、理发员、售货员、洗衣工等）	5
司机	4
非技术工人或熟练工人（普通工人、伐木工等）	3
农民、渔民、猎人	2
其他	1

表4－2刻画了父辈职业类型为 i，子代职业类型为 j 时，两代人之间的矩阵分布。从表4－2中可以看出，在此矩阵中，父辈职业类型为农民的所占比例最高，其次是非技术工人或熟练工人。在子代职业类型中，分布较多的是农民、非技术工人或熟练工人，其次是技术工人或熟练工人。在样本数据中士兵和警察、军官与警官的样本容量较小。为了进一步考察不同职业类型的社会开放程度，本节引入代际职业流动性与继承性指数两个指标。代际职业流动指数又进一步划分为代际职业流入指数和代际职业流出指数。

表4－2　不同职业类型频数分布

		子代职业类型												
		1	2	3	4	5	6	7	8	9	10	11	12	总和
父辈职业类型	1	34	10	23	6	16	1	29	8	12	2	0	2	143
	2	22	551	226	41	109	8	96	16	23	11	0	14	1117
	3	5	16	126	10	45	1	50	22	11	6	1	19	312
	4	3	5	7	8	14	0	11	7	4	4	0	2	65
	5	9	9	34	8	105	1	55	26	16	9	0	15	287
	6	0	0	1	0	2	0	1	0	1	0	0	0	5
	7	7	5	42	10	29	2	90	23	21	10	0	17	256
	8	1	0	17	2	16	3	14	37	8	6	1	16	121
	9	2	5	10	4	7	1	5	7	14	7	0	4	66
	10	3	8	16	2	16	0	17	17	20	30	0	3	132
	11	0	0	0	0	0	0	3	0	1	0	0	0	4
	12	13	6	43	17	24	5	42	46	22	5	2	21	246
	总和	99	615	545	108	383	22	413	209	153	90	4	113	2754

注：数据源于CHNS。

本书借鉴 Blau 和 Ducan（1978）的方法①测算子代相比于父母的代际职业流动性与继承性指数，用来分析某种职业对其他子女的开放程度。假设有 m 种职业类型，则可以建立 $m \times m$ 的代际职业流动性矩阵，p、c 分别表示父母的职业类型与子女的职业类型，F_{pc}表示父辈的职业类型为 p，同时子代职业为 c 的频数，其样本观测值概率：$P_{rpc} = \frac{F_{pc}}{\sum_{p=1}^{m}\sum_{c=1}^{m} F_{pc}}$，其理论期望值概率：$P_{tpc} = \frac{\sum_{p=1}^{m} F_{pc} \sum_{c=1}^{m} F_{pc}}{\sum_{p=1}^{m}\sum_{c=1}^{m} F_{pc} \sum_{p=1}^{m}\sum_{c=1}^{m} F_{pc}}$，如果父辈与子代的职业类型是独立不相关的，那么样本观测值概率与理论期望值概率是相近的，记 M_{pc} 等于样本观察值的概率比上理论期望值的概率：

$$M_{pc} = \frac{P_{rpc}}{P_{tpc}} = F_{pc} \frac{\sum_{p=1}^{m}\sum_{c=1}^{m} F_{pc}}{\sum_{p=1}^{m} F_{pc} \sum_{c=1}^{m} F_{pc}} \approx 1 \tag{4.1}$$

当父辈职业与子代职业不同时（$p \neq c$），M_{pc}表示代际职业流动性指数；当父辈职业与子代职业相同时（$p = c$），M_{pc}表示代际职业继承指数。但现实中，子女的职业类型深受父母职业类型的影响，导致 $M_{pc} \neq 1$，$M_{pc} > 1$ 时，表示样本观察值中父母职业为 p 时，子女职业为 c 的概率大于理论期望值的概率，也就是说子女得到该职业的可能性更大。反之，当 $M_{pc} < 1$ 时，样本观察值中父母职业为 p 时，子女职业为 c 的频数小于理论期望频数，M_{pc}越小，父母职业为 p 时，子女职业为 c 的可能性就越小。

为了进一步测算某种职业的就业通道是否顺畅、是否存在“单位壁垒”以及“有限竞争力”的大小，本章测算了代际职业流入指数与流出指数。代际职业流入指数测算的是父母职业 p 不是 c 时，而子女流入职业 c 的可能性，用公式表达为：

---

① Blau P. M.，Duncan O. D. The American Occupational Structure [M]. New York: The Free Press, 1978.

$$I_c = \frac{\sum_{p=1,p\neq c}^{m} M_{pc}}{m-1} \tag{4.2}$$

代际职业流入性指数I_c反映了当父母的职业不是c时，子女进入此类型职业的可能性，I_c表示此类型的职业其代际流动性越大，对外开放程度越大，反之则表示该职业的代际继承性较大，“子承父业”现象较多，其他子女要进入该职业的壁垒较高，对外开放程度越小，劳动力市场上存在较不公平的分割现象。

而代际职业流出指数测算的是父母职业为p时，子女职业非p的可能性，可用公式表达为：

$$O_p = \frac{\sum_{c=1,c\neq p}^{m} M_{pc}}{m-1} \tag{4.3}$$

代际职业流出指数O_p越大，表示在就职类型p的父母其子女获得非p职业的可能性越大，即子代比较容易脱离父辈所从事的职业，进入其他行业，在劳动力市场上存在较弱的分割现象。反之，如果O_p数值远远小于1，则表示职业对子代职业具有比较大的黏附作用，子代被拴在父辈所从事的职业中，劳动力市场上存在比较明显的分割现象。

利用CHNS中的数据，由公式（4.1）、公式（4.2）、公式（4.3）得到表4－3代际职业流动性及代际继承性矩阵。由于本书的研究对象是中等收入群体，所以只测算了中等收入群体子女的流动性与继承性，因此父辈职业类型主要有5种，而子女的职业类型主要有11种，将表4－3划分为三部分，第一部分：下划线部分，对角线上的数值表示代际继承指数，即子代所从事的职业与父辈所从事的职业相同时的可能性（表中标有下划线的部分）；第二部分：下划线的右上方，该部分数值表示子代职业高于父辈职业的可能性，是代际向上流动指数；第三部分：下划线的左下方，表示子女的职业地位低于父辈的职业地位的可能性，是代际向下流动指数。

表 4-3　　　　中产阶层子女的代际流动性与代际继承性

		子女的职业类型											
		1	2	3	4	5	6	7	8	9	10	11	流出指数
父辈的职业类型	7	0.898	1.013	1.026	1.094	1.021	0.617	1.576	0.710	0.693	0.565	1.015	0.865
	8	1.076	0.609	1.105	0.730	0.975	1.160	0.680	1.842	0.581	0.682	1.303	0.890
	9	1.264	2.117	0.658	0.569	0.788	1.054	0.342	0.425	2.135	1.353	0.519	0.909
	10	0.771	0.811	0.765	0.530	1.055	0.491	0.705	1.079	2.101	3.543	0.621	0.893
	12	1.072	0.835	1.147	1.403	1.049	1.560	0.877	1.082	0.674	0.467	1.169	1.017
	流入指数	1.016	1.077	0.940	0.865	0.978	0.977	0.651	0.824	1.012	0.767	0.865	

对比这三部分的数值不难发现，代际继承指数明显大于该行或者该列的代际流动指数且均大于1，职业继承的可能性大于职业流动的可能性以及子女仍从事父辈职业的概率大于代际职业相互独立假设下的理论期望值，充分说明了各个职业阶层间存在着较严重的“子承父业”现象，在子女获得某职位时，其流出或者流入的渠道不通畅，劳动力市场存在有限准入秩序下的人格化交易。在所有的代际继承指数中，赋值为10的高级专业技术工作者的数值最高，说明父辈为高级专业技术工作者的中等收入群体，其子女的代际继承性高于其他职业。赋值为12的管理者/行政官员/经理的代际职业继承性最低，这说明从整体来看，中等收入群体的“官二代”并不是普遍现象。表4-3最后一行、最后一列分别展示了代际流入指数和代际流出指数。较为明显的特征是其数值均小于1或者约等于1。这说明中等收入群体父辈职业类型为 i 时，子女职业不为 i，而流出到其他职业类型的可能性较小，接受父辈职业类型不为 i 子女职业流入 i 职业的可能性较小，反映出中等收入群体对其他社会阶层的开放程度较低，各职业阶层间存在垂直流动的障碍。中国传统文化源远流长，现在社会仍深受其影响，社会以家庭、宗族和乡土为基本单元，从事社会、经济、政治等活动，从而社会阶层形成了一种“差序格局”，随着社会格局的不断扩大，社会个体不自觉地将人际或社会关系依据亲疏程度分为家人关系、熟人关系、生人关系，形成一种基于各类关系的“圈子”。如果将雇佣与就职看

成一种劳动力的买卖交易关系，雇佣者购买劳动力，支付工资报酬，受雇者付出劳动，获得酬金。那么劳动力市场上，由于市场机制尚不健全、透明监督机制缺失，以及存在信息不对称等为人格化交易提供了有利的土壤，阻碍了非人格化交易的发展。同时，在“圈内”由于信息对称，且如果一方违约则存在较严重的惩罚机制，所以劳动市场双方更愿意雇佣“圈子”中的人。这也就解释了为什么在劳动力市场上代际继承指数远远大于代际流动性指数。

假定城镇、农村两个样本服从正态分布，具有相同的方差，且相互独立。本书使用单因素方差分析检验两样本的代际职业流动的均值是否相同，具体结果如表4－4所示。结果表明：两组样本组间差异的 $F = 11.97$，$P = 0.0006 < 0.01$，可以认为城镇与农村子女的代际职业流动性与代际职业继承性存在显著差异。不管城镇还是农村，代际职业流动的均值都为负数，说明中等收入群体的子女向下流动的倾向较大。自市场经济转型后，父辈可以通过直接或是间接的方式将其拥有的社会、经济地位等资源传递给子女，但是就中等收入群体而言，通过代际流动方式将其现在拥有的资源传递给子女的影响力较弱，家庭因素对子女职业地位的促进作用有限，中等收入群体尚不具备一定的规模与实力，于是其代际影响力就越弱。就长期而言，通过代际流动方式扩大中等收入群体是任重而道远的。

表4－4　　　　单因素方差分析

城镇与农村代际职业流动的均值与方差

户口	Mean	Std. Dev.	Freq.
1（城镇）	－0.7	0.60453025	800
0（农村）	－0.58748404	0.68763034	783
Total	－0.64434618	0.64920787	1583

组内与组间的差异分析

Source	SS	df	MS	F	Prob > F
Between groups	5.0095547	1	5.00955474	11.97	0.0006
Within groups	661.757	1581	0.41856885		
Total	666.76690	1582	0.42147086		

续表

Bartlett's test for equal variances：chi2 （1） =13. 0800 Prob > chi2 =0. 000 代际职业流动的城乡差异（Scheffe）	
Row Mean – Col Mean	0
1	1. 112516
	0. 001

第三节 理论模型的构建与实证分析

一、理论模型构建与统计性描述

（一）理论模型构建

为了进一步分析代际职业流动性的影响机制，进一步回答制度因素和家庭背景对子女职业的影响。由于有些数据具有天然的排序，这种情况下可以使用有序 logit 模型（Ordered logistic Model，以下简称“Ologit 模型”），Ologit 模型假定自变量与不同类别的响应变量的系数相等，即各个影响因素对不同类别的因变量影响力相同，俗称平行回归假设；但在实际中，该假设条件得不到满足，因此本章主要使用多元 logit 模型（Multinomial logit Model，以下简称 Mlogit），使用该模型的优点之一是可以比较各个因素对不同职业流动方向上影响力的差异。实证分析之前已对模型的 IIA 假设进行了 Hausman 设定检验。

为了简化模型，将被解释变量重新赋值，如果子女的职业与父辈的职业相同，赋值为 0；如果子女的职业高于父母的职业，表示代际向上流动，赋值为 1；如果子女的职业低于父母的职业，表示代际向下流动，赋值为 -1。

假设个体 i 发生职业流动 $y_i=j$ 的概率是：

$$P(y_i = j) = \frac{\exp(a_i'D_i)}{\sum_{j=-1}^{1}\exp(a_i'D_i)}(j = -1,0,1;i = 1,2,\cdots,n) \quad (4.4)$$

在上述公式中，j 表示子代职业流动的方向，n 表示样本容量，a_i表示参数向量，D_i表示影响代际职业流动的影响因素向量，本书以代际职业继承（$y_i = 0$）为参照组，那么公式（4.4）可以转变成公式（4.5）：

$$P(y_i = j) = \frac{\exp(a_i' D_i)}{\sum_{j=-1}^{1} \exp(a_i' D_i)} (j = -1,1;i = 1,2,\cdots,n) \tag{4.5}$$

$$P(y_i = 0) = \frac{1}{\sum_{j=-1}^{1} \exp(a_i' D_i)} (i = 1,2,\cdots,n)$$

公式（4.5）又可以进一步扩展为：

$$\ln\left(\frac{y_i = j}{y_i = 0}\right) = a_i' D_i = a + \beta_0 X_i + \beta_1 X_i' + O_i + \varepsilon (j = -1,1) \tag{4.6}$$

其中，$\ln\left(\frac{y_i = j}{y_i = 0}\right)$为对数几率比（Relative Log Odds），表示代际职业向上流动或者向下流动时相比于代际继承的概率比的对数，使用多项 Mlogit 模型计算公式（4.6），可以对比分析各个因素对代际职业向上流动和代际职业向下流动的差异度；X_i为子女的个人特征变量，本书主要包含子女的教育、年龄、性别等；X_i'表示父辈的职业类型；O_i表示父辈单位类型，用以衡量是否存在“有限准入秩序”。

（二）主要变量的选取及统计性描述

根据以上模型，本章主要选取以下变量构造实证模型，变量名称及赋值如表4－5所示。

表4－5　主要变量及赋值

变量名称	含义	赋值
fj	父辈的职业类型	数值为1至12，具体赋值情况如表4－1所示
cj	子代的职业类型	赋值情况如表4－1所示
ijm	代际职业流动类型的虚拟变量	代际职业向上流动＝1；代际职业继承＝0；代际职业向下流动＝－1
fuw	父辈的工作单位类型	单位类型为政府机关、国有事业单位和研究所＝4；国有企业＝3；小集体（如乡镇所属）、大集体（县、市、省所属）＝2；家庭联产承包农业、私营、个体企业、三资企业（属于外商、华侨和合资）等其他类型＝1

续表

变量名称	含义	赋值
cedu	受教育程度	小学毕业=1，初中毕业=2，高中毕业、中等职业技术学校毕业=3，大专或大学毕业及以上=4
cbmi	子女的潜在的中长期健康水平	cbmi < 18.5 为体重偏轻；18.5≤cbmi < 25 为正常；25≤cbmi < 30 为超重；30≤cbmi 为肥胖
cage	子女的年龄	
gender	虚拟变量，子女的性别	女性=1；男性=0
urban	虚拟变量，子代户籍	城镇=1；农村=0
marriage	虚拟变量，子代婚姻状况	未婚=0；结婚（包含再婚、离婚、丧偶）=1

注：bmi 指身体质量指数（Body Mass Index），计算方法为体重（kg）除以身高（m）的平方。

表4-6刻画了表4-5中主要变量的均值、标准差、最小值、最大值等统计性指标。在本章数据样本中，整体社会阶层容量是2754，中等收入群体的容量是804。就父辈职业类型而言，整体社会阶层的均值低于中等收入群体，而样本标准差高于中等收入群体，也就是其组内个体的离散程度较高；就子代职业类型而言，中等收入群体子代职业的离散程度要高于整体社会阶层。就代际职业流动性而言，整体社会阶层均值大于0且接近0，说明代际职业向上流动的人数和代际职业继承的人数较多，而中等收入群体的均值小于0，说明代际职业向下流动的人数较多；中等收入群体父辈工作单位类型的均值高于整体社会阶层，而且离散程度也较低；除了婚姻状况外，表中其他主要变量的统计性指标中，中等收入群体的均值均要高于整体社会阶层。

表4-6　主要变量的统计性描述

变量	整体社会阶层					中等收入群体				
	观察值	Mean	Std. Dev.	Min	Max	观察值	Mean	Std. Dev.	Min	Max
fj	2754	4.614379	3.4049	1	12	804	9.130597	2.008477	7	12
cj	2754	4.96841	2.911596	1	12	804	6.299751	3.021871	1	12
ijm	2754	0.167756	0.776633	-1	1	804	-0.49627	0.727496	-1	1
fuw	2754	2.119099	1.275226	1	4	798	3.303258	1.075921	1	4
cedu	2754	2.31772	0.878156	1	4	804	2.475124	0.945924	1	4
cbmi	2077	21.66967	3.047674	14.5176	40.34496	804	21.80018	3.10287	13.94804	35.0682
cage	2751	28.63957	9.678401	5.64	78	804	31.77164	14.3314	12.36	83.22

续表

变量	整体社会阶层					中等收入群体				
	观察值	Mean	Std. Dev.	Min	Max	观察值	Mean	Std. Dev.	Min	Max
gender	2754	0.280683	0.449414	0	1	804	0.35199	0.477888	0	1
urban	2754	0.287582	0.452717	0	1	804	0.5472637	0.498071	0	1
marriage	2690	0.487732	0.499942	0	1	804	0.449005	0.497702	0	1

二、实证结果及分析

利用Mlogit分析方法，根据公式（4.6），并以代际继承为参照组，得到中等收入群体代际职业流动的回归结果。为了更深入挖掘影响中等收入群体规模再扩大的因素，将之与整体社会阶层的影响因素做对比。

（一）整体社会阶层与中等收入群体的回归结果与分析

表4－7刻画了1989—2011年，整体社会阶层以及中等收入群体的各个因素对代际职业流动性的影响。当代际职业向上流动＝1，代际职业向下流动＝－1。

表4－7　　　代际职业流动性的影响因素分析

变量	整体社会阶层				父辈为中等收入群体			
	城镇		农村		城镇		农村	
	（－1）	（1）	（－1）	（1）	（－1）	（1）	（－1）	（1）
fj	0.569*** （0.0483）	－0.335*** （0.0435）	0.661*** （0.0424）	－0.121*** （0.0435）	0.706*** （0.0958）	－0.795*** （0.192）	0.698*** （0.112）	－1.036*** （0.324）
fuw2	－0.0314 （0.208）	－0.0955 （0.172）	－0.310*** （0.107）	－0.599*** （0.0586）	－0.188 （0.410）	－0.145 （0.683）	－0.0113 （0.249）	－0.631 （0.484）
fuw3	0.113 （0.147）	0.340*** （0.122）	0.310** （0.125）	0.109 （0.0954）	0.00638 （0.225）	0.390 （0.313）	0.0907 （0.180）	－0.533* （0.290）
fuw4	0.00809 （0.0867）	0.161** （0.0766）	0.290*** （0.0671）	0.116** （0.0480）	－0.0596 （0.136）	0.102 （0.220）	0.0211 （0.101）	－0.00792 （0.155）
cedu2	－0.442** （0.178）	0.766*** （0.174）	－0.160 （0.103）	0.293*** （0.0653）	－0.649** （0.309）	1.074*** （0.383）	－0.411 （0.327）	0.526 （0.522）
cedu3	－0.447*** （0.128）	0.764*** （0.125）	－0.305** （0.125）	0.527*** （0.0546）	－0.829*** （0.213）	0.994*** （0.280）	－0.608*** （0.220）	0.889*** （0.336）

续表

变量	整体社会阶层				父辈为中等收入群体			
	城镇		农村		城镇		农村	
	(-1)	(1)	(-1)	(1)	(-1)	(1)	(-1)	(1)
cedu4	-0.623 *** (0.117)	0.766 *** (0.111)	-0.482 *** (0.145)	0.650 *** (0.0903)	-0.958 *** (0.174)	0.979 *** (0.230)	-0.647 *** (0.190)	0.940 *** (0.291)
bmi	-0.0679 ** (0.0328)	0.0221 (0.0311)	0.0131 (0.0319)	0.0233 (0.0186)	-0.0546 (0.0405)	-0.0269 (0.0538)	0.0432 (0.0555)	-0.0201 (0.0911)
cage	-0.0140 (0.0119)	0.0288 *** (0.0102)	-0.0195 ** (0.00842)	0.00214 (0.00576)	-0.0461 ** (0.0195)	0.0745 *** (0.0203)	0.00642 (0.0220)	0.114 *** (0.0328)
gender	0.423 * (0.217)	0.0965 (0.204)	0.406 ** (0.181)	0.0950 (0.118)	0.700 ** (0.297)	0.446 (0.415)	-0.0431 (0.315)	-0.153 (0.481)
marriage	-0.0176 (0.315)	0.172 (0.270)	0.115 (0.251)	0.0911 (0.144)	9.66e-05 (0.425)	0.203 (0.498)	-0.557 (0.435)	0.0217 (0.599)
Constant	-1.164 (0.913)	-2.109 ** (0.852)	-4.945 *** (0.745)	-1.449 *** (0.454)	-0.752 (1.510)	0.333 (1.865)	-4-652 *** (1.757)	2.184 (2.909)
Observations	879	879	2939	2939	436	436	365	365

注：Robust standard errors in parentheses，*** 表示 $p<0.01$，** 表示 $p<0.05$，* 表示 $p<0.1$。fuw2、fuw3、fuw4 分别表示以父辈工作单位为家庭联产承包农业、私营、个体企业、三资企业（属于外商、华侨和合资）等其他类型做参照组时，赋值为 2、3、4 工作类型的虚拟变量，cedu2、cedu3、cedu4 分别表示子女受教育程度赋值为 2、3、4 时的虚拟变量。

第一，从表 4-7 中可以看出，不管是整体社会阶层还是中等收入群体，父辈职业类型的估计系数都显著不为 0，在代际间职业向下流动时估计系数为正数，这表明，相比于代际职业继承而言，父辈职业类型越高，子女向下流动的概率越大。而父辈职业类型的估计系数在代际间职业向下流动时为负数，与代际职业继承相比，父辈职业类型越高，子女职业向上流动的概率就越小。就城镇群体而言，代际职业向下流动时，整体社会阶层的父辈职业类型估计系数小于中等收入群体的父辈职业类型估计系数（0.569 小于 0.706），这说明相对于与父辈同职，中等收入群体的子女代际职业向下流动的风险更高。而向上流动时，中等收入群体父辈职业类型的估计系数小于整体社会阶层的估计系数，则相对于代际继承而言，中等收入群体子女向上流动的可能性小于整体社会阶层。农村群体也有相似的规律。另外，对比城镇与农村的中等收入群体，随着父辈职业类型的提高，与代际职业继承相比，农村子女向下流动的风险更高，向上流动的机会更小。

第二，将各个职业阶层看作一个整体时，父辈的工作单位类型对代际职业流动性有显著的影响。例如，当父辈是城镇户口且在政府机关、国有事业单位和研究所就职时，子女发生向上流动相比代际继承的比率是其他工作类型的 1.175 倍（e^0.161）就中等收入群体而言，父辈的工作单位类型除了国有企业在农村子女向上流动时显著以外，其他都不显著。这主要是由于中等收入群体的子女，其父辈的工作单位类型相差不大，在寻求工作时，子辈相对处于同一起跑线，于是父辈的工作单位对子女影响力减弱，但是这只是针对中等收入群体内部，对整个社会而言，父辈的工作类型依然起着显著作用，劳动力市场存在有限准入秩序。

第三，子女的受教育程度对代际职业流动有显著影响，其估计系数在代际职业向下流动时为负数，在职业向上流动时为正数。这说明，与代际继承相比，子辈的受教育程度可以降低职业向下流动的风险，促进职业向上流动，并且教育的这种效用作用于整体社会阶层。随着教育程度的上升。估计系数的绝对值越大，这说明，教育程度越高，对代际向下流动抑制作用和代际向上流动的促进作用的贡献越大，与“读书无用论”的观点相反，虽然表面上存在农民工工资高于大学生工资的情况，但这并不是代表知识失业，体脑倒挂。实际上，大多数农民工的工资是低于大学生的工资的。另外，某些大学生的工资低于农民工的工资，是因为存在不合理的人才结构和就业结构，而并非知识贬值，“读书无用”。

第四，年龄对代际职业流动有显著的影响，一般而言，子女年龄越大，代际间向下流动的风险越小，向上流动的可能性越大。

第五，除中等收入群体的农村样本以外，性别因素在代际职业向下流动时有显著影响。就城镇中等收入群体的子女而言，女性代际向下流动相对于代际继承的比率是男性的 2.014 倍（e^0.7），但是性别因素在子女职业向上流动时没有显著差异。这可能有两种原因造成的，一是地位准入差异，二是地位结构差异。地位准入差异又来源于两方面，一是父辈“重男轻女”，父辈更倾向于将其拥有的资源更多地投资于男性，二是男性和女性在进入社会结构中的某一位置时存在社会性的性别歧视，当两性间拥有的外在条件都相同时，男性更容易被聘用；地位结构差异主要是指在男性和女性已经进入某一位置时因性别差异而导致的不平等，通常表现为“同工不同酬”，男性在岗位上升迁的可能性更大等。各种因素综合作用，导致女性面临更大代际向下流动的风险。

表4－8以及表4－9分别测算整体社会阶层以及中等收入群体各个影响因素的边际效应（Marginal Effects or Elasticities），即因变量对自变量变化的反应程度。举例而言，表4－8中，在城镇，父辈的职业类型每上升1个单位，子女向上流动的概率就下降11.1%，代际职业继承的概率下降3.27%，子女向下流动的概率上升14.4%。

表4－8　整体社会阶层代际职业流动影响因素的边际效应

变量	城镇			农村		
	(－1)	(0)	(1)	(－1)	(0)	(1)
fj	0.144*** (0.00906)	－0.0327*** (0.00817)	－0.111*** (0.00748)	0.0455*** (0.00355)	－0.0165** (0.00732)	－0.0290*** (0.00635)
fuw2	0.00107 (0.0421)	0.0153 (0.0368)	－0.0164 (0.0344)	－0.0119* (0.00692)	0.104*** (0.0107)	－0.0921*** (0.00929)
fuw3	－0.00352 (0.0294)	－0.0548** (0.0263)	0.0583** (0.0242)	0.0189** (0.00802)	－0.0320* (0.0173)	0.0131 (0.0149)
fuw4	－0.0110 (0.0173)	－0.0201 (0.0160)	0.0311** (0.0150)	0.0176*** (0.00451)	－0.0321*** (0.00886)	0.0145* (0.00752)
cedu2	－0.152*** (0.0360)	－0.0346 (0.0325)	0.186*** (0.0337)	－0.0148** (0.00656)	－0.0347*** (0.0113)	0.0495*** (0.0104)
cedu3	－0.153*** (0.0243)	－0.0338 (0.0235)	0.186*** (0.0234)	－0.0278*** (0.00753)	－0.0614*** (0.0106)	0.0892*** (0.00871)
cedu4	－0.189*** (0.0221)	－0.0117 (0.0212)	0.201*** (0.0199)	－0.0413*** (0.00877)	－0.0703*** (0.0181)	0.112*** (0.0133)
cbmi	－0.0158** (0.00658)	0.00602 (0.00626)	0.00973 (0.00600)	0.000535 (0.00209)	－0.00409 (0.00339)	0.00356 (0.00297)

续表

变量	城镇			农村		
	(-1)	(0)	(1)	(-1)	(0)	(1)
cage	-0.00517** (0.00232)	-0.00163 (0.00217)	0.00681*** (0.00193)	0.00126** (0.000551)	-0.00133 (0.000987)	6.39e-05 (0.000923)
gender	0.0813* (0.0443)	-0.0658 (0.0415)	-0.0155 (0.0381)	0.0274** (0.0136)	-0.0364* (0.0221)	0.00901 (0.0189)
marriage	-0.0172 (0.0604)	-0.0182 (0.0600)	0.0354 (0.0498)	0.00630 (0.0164)	-0.0193 (0.0266)	0.0130 (0.0228)

注：Standard errors in parentheses，*** 表示 $p<0.01$，** 表示 $p<0.05$，* 表示 $p<0.1$。

表 4-9　　中等收入群体代际职业流动影响因素的边际效应

变量	城镇			农村		
	(-1)	(0)	(1)	(-1)	(0)	(1)
fj	0.121*** (0.0154)	-0.106*** (0.0149)	-0.0145** (0.00674)	0.166*** (0.0188)	-0.118*** (0.0179)	-0.0478*** (0.0113)
fuw2	0.00277 (0.0401)	0.00287 (0.0386)	-0.00564 (0.00582)	-0.0346 (0.0826)	0.0349 (0.0746)	-0.000228 (0.0251)
fuw3	0.0186 (0.0289)	-0.0131 (0.0280)	-0.00549 (0.00421)	-0.00918 (0.0446)	-0.00483 (0.0410)	0.0140 (0.0119)
fuw4	0.00347 (0.0161)	-0.00325 (0.0157)	-0.000226 (0.00145)	-0.0150 (0.0272)	0.00967 (0.0249)	0.00529 (0.00799)
cedu2	-0.0705 (0.0516)	0.0627 (0.0510)	0.00777 (0.00615)	-0.162*** (0.0614)	0.106* (0.0588)	0.0565*** (0.0185)
cedu3	-0.105*** (0.0345)	0.0925*** (0.0344)	0.0125* (0.00700)	-0.197*** (0.0435)	0.138*** (0.0419)	0.0584*** (0.0174)
cedu4	-0.112*** (0.0301)	0.0984*** (0.0303)	0.0132* (0.00720)	-0.223*** (0.0358)	0.162*** (0.0350)	0.0613*** (0.0169)
cbmi	0.00715 (0.00884)	-0.00665 (0.00861)	-0.000498 (0.000943)	-0.0105 (0.00808)	0.01000 (0.00729)	0.000491 (0.00207)
cage	0.000209 (0.00346)	-0.00120 (0.00343)	0.000986 (0.000643)	-0.0115*** (0.00391)	0.00752** (0.00370)	0.00395*** (0.00120)
gender	-0.00590 (0.0505)	0.00696 (0.0492)	-0.00106 (0.00418)	0.125** (0.0526)	-0.122** (0.0488)	-0.00297 (0.0141)
marriage	-0.0929 (0.0744)	0.0885 (0.0726)	0.00439 (0.00635)	-0.00546 (0.0835)	-0.00195 (0.0775)	0.00741 (0.0182)

注：Standard errors in parentheses，*** 表示 $p<0.01$，** 表示 $p<0.05$，* 表示 $p<0.1$。

结果分析：

第一，父辈职业对代际继承的边际效应为负数，表示随着父辈职业的上升，子女继承该职业的概率有所下降，如表4－8所示，父辈职业每增加一个单位，城镇子女继承的概率将下降3.27%，农村子女代际继承的概率下降1.65%。而中等收入群体城镇与农村子女随着父辈职业阶层上升，子女代际继承的概率分别下降10.6%和11.8%。随着父辈职业阶层的上升，中等收入群体代际继承比例低于整体社会阶层，由表4－4我们得知，高级技术工人的代际继承指数较高，而职业类型赋值更高的管理者/行政人员/经理的代际继承指数较低，所以中等收入群体父辈单位类型对代际职业继承的边际效应不是正相关关系，除此之外，其他工作类型对代际继承的边际效应是正的，但这只能抵消一部分负效应，所以整体社会阶层中父辈单位类型的边际效应为负数，但是绝对值小于中等收入群体。父辈职业类型对代际向上流动的边际效应为负数，表示随着父辈职业类型的提高，子代的职业也难以上升。表4－9中，城镇与农村中等收入群体的子女，随着父辈职业类型的上升，代际职业向上流动的概率分别下降1.45%和4.78%，同时中等收入群体概率下降的幅度低于整体社会阶层。父辈职业类型对代际向下流动的边际效应为正数，表示随着父辈职业类型的上升，子代的职业向下流动概率也上升了。表4－9中，城镇与农村中等收入群体子女，随着父辈职业类型的上升，代际职业向下流动的概率分别上升12.1%和16.6%。

第二，当父辈工作单位类型对代际职业流动的边际效应为负数时，说明如果父辈的工作为该类型，子女代际职业流动的概率将下降，如表4－8所示，在城镇，父辈工作单位类型为国有企业的子女（fuw3），其代际继承的概率将下降5.48%。当父辈工作单位类型对代际职业流动的边际效应为正数时，说明如果父辈的工作为该类型，子女代际职业流动的概率将上升，如表4－8所示，在城镇，父辈工作单位类型为小国有企业时，子女代际向上流动的概率将上升5.83%。当父辈是中等收入群体时，父辈单位类型对子女代际职业流动的边际效应不显著。

第三，当教育对代际职业流动边际效应显著不为0时，教育的代际职业向下流动和代际职业继承的边际效应都为负数，教育对代际职业向上流动的边际效应为正数，说明接受教育提高子女向上流动的可能性，同时降低代际职业向下流动的概率。如表4-8所示，就整体阶层而言，与小学毕业相比，城镇子女接受高等教育（cedu4）时，职业向上流动的概率将增加20.1%，农村子女向上流动的概率增加11.2%。如表4-9所示，就父辈是中等收入群体而言，与小学毕业相比，城镇子女接受高等教育（cedu4）时，职业向上流动的概率将增加1.32%，农村子女向上流动的概率增加6.13%。对比整体阶层与中等收入群体发现，高等教育对整体社会阶层的子女向上流动的边际效应更大，所以可以认为，高等教育有利于社会成员及其子女向上流动。接受高等教育有利于促进个体向上流动，阻止子女向下流动，这与“读书无用论”的观点相反。

（二）制度变迁与中产阶层的继承效应

表4-10—表4-12分别展示了1989—1991年、1993—2000年、2004—2011年以代际职业继承为参照组，利用Mlogit模型测算的回归结果。

表4-10　1989—1991年代际职业流动性的影响因素分析

变量	代际职业向下流动		代际职业向上流动	
	城镇	农村	城镇	农村
fj	0.517*** (0.0428)	0.564*** (0.0452)	-0.366*** (0.0473)	-0.314*** (0.0631)
fuw2	-0.362 (0.266)	-0.387* (0.217)	-0.582*** (0.152)	-0.729*** (0.131)
fuw3	0.379** (0.183)	0.0610 (0.166)	-0.0401 (0.127)	-0.0960 (0.132)
fuw4	0.265** (0.121)	0.219** (0.107)	-0.0248 (0.0815)	-0.0607 (0.0772)
cedu2	-0.151 (0.156)	0.0356 (0.124)	0.429*** (0.105)	0.329*** (0.0823)

续表

变量	代际职业向下流动		代际职业向上流动	
	城镇	农村	城镇	农村
cedu3	-0.336*** (0.128)	-0.0911 (0.126)	0.551*** (0.0829)	0.564*** (0.0739)
cedu4	-0.618*** (0.126)	-0.536*** (0.134)	0.657*** (0.100)	0.676*** (0.118)
cbmi	0.00150 (0.0397)	0.0832* (0.0466)	0.0321 (0.0373)	-0.0271 (0.0361)
cage	-0.0205 (0.0201)	-0.0316 (0.0238)	0.0526*** (0.0145)	0.0603*** (0.0124)
gender	-0.310 (0.201)	-0.170 (0.208)	-0.193 (0.169)	-0.323** (0.149)
N	1162	1666	1162	1666
Pseudo R^2	0.3414	0.3536	0.3414	0.3536

注：Robust standard errors in parentheses，*** 表示 $p<0.01$，** 表示 $p<0.05$，* 表示 $p<0.1$，以代际职业继承为参照组。

表 4-11　　1993—2000 年代际职业流动性的影响因素分析

变量	代际职业向下流动		代际职业向上流动	
	城镇	农村	城镇	农村
fj	0.495*** (0.0490)	0.516*** (0.0461)	0.0320 (0.0515)	0.0399 (0.0462)
fuw2	-1.242*** (0.196)	-1.276*** (0.199)	-1.588*** (0.184)	-1.548*** (0.180)
fuw3	-0.202 (0.160)	-0.221 (0.162)	-0.208 (0.148)	-0.238 (0.147)
fuw4	-0.169 (0.103)	-0.212** (0.106)	-0.281*** (0.0961)	-0.279*** (0.0950)
cedu2	-0.325** (0.130)	-0.340*** (0.113)	0.430*** (0.0951)	0.395*** (0.0813)
cedu3	-0.540*** (0.140)	-0.518*** (0.134)	0.421*** (0.105)	0.450*** (0.0824)

续表

变量	代际职业向下流动		代际职业向上流动	
	城镇	农村	城镇	农村
cedu4	-0.649*** (0.151)	-0.511** (0.216)	0.295** (0.133)	0.548*** (0.161)
cbmi	-0.0909*** (0.0284)	-0.0945*** (0.0273)	0.0515* (0.0267)	0.0346 (0.0232)
cage	-0.00239 (0.00844)	0.00852 (0.00607)	0.0126 (0.00827)	0.00154 (0.00533)
gender	-0.267 (0.180)	-0.379** (0.165)	0.491** (0.206)	0.180 (0.171)
N	1613	2049	1613	2049
Pseudo R^2	0.3414	0.2844	0.3414	0.2844

注：Robust standard errors in parentheses，*** 表示 $p<0.01$，** 表示 $p<0.05$，* 表示 $p<0.1$，以代际职业继承为参照组。

在1993—2000年代际职业向上流动时，父辈职业类型的回归系数不显著，这可能由于以下原因造成的：一是经济结构转型削弱职业代际传递，在这一时期，我国市场化改革加速，20世纪90年代国企改革与私营经济崛起打破了传统单位制下的"子承父业"模式。例如，1998年国企下岗潮释放了4000万名劳动力，迫使子代脱离父辈体制内职业路径，转向新兴市场部门（如外资企业、个体经营）。另外，第三产业占比从1993年的33%升至2000年的39%，新增服务业岗位（如IT、销售）对父辈职业经验的依赖性降低，子代更多通过教育或市场机遇实现向上流动。二是教育扩招成为流动核心通道，1999年高校扩招使毛入学率从1993年的5%跃升至2000年的12.5%，寒门子弟通过高考获得职业跃升机会。在实证模型中控制了"教育水平"变量，使父辈职业的直接效应被中介弱化。另外，全球化背景下，外语、计算机等新技能的价值超越传统职业经验传承。2000年外资企业招聘中，62%的岗位明确要求大专以上学历，而非家庭资源。三是户籍制度松动的结构性影响，1992年取消粮票制度后，农村人口进城务工规模从1993年的6200万人增至2000年的1亿人。农民工子女进入城市服务业（如快递、零售），其职业选择与父辈务农职业的关联度天然断裂。另外，《中华人民共和国劳动法》于 1995 年正式实施后，城镇就业从“分配工作”转向市场化招聘。某研究显示，1995—2000 年城镇新增就业者中，仅 28% 通过父母关系获取岗位，较 20 世纪 80 年代下降 45 个百分点。

表 4－12　2004—2011 年代际职业流动性的影响因素分析

变量	代际职业向下流动		代际职业向上流动	
	城镇	农村	城镇	农村
fj	－0. 722*** (0. 157)	0. 699*** (0. 0795)	－0. 360*** (0. 111)	－1. 084*** (0. 198)
fuw2	－7. 164*** (0. 339)	0. 451 (0. 300)	0. 7436 (0. 4053)	0. 318 (0. 377)
fuw3	－0. 803 (0. 495)	0. 347 (0. 284)	0. 723* (0. 373)	－0. 138 (0. 354)
fuw4	0. 137 (0. 204)	0. 415* (0. 221)	0. 0569 (0. 174)	0. 300 (0. 225)
cedu2	－0. 5539*** (0. 0465)	0. 129 (0. 225)	－0. 108 (0. 702)	0. 5892*** (0. 0841)
cedu3	－0. 3883*** (0. 0362)	－0. 117 (0. 209)	0. 447 (0. 458)	0. 3608*** (0. 0572)
cedu4	－0. 2444*** (0. 0330)	－0. 502** (0. 234)	0. 408 (0. 355)	0. 2082*** (0. 0485)
cbmi	0. 107 (0. 0881)	0. 0604 (0. 0481)	－0. 167** (0. 0778)	0. 0169 (0. 0901)
cage	0. 0714 (0. 0628)	0. 00933 (0. 0296)	－0. 0757 (0. 0474)	0. 0231 (0. 0716)
gender	0. 194 (0. 610)	－0. 0835 (0. 381)	－0. 0957 (0. 488)	0. 724 (0. 646)
N	159	903	159	903
Pseudo R^2	0. 4219	0. 2435	0. 4219	0. 2435

注：Robust standard errors in parentheses，*** 表示 $p<0.01$，** 表示 $p<0.05$，* 表示 $p<0.1$，以代际职业继承为参照组。

结果分析：

首先，在劳动力市场，父辈职业类型的回归系数都显著不为0，从而验证了假设1，说明子女职业受父母职业的影响，在劳动力市场存在人格化交易，代际继承效应显著。在2004—2011年，相对于代际继承，父辈职业每增加1个单位，城镇子女向上流动的对数几率比就要低0.36。在向下流动的情况下，在不同时期农村父辈职业的估计系数均大于城镇（0.564 > 0.517、0.516 > 0.495、0.699 > -0.722），相比于代际继承，父辈职业类型越高，农村子女向下流动的概率高于城镇；排除估计系数不显著的情况，向上流动时，随着时代变迁，农村父辈的估计系数的绝对值经历了从小于城镇到大于城镇的转变（|-0.314| < |-0.366|，|-1.084| > |-0.360|），负值越大，相比代际继承，子女向上流动的概率越小。随着制度变迁，农村子女向上流动的概率低于城镇。

其次，单位对代际职业流动性的影响显著不为0，说明存在单位壁垒，影响社会流动。在1993—2000年，以代际继承为参照组，当父辈工作单位类型为政府机关、国有事业单位和研究所时，与父辈工作单位类型为家庭联产承包农业、私营、个体企业、三资企业的子女相比，城镇子女向上流动的对数概率比就要下降0.281。随着制度的变迁，父辈工作单位类型对子女的影响效应也不同，在经济体制转型初期，相比于代际继承，子女向上流动和向下流动时，fuw2估计系数显著不为0且为负数，说明当父辈单位类型为大、小集体企业时，子女向上流动和向下流动的可能性都比较小，子女职业被黏附于父辈职业之上。在建立社会主义市场经济体制时期，这种黏附效应更强；而在完善社会主义市场经济体制时期，随着改革的深入，这种黏附作用不断减弱。就父辈单位类型为国有企业的子女而言，只在经济体制转型初期以及完善社会主义市场经济体制时期的城镇显著不为0，其中2004—2011年，城镇居民向上流动时为正数，说明与其他工作单位类型相比，父辈为国有企业时，子女向上流动的可能性更高；就父辈单位类型为政府机关、国有事业单位和研究所的子女而言，对子代的影响也是在完善市场经济体制时期出现转折，在此之前，子女向下流动的可能性比较大，在此之后，农村子女向下流动的可能性比较大。而在此期间，父辈为政府机关、国有事业单位和研究所时，子女向下和向上流动可能性都低于其他工作类型，也就是说这种工作类型的父母，通过代际继承的方式，将其拥有的经济、社会地位等传于子女。就工作类型而言，有限准入秩序使得政府机关、国有事业单位和研究所的职位存在代际继承的现象。当然，随着改革的不断深入，这种非正式制度"单位壁垒"的强度也有所减弱。

最后，教育对代际职业流动性的影响显著不为0。整体而言，当子代最高受教育程度的估计系数显著不为0时，以代际职业继承为参照，代际职业向下流动时，教育的估计系数都为负，向上流动时教育估计系数都为正，说明了教育能够促进代际职业向上流动。2004—2011年，就农村子女而言，与其他学历者相比，受过高等教育者（cedu4）的子女，其向上流动的对数概率比高0.2082；其向下流动的对数概率比低0.502；在城镇，接受高等教育对子代向上流动的影响不显著，但会显著阻止子女向下流动。结合上述分析可以得出，在劳动力市场上存在二元分割现象，农村子女向上流动受户籍、人格化交易、有限准入秩序等多种制度因素的束缚，但是接受高等教育可以打通其就业通道。

为了更加明确和详细地展示在不同改革阶段，各种因素是如何影响代际职业流动性的，本研究通过表4－13—表4－15模型中各个影响因素进行了边际效应的计算。边际效应是指因变量对于自变量变化的敏感程度，即自变量每发生一定量的变化时，因变量相应变化的量，具体结果如表4－13—表4－15所示。

表4－13　　1989—1991年代际职业的边际效应

变量	城镇			农村		
	向下流动	代际继承	向上流动	向下流动	代际继承	向上流动
fj	0.0885*** (0.00826)	－0.00125 (0.00883)	－0.0872*** (0.00657)	0.0501*** (0.00555)	0.00155 (0.00819)	－0.0516*** (0.00685)
fuw2	－0.0278 (0.0512)	0.118*** (0.0459)	－0.0906*** (0.0314)	－0.0206 (0.0168)	0.115*** (0.0243)	－0.0949*** (0.0183)

续表

变量	城镇			农村		
	向下流动	代际继承	向上流动	向下流动	代际继承	向上流动
fuw3	0.0556 * (0.0330)	-0.0329 (0.0329)	-0.0227 (0.0246)	0.00633 (0.0130)	0.00782 (0.0219)	-0.0141 (0.0180)
fuw4	0.0388 * (0.0235)	-0.0235 (0.0224)	-0.0153 (0.0163)	0.0185 ** (0.00851)	-0.00696 (0.0133)	-0.0116 (0.0105)
cedu2	-0.0390 * (0.0216)	-0.0448 * (0.0234)	0.0838 *** (0.0195)	-0.00195 (0.00985)	-0.0430 *** (0.0137)	0.0449 *** (0.0114)
cedu3	-0.0703 *** (0.0164)	-0.0430 ** (0.0187)	0.113 *** (0.0153)	-0.0156 (0.00967)	-0.0636 *** (0.0133)	0.0791 *** (0.0107)
cedu4	-0.115 *** (0.0185)	-0.0293 (0.0231)	0.144 *** (0.0189)	-0.0532 *** (0.0108)	-0.0480 ** (0.0189)	0.101 *** (0.0139)
cbmi	-0.00110 (0.00591)	-0.00466 (0.00732)	0.00576 (0.00604)	0.00711 * (0.00367)	-0.00216 (0.00570)	-0.00495 (0.00495)
cage	-0.00506 ** (0.00258)	-0.00528 * (0.00312)	0.0103 *** (0.00254)	-0.00343 * (0.00185)	-0.00536 ** (0.00229)	0.00879 *** (0.00178)
gender	-0.0368 (0.0312)	0.0589 (0.0360)	-0.0220 (0.0302)	-0.00890 (0.0168)	0.0516 ** (0.0252)	-0.0427 ** (0.0210)

注：Robust standard errors in parentheses，*** 表示 $p<0.01$，** 表示 $p<0.05$，* 表示 $p<0.1$。

表 4-14　　1993—2000 年代际职业的边际效应

变量	城镇			农村		
	向下流动	代际继承	向上流动	向下流动	代际继承	向上流动
fj	0.0861 *** (0.00876)	-0.0679 *** (0.0114)	-0.0182 *** (0.00673)	0.0669 *** (0.00639)	-0.0565 *** (0.0101)	-0.0104 (0.00645)
fuw2	-0.145 *** (0.0300)	0.346 *** (0.0425)	-0.201 *** (0.0255)	-0.118 *** (0.0232)	0.333 *** (0.0407)	-0.215 *** (0.0267)
fuw3	-0.0260 (0.0245)	0.0504 (0.0343)	-0.0244 (0.0204)	-0.0214 (0.0188)	0.0536 * (0.0324)	-0.0322 (0.0215)
fuw4	-0.0167 (0.0158)	0.0546 ** (0.0222)	-0.0380 *** (0.0133)	-0.0189 (0.0123)	0.0583 *** (0.0211)	-0.0394 *** (0.0139)
cedu2	-0.0779 *** (0.0211)	-0.00775 (0.0226)	0.0856 *** (0.0143)	-0.0580 *** (0.0137)	-0.0188 (0.0170)	0.0768 *** (0.0128)

续表

变量	城镇			农村		
	向下流动	代际继承	向上流动	向下流动	代际继承	向上流动
cedu3	-0.116*** (0.0224)	0.0212 (0.0262)	0.0944*** (0.0149)	-0.0834*** (0.0161)	-0.00849 (0.0201)	0.0919*** (0.0122)
cedu4	-0.129*** (0.0232)	0.0499 (0.0323)	0.0790*** (0.0172)	-0.0857*** (0.0246)	-0.0222 (0.0402)	0.108*** (0.0218)
cbmi	-0.0185*** (0.00466)	0.00581 (0.00562)	0.0127*** (0.00407)	-0.0137*** (0.00339)	0.00478 (0.00472)	0.00887** (0.00364)
cage	-0.00102 (0.00133)	-0.00115 (0.00178)	0.00217* (0.00119)	0.00108 (0.000768)	-0.00105 (0.00107)	-2.60e-05 (0.000842)
gender	-0.0722** (0.0330)	-0.0117 (0.0393)	0.0839*** (0.0250)	-0.0608** (0.0237)	0.0192 (0.0325)	0.0416* (0.0243)

注：Robust standard errors in parentheses， *** 表示 $p<0.01$， ** 表示 $p<0.05$， * 表示 $p<0.1$。

表 4-15　　2004—2011 年代际职业的边际效应

变量	城镇			农村		
	向下流动	代际继承	向上流动	向下流动	代际继承	向上流动
fj	0.233*** (0.0398)	-0.0258 (0.0164)	-0.207*** (0.0350)	0.0447*** (0.00608)	0.0347** (0.0148)	-0.0794*** (0.0148)
fuw2	0.482*** (0.157)	-1.114*** (0.222)	0.632*** (0.139)	0.0173 (0.0154)	-0.0891* (0.0527)	0.0718 (0.0515)
fuw3	0.0828 (0.0839)	-0.111** (0.0559)	0.0286 (0.0703)	0.0184 (0.0154)	-0.0192 (0.0356)	0.000756 (0.0346)
fuw4	-0.0598 (0.0489)	-0.00237 (0.0227)	0.0622 (0.0439)	0.0184* (0.0110)	-0.0580 (0.0407)	0.0396 (0.0378)
cedu2	-1.386*** (-0.189)	-0.386*** (0.140)	1.000*** (0.222)	0.00275 (0.0123)	-0.0470** (0.0236)	0.0442* (0.0232)
cedu3	-0.886*** (-0.135)	-0.311*** (0.0938)	0.575*** (0.148)	-0.0167 (0.0110)	-0.0951*** (0.0187)	0.112*** (0.0182)
cedu4	-0.526*** (-0.111)	-0.210*** (0.0723)	0.316** (0.124)	-0.0428*** (0.0128)	-0.129*** (0.0299)	0.172*** (0.0279)

续表

变量	城镇			农村		
	向下流动	代际继承	向上流动	向下流动	代际继承	向上流动
cbmi	-0.0107 (0.0195)	0.0149 (0.0103)	-0.00415 (0.0186)	0.00312 (0.00257)	-0.00412 (0.00580)	0.000995 (0.00570)
cage	-0.00915 (0.0156)	0.00908 (0.00666)	6.86e-05 (0.0139)	0.00108 (0.00160)	0.00521* (0.00288)	-0.00629** (0.00276)
gender	-0.133 (0.135)	-0.0249 (0.0717)	0.158 (0.126)	-0.00684 (0.0223)	-0.0169 (0.0436)	0.0237 (0.0427)

注：Robust standard errors in parentheses， *** 表示 $p<0.01$， ** 表示 $p<0.05$， * 表示 $p<0.1$。

结果分析：

当父辈职业对代际继承的边际效应为负数时，随着父辈职业的上升，子女继承该职业的概率有所下降，如表 4-14 所示，在城镇，父辈职业每增加 1 个单位，子女继承的概率将下降 6.79%。当父辈职业对代际继承指数的边际效应为正数时，随着父辈职业的上升，子女继承该职业的概率也会随之上升，如表 4-15 所示，在农村，父辈职业每增加 1 个单位，子女继承的概率将提升 3.47%。1989—2000 年，父辈职业对代际继承的边际效应呈现了一个从大到小的趋势，即随着改革开放，向社会主义市场经济转型，代际继承的概率有所下降。在城镇，制度变迁缓解了部分代际继承。但在 2004 年之后，代际继承的概率又有所回升。而在农村，经历了一个正负正的过程，1989—1991 年的代际继承边际效应为正，说明父母职业每上升一个台阶，子女继承的概率就增加一个梯度，而 1993—2000 年，代际继承的边际效应为负，子女继承的概率下降了，这与 1992 年确立“建立社会主义市场经济体制”的改革目标息息相关。2004—2011 年后，代际继承的边际效应又为正，说明农村子女深受“二元体制”困扰，农村子女代际继承效应较大，代际职业流出较难，就业通道不顺畅。

当父辈工作单位类型对代际职业流动的边际效应为负数时，说明如果父辈的工作为该类型，子女代际职业流动的概率将下降，如表 4-15 所示，在城镇，父辈工作单位类型为国有企业的子女（fuw3），其代际继承的概率将下降

11.1%。当父辈工作单位类型对代际职业流动的边际效应为正数时，说明如果父辈的工作为该类型，子女代际职业流动的概率将上升，如表4-15所示，在城镇，父辈工作单位类型为小集体、大集体企业时，子女代际向下流动的概率将上升48.2%。

整体而言，当教育对代际职业流动边际效应显著不为0时，教育的代际职业向下流动和代际职业继承的边际效应都为负，教育的代际职业向上流动的边际效应都为正，说明教育能够促进代际职业向上流动，同时降低代际职业向下流动和代际职业继承的概率。如表4-15所示，2004—2011年，城镇子女接受高等教育（cedu4）时，与受教育程度为小学相比，职业向上流动的概率将增加31.6%，农村子女向上流动的概率增加17.2%。接受高等教育有利于促进个体向上流动，这与"读书无用论"的观点相反。

为了更直观观察个体家庭背景对子女职业的影响是如何随制度变迁而变化，现以时间为横轴，以代际职业流动性或代际职业继承性的边际效应为纵轴作图，如图4-1、图4-2及图4-3所示。

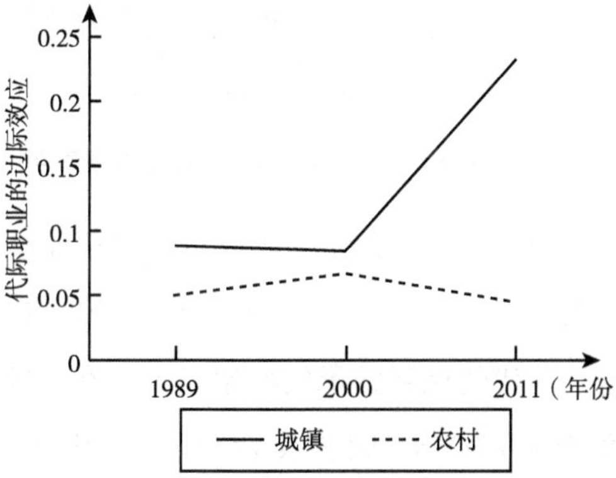

图4-1　1989—2011年代际职业向下流动的趋势

图4-1刻画了1989—2011年，父辈职业对子代职业向下流动的边际效应的发展趋势。从中可以看出城镇与农村父辈职业对子代职业的边际效应大于0；无论是城镇还是农村，其子代的职业随着父辈职业上升，向下流动的概率上升。在农村，父辈职业的边际效应大概呈倒"U"形趋势，即，2000年之

后，高职业类型对子女职业向下流动的边际效应减弱，代际职业向下流动的幅度变小；在城镇，父辈职业的边际效应大概呈“U”形趋势，即，随着经济体制转型，高职业类型对子女职业的边际效应增强，城镇子女代际职业向下流动的幅度持续攀升。另外，城镇的曲线位于农村曲线的上方，即随着父辈职业的上升，城镇子代向下流动的概率较农村更大。这主要是因为，随着社会主义市场经济的不断完善，城镇劳动力市场化程度高于农村，在城镇，父辈职业每增加 1 个单位，对子代就业的影响力减弱。而在农村，父辈高职业对子辈的影响力更强，所以表现为城镇父辈职业的边际效应递增，农村的边际效应递减，城镇的代际流动性高于农村。

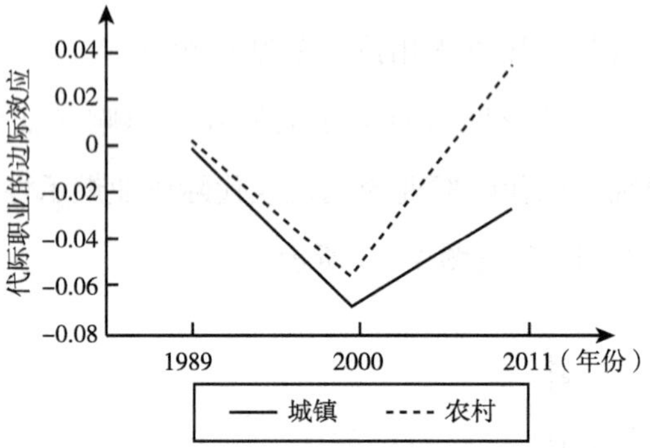

图 4－2　1989—2011 年代际职业继承性趋势

图 4－2 刻画了 1989—2011 年，父辈职业对子代职业继承的边际效应的发展趋势，其边际效应大概呈“U”形，即以 1993—2000 年为转折点，2004 年之后，父辈职业越高，子代的代际继承的概率越大。在城镇，父辈职业的边际效应由－0.0679 变化为－0.0258，虽然父辈职业对代际继承的影响没有发生方向上的变化，但是，父辈职业类型每上升 1 个单位，对代际继承的负面影响由 6.79% 降低至 2.58%；在农村，父辈职业的边际效应由－0.0565 变化为 0.0347，父辈职业对代际继承的影响发生方向上的变化，父辈职业类型越高，子代职业继承的可能性越大。整体而言，城镇曲线位于农村曲线下方，即，随着父辈职业上升，城镇子代继承的概率低于农村。

图 4－3 刻画了 1989—2011 年，父辈职业对子代职业向上流动的边际效应

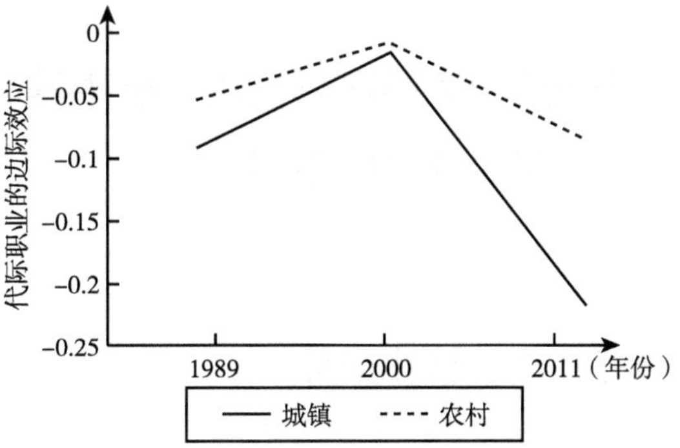

图 4－3　1989—2011 年代际职业向上流动趋势

的发展趋势，其边际效应大概呈倒“U”形，即以 1993—2000 年为转折点，2004 年之后，父辈职业越高，子代的向上流动的概率变小。城镇的曲线位于农村曲线的下方，表示随着父辈职业的上升，城镇子代向上流动的难度较农村更大。

综合来看，图 4－1—图 4－3 的边际效应曲线图都以 1993—2000 年的数据为转折点，这是由于 1992 年正式确立“建立社会主义市场经济体制”的改革目标。在这个时间段，“制度排斥”较小。于是，我们看到，在这个阶段，代际继承的概率较小。但是，在这之后，代际继承概率又有所回升，这是因为此时已经由 1993 年之前的“制度排斥”转变为“市场排斥”。另外，即随着父辈职业上升，城镇子女发生代际职业流动的可能性大于农村，而代际职业继承性小于农村。整体来说，与城镇相比，农村的就业渠道更不通畅，这是由于农村的监督机制更不健全，且农村更讲究“人情”。这导致在二元分割的劳动力市场下，农村地区的“人格化交易”更加频繁，“关系网”更加复杂，社会阶层固化更加严重。结合图 4－1、图 4－3 的代际职业的发展趋势，随着制度变迁，父辈职业越高，子女代际继承的概率越高；父辈职业越高，子女向上流动的可能性越小，精英群体存在代际继承效应，中等收入群体及低收入群体受人格化交易和有限准入秩序的双重排斥难以向上流动，容易导致社会阶层固化。

第四节　基于新制度经济学视角分析中等收入群体代际职业固化的原因

一、劳动市场存在"人格化交易"

这种生根于"家族"并不断向外交织的关系网，由于其交易成本低、交易双方信息对称且具有独特的惩罚机制，为劳动力市场提供了人格化交易的环境。个体的先天禀赋条件、家庭背景等成为雇主雇佣劳动力的重要考察信号，而个人特征属性成为次要因素。在劳动力市场上，人格化交易频繁发生，代际间社会阶层趋向固化，表现为子代职业流动缓慢，子代社会阶层变迁的主要方式是代际职业继承，导致两极分化严重、社会收入差距不断拉大、社会各阶层结构比例失衡。人格化交易导致代际机会不均等，就业渠道不通畅，从而阻碍了个人通过后天努力改变命运的信心，这种"颓废"的士气不利于经济发展的推进，更不利于社会阶层结构的优化和社会的稳定。

二、二元体制结构

从表4－4单因素分析结果可以看出，城镇与农村两组样本存在显著的组间差异；表4－7中等收入群体子女的代际职业影响因素的实证结果再次验证了存在"二元分割"的劳动力市场，对比城镇与农村的中等收入群体，随着父辈职业类型的提高，与代际职业继承相比，农村子女向下流动的风险更高，向上流动的机会更小。农村子女的代际流动性（包含代际向上流动性和代际向下流动性）小于城镇，而代际职业继承性高于城镇，在农村劳动力市场上，再分配权利下的体制排斥仍占主导地位，不健全的监督机制、不完善的激励约束机制、错综复杂关系网下的产物"人格化交易"等都致使代际机会更加不平等、代际社会阶层趋向固化。同时由于城乡分割的"户籍制度"的限制，城镇与农村的社会成员享受不平等的社会资源，甚至有一些法律明确彰显了这种不平等，关乎民生的教育、医疗及各种社会保障等资源更是天壤之别，农村子女“输在了起跑线上”，城乡子女间的代际机会在起点就表现出了巨大差异，致使农民、渔民等社会底层的子女“因为穷所以穷”。这里着重提一下教育，作为“鲤鱼跳龙门”的关键性踏板，教育发挥其缩小代际机会不均的作用。但在城乡间师资力量本就不均等的情况下，高考作为未来的敲门砖也与户籍挂钩，城市户口子女享有更高比例的招生指标，甚至不同地区的户籍也有差异，教育的不平等加剧了代际机会不均等，使代际职业流动缓慢。

三、有限准入秩序

自确立向社会主义市场经济转型的经济体制起，我国尤为注重经济的发展速度，注重生产效率的提高，在收入分配政策上也鼓励一部分人先富起来，至今，这些先富裕起来的人在社会资源分配中占据了有利的位置，成为既得利益者，即精英阶层。精英阶层为了维持自己的利益，不希望当权者打破这种既得利益的格局，从而阻挠政府改革。同时精英阶层会通过代际继承来传递自己经济、社会、权力、声望等利益，从而保障家族的利益延绵不绝，于是社会底层的人很难通过社会流动改变自己的境遇。官官之间、官商之间、商商之间的“圈子”交易、严格把控准入资格，出现了“权力市场经济”“权力寻租”“精英结盟”现象，“有限准入秩序”被不良竞争控制，精英阶层阻碍社会其他阶层的人来分享其“成果”，于是代际职业流动无法改善社会底层子女的经济、权利、地位等的分配，这种“马太效应”导致社会阶层进一步固化。

四、较单一的就业渠道

与同时期的发达国家相比，一是我国中等收入群体占整体阶层中较少的比例；二是代际职业流动缓慢，中等收入群体缺乏向上流动的机会；三是职业构成较单一。而多元化的就业渠道，有益于减轻“再分配权利”导致的制度排斥所引起的代际不公，畅通中下、下层社会阶级向上流动的就业渠道，从而有助于缓解社会阶层日趋固化的现象，调整社会各阶层所占比例，使其有益于经济发展、社会稳定。现如今，在中国，中等收入群体的构成较单一，处于中下层及下层的社会群体由于单位壁垒的影响，其子代没有直接学习技术的机会。同时存在教育与就业不匹配的现象，在劳动力市场上，供求结构严重失衡，存在“就业慌”与“用工慌”并存的窘境，即劳动力过剩和企业缺工的两极分化日趋严重。就教育而言，高校需要合理优化专业设计，以适应劳动市场的需求，并深化改革应用型技能，以适应供给侧结构性改革；就就业渠道而言，需要进一步拓宽就业渠道，扫除就业渠道障碍，为缓解社会阶层固化，促进社会阶层流动提供良好的环境。

第五节　本章小结

生根于“家族”并不断向外交织的关系网，由于其交易成本低、交易双方信息对称且具有独特的惩罚机制，为劳动力市场提供了人格化交易的环境。与城镇相比较，在农村劳动力市场上，再分配权利下的体制排斥仍占主导地位，不健全的监督机制、不完善的激励约束机制、错综复杂关系网下的产物“人格化交易”等都致使代际机会更加不平等、代际社会阶层趋向固化。“权力市场经济”“权力寻租”“精英结盟”现象，正是反映了精英阶层利用“有限准入秩序”控制竞争，阻碍社会其他阶层的人来分享其“成果”，于是代际流动缓慢，社会流动无法改善社会底层子女的经济、权利、地位等的分配，这种“马太效应”导致社会阶层进一步固化。

本节对前文的分析进行了归纳分析，主要得出了以下结论。

第一，从中等收入群体子女的职业流动方向可以看出，代际职业继承指数大于代际职业流动指数，劳动力市场存在“子承父业”现象，在中等收入群体的各个职业中，一般专业技术以及高级专业技术的子女代际继承指数最高。各职业的代际流入指数和代际流出指数的数值均小于 1 或者约等于 1，反映出中等收入群体对其他社会阶层的开放程度较低，各职业阶层间存在垂直流动的障碍。

第二，子代的职业深受父辈职业的影响，与整体社会相比，中等收入群体的子女面临着向下流动风险更高，向上流动机会更小的困境。从长远来看，会导致“职业阶层固化”，中等收入群体难以扩大的局面。

第三，存在二元分割的劳动力市场，且农村的劳动力市场对外开放程度更低，有限准入的壁垒更高，就业渠道更加单一，与城镇相比，农村子女也面临着难以向上流动，更易向下流动的窘境。

第四，就整个社会阶层而言，仍然存在单位壁垒。受有限准入秩序制度以及“人格化交易”劳动市场环境的影响，“圈外”的人难以进入“圈内”“圈内”的人通过代际职业继承的方式，将其现拥有的经济收入、权利、社会声望等地位传递给子女。

第五，我国居民的受教育程度目前还不到“知识失业，体脑倒挂”的时期，教育程度越高，对代际向下流动抑制作用和代际向上流动的促进作用的贡献越大，大力发展教育事业是十分有必要的，这不仅可以扩大中等收入群体，而且对整个社会阶层都有利。

第六，劳动力市场存在地位准入差异以及地位结构差异的性别差异，女性面临更高向下流动的风险。

第五章　路径二：中等收入群体的代际收入流动性分析

代际收入流动是影响子代社会阶层的路径之一。从研究视角来看，代际职业流动性是从职业阶层固化的视角研究代际间的机会不公问题，而代际收入流动是从收入不平等的代际传递性出发，研究子代机会不均等问题。职业作为个体收入报酬的最为重要的承载体，在代际传递过程中发挥着不可忽视的作用，因此，代际职业继承与流动也是影响代际收入流动的重要因素。为此，本章将父与子是否同职纳入代际收入流动性的分析框架，以更深入地理解代际收入流动性的传递机制。在分析父辈的收入对子代收入影响的基础上，另外回答了代际职业继承对于代际收入流动性的影响，并对比分析了中等收入群体与整体阶层之间的差异性。

第一节　理论回顾与研究假设

一、代际收入流动性的相关文献

（一）代际收入弹性的测算

王海港（2005）通过利用我国城镇居民的数据，以子女收入为被解释变量，父母收入为解释变量，估计出 1988 年和 1995 年我国代际收入弹性分别为 0.38 和 0.42，这是国内第一个研究代际收入流动性的文献。

郭丛斌和闵维方（2007）运用二元 Logistic 模型，将父母收入划分为四组，计算出总体的代际收入弹性是 0.32。其中位于最低收入组的弹性最高，最高收入组的弹性次之，中等偏上和中等偏下收入组较小，四组的弹性分别为 0.37、0.23、0.02 和 0.024。这也说明在最高收入和最低收入组群父母的收入水平对子女的影响最为明显；而在中间收入组群父母的收入对子女收入影响比较小。这与第五章中分析贡献率时，中间分位水平上机会不均等造成子女收入差距贡献率较小的结论是一致的。

韩军辉（2009）利用多种方法对代际收入弹性进行了测算，其中，基于自助多水平统计模型测算的弹性值为 0.36，基于工具变量法得到的弹性值为 0.45。方鸣和应瑞瑶（2010）利用收入均值法，得出我国东部地区代际收入弹性为 0.55，中部地区 0.49，西部地区 0.41。从弹性值可以得到结论：东部地区的弹性远远高于西部，中部地区弹性值位于中间位置。

Gong 等（2010）通过双样本两阶段最小二乘法，得出代际收入弹性 0.74—0.84，这比使用单年收入的测算的代际收入弹性 0.24—0.32 有所上升。李小胜（2011）应用线性回归模型，测算得出总体样本的代际弹性系数为 0.31；城市和农村的代际收入流动的弹性分别为 0.18 和 0.25，城市的代际流动大于农村，这与方鸣和应瑞瑶（2010）结论正好相反；中国东、中、西部的代际收入流动的弹性分别是 0.32、0.27 和 0.26。汪燕敏和金静（2013）得到的代际收入弹性约为 0.46，并认为与国际相比较，这个水平的代际收入弹性位于中间水平。

（二）代际收入弹性的变化特征

魏颖（2009）分析发现，随着分位数水平的上升，农村代际收入弹性呈现倒“U”形变化趋势。即相当于其他分位水平上，代际收入弹性在 0.25 和 0.5 分位水平最高。但在控制了子代受教育年限这一变量后，农村代际收入弹性变化不明显。

韩军辉（2009）提出了分层线性结构模型，并对中国居民的代际收入流动状况进行了分析。利用分位回归方法分析代际收入弹性的变化趋势，发现随着分位水平的上升，代际收入弹性表现出倒“U”形。

利用分位数回归模型，韩军辉和龙志和（2011）发现，在低分位水平上和高分位水平上，代际收入弹性较小；而在中间的分位水平上，代际收入弹性最大，从总体上看，农村代际收入弹性系数随着分位数的上升呈现出倒“U”形变化趋势。这一结果类似于魏颖（2009）的研究。在分位水平的两端，在农村家庭中，个体特征的差异导致收入弹性较低即代际收入流动性较高。

何石军和黄桂田（2013）测算的 1989—2009 年的代际收入弹性分别为 0.66、0.49、0.35 和 0.46，呈现出下降的趋势。相对而言中国的代际收入弹性偏高，也就是说机会不均等对子女收入差距有着重要的影响。所以说进一步深化相关改革，推进机会均等机制的形成是改变这种状况的现实需要。

李任玉等（2017）采用多重估计方法估算了代际流动性趋势，并得出了其发展趋势呈倒“U”形的结论，通过进一步分解得到其发展趋势的构成主要来源于增长效应的结论。在剔除增长效应后，代际流动性的变化趋势变得较为平稳。

二、理论假说

基于第三章的路径分析，本章关于子代社会阶层的传递路径——代际收入流动性方面，我们提出如下假设。

假设 1：父辈的收入通过直接影响子代的收入而间接影响子代的社会阶层，而农村子代的代际收入流动性低于城镇。

假设 2：如果父辈是中等收入群体，那么子代的代际收入流动性将低于社会整体阶层。

假设 3：父辈职业与子代职业相同时，无论是中等收入群体还是社会整体阶层，无论是城镇还是农村，子代的代际收入弹性都会提高，即代际收入弹性会下降。

假设4：子代的受教育程度对子代的收入有正向影响，且农村子女的受教育程度对代际收入的边际效应大于城镇。

第二节 线性回归模型的构建与分析

一、理论模型构建与统计性分析

（一）模型的构建

我们首先建立了一个线性回归模型，分析代际职业继承、父辈收入，以及子代后致性因素对子代收入的影响。测量代际收入流动性的方法主要有相关系数法、百分位转换矩阵法以及回归法，其中回归方法又包含工具变量法和收入均值法，由于在实证部分主要应用的是回归法，所以本章只介绍回归法。

对数线性回归模型是学者们估计代际收入流动的主要方法。基本的回归模型为：

$$y_i^c = \alpha_0 + \rho y_i^f + \varepsilon_i \tag{5.1}$$

y_i^c 表示子女的持久收入对数，y_i^f 表示父母的持久收入对数，ε_i 是与 y_i^f 自变量无关的随机扰动项，该模型主要目的是测算代际收入弹性 ρ 的大小，体现了机会不均等的程度。若两代的持久收入可得，利用普通的 OLS 就可以测算出代际收入弹性 ρ 的大小。Solon（1992）、Björklund 和 Jäntti（1997）以及 Lefrane 和 Trannoy（2006）等指出使用当期收入数据测算的弹性值偏小。于是，Solon（1992）使用工具变量法和收入均值法来提高估计值的准确度。

1. 工具变量法

根据公式（5.1）进行最小二乘法估计需要获得父母与子女的持久性收入，但是，现实中缺乏这种数据，在此情况下，采用公式（5.2）使用当期实际收入数据会导致代际收入流动弹性 ρ 偏小。

$$Y_{it}^c = \alpha + \rho Y_{it}^f + \chi_1 age_i^c + \chi_2 (age_i^c)^2 e_{it}^c + e_{it}^1 \tag{5.2}$$

其中，y_{it}^{c}是个体 i 在 t 年时的实际收入。Solon（1992）、Dearden 等（1997）和 Irene（2007）等经济学家提出，使用工具变量法代替不可得的父辈持久性收入可以降低代际收入弹性 ρ 估计偏误的问题，于是他们选取父母的教育、职业等变量作为父母持久收入的工具变量。由于经济地位、教育和职业等变量指标相对稳定，所以方程能够真实的估算出父母的持久性收入。父母持久收入的估计方程可以写为：

$$Y_{it}^{f}=\gamma_1 Edu_i^{f}+\gamma_2 Occu_i^{f}+\eta_1 age_i^{f}+\eta_2\ (age_i^{f})^2 e_{it}^{f}+\mu_{it} \tag{5.3}$$

将公式（5.3）中 γ_1 和 γ_2 估计的父母的持久收入代入公式（5.2），就可以测算出子代的代际收入流动的大小。估计方程为：

$$Y_{it}^{c}=\alpha+\rho(\hat{\gamma}_1 Edu_i^{f}+\hat{\gamma}_2 Occu_i^{f})+\chi_1 age_i^{c}+\chi_2\ (age_i^{c})^2 e_{it}^{c}+e_{it}^{1} \tag{5.4}$$

利用工具变量取代当期收入而测算的代际收入弹性 ρ 在一定程度上降低了估算偏误，但是，正如 Solon（1992）、Björklund 和 Jäntti（1997）所说的那样，如果作为父母持久收入的工具变量与子女的收入有直接关联时，会使估计的代际收入弹性偏大。

2. 收入均值法

通过使用数年的平均收入作为持久性收入的代理变量，可以在某种程度上能改善代际收入弹性 $\hat{\rho}$ 偏小的情况。Solon（1992）将子辈单年收入扩展为：

$$Y_{it}^{c}=\alpha_1+Y_i^{c}+\beta_1 age_{it}^{c}+\beta_2\ (age_{it}^{c})^2+e_{it} \tag{5.5}$$

其中，Y_{it}^{c}表示子代在 t 年的当期实际收入，Y_i^{c} 表示子代的持久收入，age_{it}^{c} 表示在 t 年第 i 个家庭子代的年龄。父辈在 s 年实际收入与持久收入的关系也可以写为：

$$Y_{is}^{f}=\alpha_1+Y_i^{f}+\gamma_1 age_{is}^{f}+\gamma_2\ (age_{is}^{f})^2+\mu_{is} \tag{5.6}$$

公式（5.6）又可以写为：

$$Y_i^{f}=Y_{is}^{f}-\alpha_1-\gamma_1 age_{is}^{f}-\gamma_2\ (age_{is}^{f})^2-\mu_{is} \tag{5.7}$$

将公式（5.7）代入公式（5.1），可以得到：

$$Y_i^{c}=\alpha_0+\rho[Y_{is}^{f}-\alpha_1-\gamma_1 age_{is}^{f}-\gamma_2\ (age_{is}^{f})^2-\mu_{is}]+\varepsilon_i \tag{5.8}$$

将公式（5.8）代入公式（5.5），可以得到：

$$Y_{it}^{c} = (\alpha_0 + \alpha_1 - \rho\alpha_0 + Y_i^c) + \rho Y_{is}^{f} + \beta_1 age_{it}^{c} + \beta_2 (age_{it}^{c})^2$$
$$- \rho\gamma_1 age_{is}^{f} - \rho\gamma_2 (age_{is}^{f})^2 + \varepsilon_{it} + e_{it} - \rho\mu_{is} \tag{5.9}$$

公式（5.9）在使代际收入弹性的估计值 $\hat{\rho}$ 更加接近真实值，但由于 Y_{is}^{f} 与 $\varepsilon_{it} + e_{it} - \rho\mu_{is}$ 仍然相关，代际收入弹性的估计值 $\hat{\rho}$ 依然小于真实值。因此，对父辈的收入以及子代收入取均值来降低 $\hat{\rho}$ 的偏误后，公式（5.9）可以写为：

$$\overline{Y_i^c} = (\alpha_0 + \alpha_1 - \rho\alpha_0 + Y_i^c) + \rho Y_i^f + \beta_1 \overline{age_i^c} + \beta_2 (\overline{age_i^c})^2$$
$$- \rho\gamma_1 \overline{age_i^f} - \rho\gamma_2 (\overline{age_i^f})^2 + \varepsilon_i + e_{it} - \rho\overline{\mu_i} \tag{5.10}$$

结合以上分析，建立以下估计方程：

$$clny = \alpha + \gamma_0 flny + \beta_1 age_i^c + \beta_2 (age_i^c)^2 + \beta_3 cedu$$
$$+ \beta_4 gender4 + \beta_5 urban + \beta_6 marriage + \varepsilon_{it} \tag{5.11}$$

公式（5.11）不考虑父辈是否同职对子代收入流动性的影响，其中，*clny* 表示子代的平均收入；*flny* 表示父辈的平均收入；age_i^c 表示子代的年龄；*cedu* 表示子代的受教育水平；*gender* 表示子代的性别，在本章中 *gender* =1 为女性，*gender* =0 为男性。*urban* 是子代的户籍，*urban* =1 表示城镇，*urban* =0 表示农村；*marriage* 表示是否已婚。

$$clny = \alpha + \gamma_0 flny + \gamma_1 flny \times sameoccu + \gamma_2 sameoccu + \beta_1 age_i^c + \beta_2 (age_i^c)^2$$
$$+ \beta_3 cedu + \beta_4 gender4 + \beta_5 urban + \beta_6 marriage + \varepsilon_i \tag{5.12}$$

公式（5.12）在公式（5.11）的基础上，考虑了父辈是否同职及代际职业继承对子代收入的影响。其中，*sameoccu* 是父子职业是否相同的虚拟变量。交叉项系数是测算代际职业继承对代际收入流动性的估计系数，也是主要考察的对象之一。本章模型中主要变量、含义及其赋值如表 5 -1 所示。

表 5 -1　　主要变量的含义及其赋值

变量名称	含义	赋值
clny	子代收入的对数	
flny	父辈收入的对数	

续表

变量名称	含义	赋值
cedu	受教育程度	小学毕业 =1，初中毕业 =2，高中毕业、中等职业技术学校毕业 =3，大专或大学毕业及以上 =4
cbmi	子女的潜在的中长期健康水平	cbmi < 18.5 为体重偏轻；18.5 ≤ cbmi < 25 为正常；25 ≤ cbmi < 30 为超重；30 ≤ cbmi 为肥胖
cage	子女的年龄	
gender	虚拟变量，子女的性别	女性 =1；男性 =0
urban	虚拟变量，子代户籍	城镇 =1；农村 =0
marriage	虚拟变量，子代婚姻状况	未婚 =0；结婚（包含再婚、离婚、丧偶）=1
sameoccu	虚拟变量，父子是否同职	同职 =1；其他 =0
sameoccu_flny	父子同职与父辈收入对数的交叉项	

（二）主要变量的统计性分析

表 5 –2 和表 5 –3 分别刻画了社会整体阶层和中等收入两部分群体主要变量的统计性指标。对比表 5 –2 和表 5 –3 不难发现，就收入水平而言，整体社会阶层的组内离散水平高于中等收入群体。整体社会阶层中父子同职的均值高于中等收入群体，父子同职与父辈收入的交叉项的均值也高于中等收入群体，由于社会底层群体所占的比重最多，可以推断，在整体社会阶层中社会底层的父子同职，子承父业的可能性较高，也就是子代被黏附于父辈职业上，向上流动的可能性较低。这也是中等收入群体难以扩大、缺乏社会底层群众基础的原因之一。

表 5 –2　　整体社会阶层主要变量的统计性描述

变量	观察值	Mean	Std. Dev.	Min	Max
clny	2754	8.891443	1.114737	3.7972	12.6031
flny	2754	8.862944	1.172831	0.4363	12.8868
cedu	2754	2.31772	0.8781555	1	4
cbmi	2077	21.66967	3.047674	14.5176	40.3450

续表

变量	观察值	Mean	Std. Dev.	Min	Max
cage	2751	28.63957	9.678401	5.64	78
gender	2754	0.2806826	0.4494143	0	1
urban	2754	0.2875817	0.4527172	0	1
marriage	2690	0.4877323	0.4999424	0	1
sameoccu	2754	0.3689179	0.4825993	0	1
sameoccu_flny	2754	3.205757	4.261067	0	12.3586

表 5-3　　中等收入群体主要变量的统计性描述

变量	观察值	Mean	Std. Dev.	Min	Max
clny	804	8.610273	0.9912131	3.7972	12.6031
flny	804	8.864364	0.9594927	3.8734	12.3586
cedu	804	2.475124	0.9459243	1	4
cbmi	804	21.80018	3.10287	13.9480	35.0682
cage	804	31.77164	14.3314	12.36	83.22
gender	804	0.35199	0.4778882	0	1
urban	804	0.5472637	0.498071	0	1
marriage	804	0.449005	0.4977023	0	1
sameoccu	804	0.2251244	0.4179242	0	1
sameoccu_flny	804	2.005075	3.760421	0	12.35856

在实证回归之前需要考虑理论模型中的数据是否多重共线性问题。表 5-4 和表 5-5 分别是整体社会阶层和中等收入群体主要变量的相关系数矩阵，主要用于观察自变量之间是否存在严重的共线性。其他的变量之间的相关系数都在 0.5 以下，所以我们可以认为主要变量是不存在严重的线性相关。为了更准确地考察多重共线性，我们使用膨化因子（VIF）[①] 来测量，我们发现主要变量的 VIF≤2，mean VIF≤2，所以主要变量是不存在多重共线性的问题。

① 经验判断方法表明：当 0 < VIF < 10 时，不存在多重共线性；当 10≤VIF < 100 时，存在较强的多重共线性；当 VIF≥100 时，存在严重多重共线性。

表 5 - 4　　整体阶层群体主要变量的相关系数矩阵

变量	flny	cedu	cbmi	cage	gender	urban	marriage	sameoccu
flny	1							
cedu	0. 3277	1						
cbmi	-0. 0318	-0. 0364	1					
cage	-0. 1678	-0. 1941	0. 2946	1				
gender	0. 0502	0. 1449	-0. 1643	-0. 2336	1. 0000			
urban	-0. 0301	0. 2717	0. 0534	0. 0845	0. 0869	1		
marriage	-0. 123	-0. 2194	0. 2563	0. 5877	-0. 3350	-0. 0912	1	
sameoccu	-0. 113	-0. 1884	-0. 0196	0. 0017	-0. 0999	-0. 1267	0. 0534	1

表 5 - 5　　中等收入群体主要变量的相关系数矩阵

变量	flny	cedu	cbmi	cage	gender	urban3	marriage	sameoccu
flny	1							
cedu	0. 3563	1						
cbmi	-0. 0304	-0. 0972	1					
cage	-0. 3004	-0. 3935	0. 2947	1				
gender	0. 0473	0. 0759	-0. 1781	-0. 1679	1			
urban3	-0. 1576	0. 1214	0. 0864	0. 1745	0. 0007	1		
marriage	-0. 2329	-0. 3267	0. 2731	0. 6884	-0. 2831	0. 0725	1	
sameoccu	0. 0237	0. 0819	0. 0142	-0. 0082	-0. 0543	0. 0236	-0. 0016	1

二、实证结果及分析

（一）收入均值法的回归与分析

为了降低偏误，本部分采用收入均值法，利用 CHNS 数据库，使用公式（5. 11）测算了整体社会阶层和中等收入群体中城镇和农村的代际收入弹性进行了，具体结果如模型（1）所示，在此基础上，本章进一步引入父子是否同职的虚拟变量，以测算代际传承对代际收入流动性的影响，如模型（2）所示，具体回归结果如表5－6所示。

表5－6　　代际职业继承对代际收入流动性影响

变量	整体社会阶层				中等收入群体			
	城镇		农村		城镇		农村	
	模型（1）	模型（2）	模型（1）	模型（2）	模型（1）	模型（2）	模型（1）	模型（2）
flny	0.405 *** (0.0402)	0.348 *** (0.0494)	0.425 *** (0.0206)	0.256 *** (0.0323)	0.555 *** (0.0640)	0.542 *** (0.0603)	0.646 *** (0.0608)	0.559 *** (0.0659)
cedu	0.197 *** (0.0321)	0.198 *** (0.0322)	0.323 *** (0.0279)	0.261 *** (0.0275)	0.0886 ** (0.0398)	0.0753 * (0.0408)	0.0989 * (0.0525)	0.112 ** (0.0518)
cbmi	0.0220 ** (0.0091)	0.0222 ** (0.0090)	0.0225 *** (0.0085)	0.0187 ** (0.0084)	0.0248 ** (0.0114)	0.0225 * (0.0115)	0.00124 (0.0191)	0.00153 (0.0190)
cage	0.0732 *** (0.0138)	0.0734 *** (0.0136)	0.123 *** (0.0116)	0.118 *** (0.0113)	0.0715 *** (0.0184)	0.0692 *** (0.0188)	0.119 *** (0.0321)	0.118 *** (0.0320)
$cage^2$	−0.000700 *** (0.00015)	−0.000705 *** (0.00015)	−0.00153 *** (0.00014)	−0.00149 *** (0.0001)	−0.000660 *** (0.00021)	−0.000634 *** (0.00021)	−0.00136 *** (0.0004)	−0.00137 *** (0.0004)
gender	−0.108 * (0.0571)	−0.112 ** (0.0570)	−0.0551 (0.0467)	−0.0800 * (0.0457)	−0.206 *** (0.0740)	−0.184 ** (0.0713)	0.0294 (0.0997)	0.0282 (0.0999)
marriage	−0.231 ** (0.0974)	−0.239 ** (0.0964)	0.220 *** (0.0634)	0.207 *** (0.0607)	−0.168 (0.105)	−0.153 (0.102)	−0.0377 (0.131)	−0.0344 (0.131)
sameoccu		−1.403 ** (0.592)		−1.93 *** (0.333)		−2.389 ** (1.133)		−1.752 (1.095)
sameoccu_flny		0.164 ** (0.0700)		0.168 *** (0.0391)		0.262 ** (−0.128)		0.210 * (0.118)
Cons	2.623 *** (0.376)	3－124 *** (0.444)	1.414 *** (0.288)	3－481 *** (0.380)	1.518 ** (0.615)	0.914 (0.609)	0.582 (0.802)	1.289 (0.845)
N	885	885	2838	2838	440	440	364	364
R^2	0.298		0.353	0.389	0.387	0.403	0.435	0.448

注：Robust standard errors in parentheses，*** 表示 $p<0.01$，** 表示 $p<0.05$，* 表示 $p<0.1$，$cage^2$是子辈年龄的平方。

结果分析：

第一，父辈收入与子代收入呈正相关关系，父辈收入越高，子女收入就越高。父辈收入的估计系数表示代际收入弹性，代际收入弹性与代际收入流动性呈反向关系，代际收入弹性越大，代际收入流动性越小，子辈的代际机会越不均等。从表5－1中可以看出，就中等收入群体而言，在模型（1）中中等收入群体城镇与农村子女的代际收入弹性分别为0.555和0.646。农村子女代际收入弹性高于城镇，在整体社会阶层也有相同的规律，说明农村的代际收入流动性较低，其子女更容易受父辈收入的影响。对比整体社会阶层和中等收入群体发现，在同种情况下，在模型（1）中，中等收入群体的代际收入弹性高于整体阶层，模型（2）也有相似的规律。这说明：中等收入群体的代际收入流动性较低，其子女的收入比整体社会阶层更容易受父辈收入的影响。至此，假设 1 与假设 2 得以验证。

第二，在模型（2）中父子同职与父辈收入对数的交叉项估计系数为正数，父子同职（代际职业继承）时代际收入弹性要高于其他家庭（代际职业流动），就中等收入群体而言，与代际职业发生流动的家庭子女相比，城镇父子同职家庭子女的代际弹性要高 0.262，农村代际职业继承时，家庭代际收入弹性要高 0.21。交叉项的估计系数显著不为 0 且为正数，说明代际职业继承与代际收入流动性之间存在相关关系，发生代际职业继承时，代际收入弹性会升高，代际收入流动性会降低，假设 3 得以验证。职业类型是获得收入报酬的重要载体，子代对父辈职业的继承提高了收入在两代之间传递的可能性。对比整体社会阶层和中等收入群体发现，在同种情况下，在模型（2）中，中等收入群体交叉项（sameoccu_flny）的估计系数也高于整体阶层。这说明：中等收入群体通过父子同职，以职业为载体更是提高了收入在两代之间的传递。也就是说，代际职业继承指数的飙升，降低了代际收入流动，进一步造成了代际间收入差距的传递。代际职业流动性较低时，不仅使职业阶层趋向固化，还使子代间的收入差距进一步拉大。

第三，教育（cedu）的估计显著不为 0 且为正数，即受教育程度与子代收入呈正相关关系。无论是中等收入群体还是社会整体阶层，无论是模型（1）还是模型（2），农村子女接受教育对其收入的边际影响都大于城镇。举例说明，就中等收入群体而言，在模型（2）中，子代受教育程度每增加 1 个单位，子代的收入就增加 7.53%，而农村增加 11.2%。完善教育体制改革，普及 12 年的义务教育、扩大高等教育招生是十分有必要的。农村教育水平提升对子代收入的边际效应要高于城镇，所以尤其是在农村更应该加大教育的投资。但是目前我国仍存在教育资源城乡不平衡的现象，城镇的教育资源、师资力量等都要远远优于农村。要扩大中等收入群体规模，“授之以鱼，不如授之以渔”，提高教育水平比单纯提高中等收入者或者低等收入者的工资报酬的影响更加深远，不仅是因为教育水平提高可以提高其收入水平，还因为教育也是就业的敲门砖，提高其创新能力和掌握先进科学技术的能力。综上所述，我们可以认为，随着社会与经济的发展，教育对缩小子女收入差距至关重要。

第四，子代年龄是子代收入的二次元函数，即随着年龄的增长，子代的收入先上升后下降。在模型（2）中，在社会整体阶层，城镇群体年龄的拐点在51.77岁$\left(\text{即}\frac{0.0734}{2\times0.000705}\right)$，农村群体年龄的拐点在39.59岁$\left(\text{即}\frac{0.118}{2\times0.00149}\right)$；在中等收入群体，城镇子女年龄的拐点在54.57岁$\left(\text{即}\frac{0.0692}{2\times0.000634}\right)$，农村子女的年龄拐点在43.07$\left(\text{即}\frac{0.118}{2\times0.00137}\right)$，在相同的情况下，中等收入群体子女一生中收入水平最高的拐点年龄大于整体社会阶层，城镇的子女的年龄拐点大于农村，可以理解为从事脑力劳动的社会群体比体力劳动者的收入增长的持续时间更长。

第五，身体质量指数（cbmi）对社会整体阶层以及中等收入群体的城镇子代收入有显著的正相关关系；性别（gender）估计系数显著不为0时，系数为负数，而模型中以男性为参照组，说明子代收入存在性别差异，女性的收入低于男性。

第六，在整体社会阶层子代是否结婚（marriage）对其收入有显著的影响，而在中等收入群体婚姻的估计系数并不显著。农村子女婚姻状况的估计系数为正数，说明结婚提高了其的收入水平；而城镇子女婚姻状况的估计系数为负数，说明结婚降低了其收入水平。

（二）制度变迁与代际收入固化

本节对制度变迁时间划分依然沿用第四章分法，本节主要考察随着制度变迁，代际收入流动的发展趋势，表5-7—表5-9分别测算了1989—1991年、1993—2000年以及2004—2011年代际收入弹性的大小，以及代际职业继承对代际收入流动性的影响。

表 5－7　　1989—1991 年代际职业继承对代际收入流动性影响

变量	城镇		农村	
	模型（1）	模型（2）	模型（1）	模型（2）
flny	0.252*** (0.0667)	0.398*** (0.124)	0.417** (0.163)	0.399** (0.178)
cedu	0.0202 (0.0470)	−0.0120 (0.0478)	−0.0891 (0.0904)	−0.0943 (0.0890)
cbmi	0.00413 (0.0133)	−0.00278 (0.0136)	−0.000500 (0.0219)	−0.00131 (0.0219)
cage	0.114*** (0.0421)	0.115*** (0.0422)	0.124 (0.137)	0.108 (0.143)
$cage^2$	−0.00140** (0.000668)	−0.00153** (0.000672)	−0.00177 (0.00243)	−0.00146 (0.00255)
gender	−0.0302 (0.0738)	−0.0226 (0.0716)	−0.0599 (0.180)	−0.0700 (0.184)
marriage	−0.0985 (0.0794)	−0.0645 (0.0778)	−0.163 (0.218)	−0.162 (0.219)
sameoccu		1.881* (1.115)		−0.617 (2.713)
sameoccu_flny		−0.196 (0.131)		0.0851 (0.321)
Constant	3.816*** (0.877)	2.803** (1.280)	2.949 (2.889)	3.316 (3.098)
Observations	189	189	115	115
R^2	0.203	0.248	0.128	0.132

注：Robust standard errors in parentheses，*** 表示 $p<0.01$，** 表示 $p<0.05$，* 表示 $p<0.1$。

表 5－8　　1993—2000 年代际职业继承对代际收入流动性影响

变量	城镇		农村	
	模型（1）	模型（2）	模型（1）	模型（2）
flny	0.380*** (0.108)	0.372*** (0.115)	0.786*** (0.121)	0.549*** (0.158)
cedu	0.140*** (0.0493)	0.140*** (0.0501)	0.0863 (0.0961)	0.100 (0.0939)

续表

变量	城镇		农村	
	模型（1）	模型（2）	模型（1）	模型（2）
cbmi	0.0258 (0.0159)	0.0264 (0.0163)	0.00602 (0.0381)	0.00648 (0.0380)
cage	0.0314 (0.0321)	0.0314 (0.0326)	0.119 ** (0.0544)	0.129 ** (0.0547)
$cage^2$	-0.000302 (0.000314)	-0.000298 (0.000320)	-0.00131 ** (0.000619)	-0.00142 ** (0.000621)
gender	-0.265 ** (0.116)	-0.270 ** (0.115)	-0.0731 (0.206)	-0.0725 (0.201)
marriage	-0.0765 (0.230)	-0.0799 (0.228)	-0.0269 (0.252)	-0.206 (0.275)
sameoccu		-0.728 (1.208)		-3.393 ** (1.504)
sameoccu_flny		0.0800 (0.138)		0.408 ** (0.164)
Constant	3.866 *** (1.368)	3.925 *** (1.414)	-0.844 (1.918)	1.042 (2.121)
Observations	177	177	130	130
R - squared	0.270	0.271	0.390	0.424

注：Robust standard errors in parentheses， *** 表示 $p<0.01$， ** 表示 $p<0.05$。

表 5-9　1994—2011 年代际职业继承对代际收入流动性影响

变量	城镇		农村	
	模型（1）	模型（2）	模型（1）	模型（2）
flny	0.462 ** (0.310)	0.563 ** (0.226)	0.333 *** (0.0761)	0.298 *** (0.0918)
cedu	-0.237 (0.203)	-0.150 (0.159)	0.226 ** (0.0913)	0.230 ** (0.0905)
cbmi	-0.0360 (0.0301)	-0.0402 (0.0271)	-0.0136 (0.0246)	-0.0108 (0.0243)
cage	-0.115 (0.248)	-0.133 (0.241)	0.138 (0.0918)	0.155 * (0.0926)

续表

变量	城镇		农村	
	模型（1）	模型（2）	模型（1）	模型（2）
$cage^2$	0.00264 (0.00415)	0.00281 (0.00416)	-0.00194 (0.00149)	-0.00223 (0.00148)
gender	-0.147 (0.294)	-0.197 (0.299)	0.0255 (0.149)	0.0282 (0.152)
marriage	-0.187 (0.294)	-0.145 (0.267)	0.0295 (0.191)	0.0569 (0.196)
sameoccu		9.980*** (3.048)		0.924 (1.700)
sameoccu_flny		-1.006*** (0.307)		-0.0514 (0.174)
Constant	10.74** (4.274)	6.890 (4.315)	3.635** (1.498)	3.591** (1.403)
Observations	74	74	119	119
R^2	0.232	0.243	0.242	0.278

注：Robust standard errors in parentheses，***表示 $p<0.01$，**表示 $p<0.05$，*表示 $p<0.1$。

为了更加直观地探究代际职业继承对代际收入流动性的影响，根据表5-7—表5-9中的数据，绘制了图5-1与图5-2，分别揭示了城镇群体与农村群体在加入父子同职后代际收入流动的变化，并将之与模型（1）相对比。图5-1与图5-2中，横轴是1989—2011年的年份刻度，纵轴是代际收入弹性。

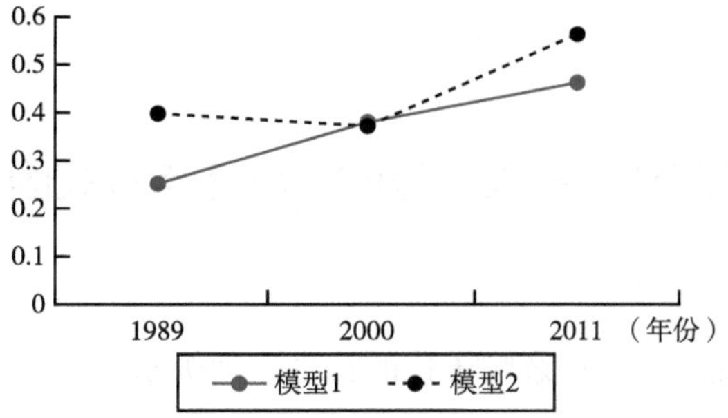

图5-1　城镇群体代际职业继承对代际收入流动的影响趋势

通过图 5 - 1 可以发现，在考虑代际职业继承这一因素后，代际收入流动弹性变大了［模型（2）的曲线位于模型（1）曲线的上方］，也就是说父子同职，将进一步降低代际收入流动性，出现职业与收入双重固化的局面。

从流动趋势来看，1989—2011 年，中国城镇代际收入的流动弹性大概呈上升趋势，随着制度变迁，市场化水平逐渐提高，代际收入流动性反而下降，之所以呈现如此变化趋势，是源于阻碍子代向上流动的因素由“制度排斥”转化为“市场排斥”。

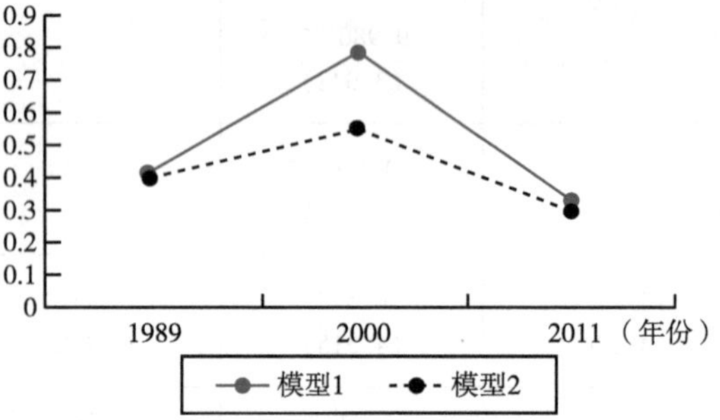

图 5 - 2　农村群体代际职业继承对代际收入流动的影响趋势

通过图 5 - 2 可以发现，在考虑代际职业继承这一因素后，代际收入流动弹性变小了［模型（2）的曲线位于模型（1）曲线的上方］，也就是说如果父子不同职，代际收入流动性将上升。从流动趋势来看，从 1989—2011 年，中国代际收入的流动弹性大概呈倒“U”形，随着制度变迁，在农村代际收入弹性呈下降趋势，代际收入流动性有所上升，制度性因素对代际收入流动性的影响将减弱。

第三节　扩大中等收入群体与双重固化

随着社会的变迁，虽然影响子代的社会流动机制发生了变化，但是先赋性因素对子代社会地位的影响又开始强化，“父子同职”的回潮也是屡见不鲜的现象。中等收入群体的代际流动性较小，代际继承性较大，同时社会阶层间有比较强的“有限准入秩序”的壁垒，占人口比例最高的社会底层的子代难以流入中等收入群体，导致中等收入群体缺乏群众基础，规模难以扩大。长此以往，不正常的社会流动链条，导致社会阶层两端的社会矛盾不断累积，从而影响社会发展与进步。

在社会转型期，中国社会流动机制实现了从国家选择到社会选择的转变。但是经验分析和实证分析发现，社会阶层间向上流动的力量明显不足，社会阶层结构呈固化趋向。有学者认为，社会垂直流动渠道变窄，社会底层群众向上流动过程中受到阻碍，精英群体的流动机制也由精英循环（代际流动）为主转变为精英复制（代际继承）为主。不可否认，因家庭出身不同而导致的代际不公平已成为社会发展中的突出问题。

一、子代的社会流动机制：先赋性因素还是后致性因素决定

社会健康发展的动力之一是良好的社会流动，如果社会流动水平较低，就会影响社会分层，导致社会发展缓慢或者不稳定。在中国改革进程中，阶层分化日益严重，占人口比例最高的底层社会群众利益因改革受损，同时又未享受改革发展成果，由于通过代际机会不公，收入差距由代内延伸到代际，其子代也难于摆脱贫穷的困境。那么这种阶层固化持续积累就导致阶层冲突爆发。“父子同职”不仅使代际职业流动性较低，也导致职业阶层趋向固化，还使子代间的收入差距进一步拉大。

社会流动的一般机制主要有两种：先赋性与后致性。先赋性是指社会成员的经济收入、权利及社会声望等地位的获得主要依靠家庭背景等先天具有的因素；后致性是指社会成员的经济收入、权利及社会声望等地位的获取主要依靠个人能力和努力等后天塑造的因素。在开放性的社会向上流动渠道较通畅，社会阶层之间的垂直流动阻力较小，社会底层的群体有进入中层及以上阶层的机会，这种机会主要依靠后天的不懈努力得到的，而不是依靠家庭背景等先天因素。而社会流动的主导因素是先赋性因素时，说明社会成员代内和代际都存在

不公平的竞争。

二、社会流动机制的变迁

改革开放以后，随着社会主义市场经济的建立，代际流动作用机制逐渐由“制度排斥”转为“市场排斥”，但是仍存在制度排斥。由于有限准入秩序的存在，虽然中等收入群体内部不存在单位壁垒，但是整体社会阶层单位壁垒的作用仍十分显著。在劳动和商品市场中，存在比较严重的“人格化交易”，这种“市场排斥”使社会阶层垂直流动不通畅，社会流动缓慢，中等收入群体也难以扩大。市场机制带来了新的社会流动障碍，且先赋性因素对子代的影响呈现加强态势，具体表现在：

第一，家庭背景在代际流动中占重要地位。“官二代”“富二代”的代际继承性越来越强，“民二代”“农二代”“穷二代”难以向上流动，其进入社会中等收入群体及以上群体的门槛也越来越高，社会流动阻力增强，凭后致性因素难以从父辈继承的社会阶层中走出来。

第二，教育为子代的向上流动提供机会，是子代后致性因素之一。但是教育也存在“体制内二代”与“体制外二代”的现象，他们接受的教育资源、是否能实现个人发展存在显著差异。为此，在教育资源的分配上，政府、社会应该向“体制外二代”倾斜。

第三，存在“职业”与“收入”的双重固化。一是就职业阶层而言，中等收入群体的子女代际继承指数高于代际继承指数，代际继承占主导地位，同时代际向上流动机会小，而且更容易代际向下流动；就收入而言，中等收入群体的代际收入弹性较高，也就是代际收入流动性较大，父辈的收入对子辈就有显著影响。二是代际职业继承也会影响代际收入弹性，相比于代际职业流动，父子同职会提高中等收入群体代际收入弹性，降低代际收入流动性，更加重了代际阶层固化。

三、中等收入群体阶层固化的原因

中等收入群体除了自身发展存在诸多问题外，还存在阶层固化的趋势。中等收入群体的固化除了含有普遍社会阶层固化的共性原因外，还有中等收入群体所特有的成因。

（一）转型期我国社会阶层固化的原因

1978 年之后，农村开始实行家庭联产承包责任制，这极大地提高了生产效率，但随之也产生了大量剩余劳动力，这部分劳动力流入城市后无法享受与城市居民同等的社会保障。城市中国有企业也开始改革，大量工人下岗后，再就业无法落实，有些成了无业游民，生活质量无法保障。

此外，国家宏观层面上的分配制度是消除财富两极分化的重要手段之一，虽然国家多次指出再分配要兼顾公平，但是政策手段单一且效果不理想。中国的分配制度发生了变迁，由平均分配制度转向“按劳分配”制度，将“效率优先”放在极其重要的位置。不能否认的是转型之后，社会生产效率极大提高，也为社会和经济带来了积极影响，但也导致社会再分配政策的缺失，社会阶层间的差距不断拉大。

1. 教育难以发挥促进社会阶层流动的作用

现阶段，我国仍存在教育资源分布不均的状况，不同地区之间、城乡之间教学资源差距极大。除了硬件水平差距很大外，贫困地区的师资力量也存在巨大差异。贫困地区的孩子不仅输在了起跑线上，甚至从刚出生时，享受的资源就远远落后于城市，为此也引发了“为何寒门再难出贵子”① 的讨论。“放羊娃”放羊、赚钱、娶媳妇、生娃的故事，也折射出了贫困代际传递的问题。贫困地区的父辈，或者是自身的学历比较低，对孩子学前教育比较少；或者是不重视对子代人力资本的投资等原因，导致子代的受教育水平也较低，子代难以向中等收入群体或者社会高层流动，在这种情况下寒门确实难出贵子。

高校扩招后，高等教育不再是精英教育，教育质量下降，国家不再分配工作，大学生也就失去了一个向上流动的渠道。在市场机制的作用下，当本科大学生劳动供给大大增加时，一是增加了找工作的难度，二是劳动报酬就会相对

① 由《名贤集》“寒门生贵子，白屋出公卿”衍变而来。

降低，导致教育不能成为社会底层的群众的“敲门砖”。

2. 城乡二元户籍制度的壁垒

虽然目前中国已开始实行户籍制度改革，但是改革进程是缓慢的，户籍仍是阻碍社会阶层之间垂直流动的壁垒。农村劳动力因户籍限制难以进入城市，或者只是从事体力劳动，无法与中等收入群体及社会高阶层享受同等待遇，工资福利待遇、社会保障等都较低。加上户口指标的限制，外地人通过工作落户城市是比较困难的。而通过购买产权房落户城市的渠道，尤其是一线城市的房价仅靠个人工资难以承担，导致贫困家庭很难通过这种渠道融入城市。最终，社会底层群众及其子代很难向上流动，进入中等收入群体或者高收入群体。

3. 先赋性因素在社会阶层固化中作用明显

先赋性因素主要是指子代从父辈那里继承到的经济收入、社会资本、政治资本等；与之对应的后致性因素主要是指个人通过后天努力而获得的能力资本、社会资本、经济收入等资源。先赋性因素和后致性因素是影响个体社会流动的两大因素，是社会阶层之间流动的主要传导机制。改革前，个体可以通过后致性因素实现向上流动，但是20世纪90年代之后，虽然作用机制发生了改变，但是先赋性因素（如家庭背景、社会资本）仍是影响个体地位的主要因素。中国是一个很看重“人情”的社会，处理任何事情时，“有关系”或者“圈里熟人”更好办事。处在优势地位的精英群体或者社会高层，代际间的社会继承更是占据主导地位，先赋性代际继承效应大于后致性流动效应，导致社会阶层进一步固化。“富二代”“官二代”现象屡见不鲜，他们一出生就享有比中等收入群体及社会底层群体更优质的资源，他们甚至不需要通过个人努力，轻而易举地就可以获得经济收入、权利或者社会声望，这是底层社会群体的子代通过后天努力也无法实现的。官商勾结、官官勾结，构筑了坚固且难以跨越的壁垒，更是加剧了这种代际不平等，导致不同社会之间垂直流动的渠道不通畅。

（二）中等收入群体阶层固化特有的成因

扩大中等收入群体除了面临以上共性成因以外，还面临着特性成因，主要表现在：

第一，存在有限准入的“单位壁垒”[①]，从第四章的实证分析中可以看出：在中等收入群体内部虽然父辈的工作类型对子女的职业没有显著影响，但是当社会阶层扩大到整体部分时，父辈的单位类型对子女有显著影响，这说明，中等收入群体以下社会阶层的子女要想向上流动进入中等收入群体是存在壁垒的。

第二，存在“技术壁垒”[②]，在用职业标准衡量的中产阶层中，无论是一般技术工作者还是高级技术工作者，其代际继承指数远远高于在其他职业的代际继承指数，这说明技术工作者的后代享受得天独厚的待遇，除了“龙生龙、凤生凤”[③] 所表达的遗传性因素外，技术工作者的子代也享受更好的“技术传承”，阻碍了下层阶层代际向上流动。

在中国社会结构、经济结构出现重大变革的时期，中等收入群体并没有跟上步伐，中等收入群体比例较小，中等收入以下群体人口比例最高，而社会财富却掌握在人口比较少的高收入阶层。一个没有中等收入群体的空心社会是十分危险的，不成规模的中等收入群体无法调和两极分化的社会阶层之间的矛盾，社会存在潜在的不稳定因素。中等收入群体无法发挥其促进经济增长或者维系经济增长的经济功能，使经济增长缓慢且不稳定，使国家在国际竞争中不占优势。所以，在未来现代化进程中，扩大中等收入群体占比、引导中等收入群体朝有利方向发展十分必要。

第四节　本章小结

父辈收入可以通过影响子代的收入和教育水平等后致性因素而间接影响子

① 单位壁垒主要是指某工作单位类型对就职于其他工作单位类型的群体的限制与排斥，是反映社会开放程度的一个指标。

② 技术壁垒主要是指科学技术上的关卡。

③ 出自《通俗编》卷二十九引《普灯录》。

代的社会阶层地位的获得。通过本章的实证研究我们再次证明了，父辈的收入等先赋性因素对子代的收入影响巨大，有时甚至超过后致性因素对子代收入的影响。作为社会阶层的传递路径之一，代际收入流动性部分的实证结论主要有：

第一，父辈收入与子代收入呈正相关关系，父辈收入越高，子女收入就越高。农村子女代际收入弹性高于城镇，在整体社会阶层也有相同的规律，说明农村的代际收入流动性较低，其子女更容易受父辈收入的影响。对比整体社会阶层和中等收入群体发现，中等收入群体子女的收入比整体社会阶层更容易受父辈收入的影响。

第二，中等收入群体父子同职与父辈收入对数的交叉项的估计系数也高于整体阶层。中等收入群体通过父子同职，以职业为载体更是提高了收入在两代之间的传递。也就是说，代际职业继承指数的飙升，降低了代际收入流动，进一步造成了代际间收入差距的传递。代际职业流动性较低时，不仅使职业阶层趋向固化，还使子代间的收入差距进一步拉大。

第三，受教育程度与子代收入呈正相关关系。完善教育体制改革，普及12 年的义务教育、扩大高等教育招生是十分必要的。农村教育水平提升对子代收入的边际效应要高于城镇，所以尤其是在农村更应该加大教育的投资。

第六章 国际视角

中等收入群体的规模与稳定性是衡量一个国家经济社会发展质量的重要指标，也是跨越“中等收入陷阱”、实现共同富裕的核心议题。当前，我国正处于经济结构转型与收入分配格局调整的关键阶段，如何通过制度设计与政策创新有效扩大中等收入群体、筑牢社会“橄榄型”结构底座，已成为新时代高质量发展的重要命题。

国际经验表明，不同发展阶段的国家在培育中等收入群体过程中面临差异化挑战：发达国家通过福利制度完善、职业教育体系升级和产业结构高端化，实现了中等收入群体的长期稳定，但其过度依赖消费驱动导致的债务风险也值得警惕；发展中国家在快速工业化进程中因收入分配失衡、公共服务供给不足，普遍陷入“增长性贫困”与中等收入群体脆弱化的困境；而转型国家在经济体制变革中暴露的产权制度模糊、社会保障断层等问题，则警示着制度衔接对群体韧性的关键作用。

中国的特殊性与复杂性在于，其既需应对工业化后期产业升级的全球竞争压力，又面临城乡二元结构、区域发展不均衡等转型期特有矛盾。因此，系统梳理三类国家经验教训的内在逻辑，提炼出适配中国国情的理论框架与实践路径，具有重要现实意义。

第一节　发达国家的发展与启示

中产阶层[①]这词可以追溯到古希腊时期。在古希腊，社会中的中间阶层是由享有政治权利的自由民组成的，奴隶主在社会中占据上等阶层，而奴隶沦落到社会的最下等阶层。在近现代发展进程中，中产阶层最初出现在较发展的西方国家，主要从事管理、技术等职业。随着经济的持续快速发展，其经济地位随之上升，在社会生活中掌握的主动权也日益增多，在社会阶层结构中成为占大多数的主流阶层。发达国家中产阶层形成、发展过程，对我国如何扩大中产阶层有特别的借鉴意义和参考价值。

一、美国中产阶层的形成与发展

（一）美国中产阶层形成与历程回顾

从起源来看，美国早期的中产阶层是由农民发展起来的。在中产阶层国家中，美国社会中的中产阶层最有象征性，也是发展最为成熟的国家。这对于扩大我国农村农民中产阶层最有重要的借鉴意义。

美国中产阶层的发展历史可以分为以下几个阶段：

1. 19 世纪早期至中期：老中产阶层的形成

美国中产阶层社会是在农业社会的基础上逐步产生的。新的人民来到美洲大陆，由此开启了美国中产阶层的发展历程。17 世纪，北美移民来到美洲大陆后，美国中产阶层开始萌芽。至 18 世纪，美国的农业社会阶层结构发生了重大转变，中产阶层已然成为主导阶层。19 世纪早期，美国的中产阶层主要由小企业家组成，包括农民、店主、自营职业者等。这个阶层的标志是其独立性，基础是企业家对其事业的所有权。当时，老中产阶层曾占总人口的 80%。

---

① 在国际视角下，使用“中产阶层”的概念。

他们主要从事：经商、资本投机、交通、建筑类行业。他们的人生理想和奋斗目标就代表了美国早期中产阶层。在社会阶层结构中，处于上下两端的是社会上的大量的手工业者和小商人。到 19 世纪中后期，美国已经是世界上的农业大国、工业大国，并逐渐发展成为一个稳定的祥和的城市工业化社会。城市工业化社会的形成，预示着美国大多数社会成员将领取企业工薪，大规模生产和高消费是这个社会的主要标志。新一代中产阶层由此诞生并扩大。

2. 19 世纪晚期至 20 世纪初：新中产阶层的崛起

19 世纪末至 20 世纪初，随着工业化和城市化的推进，美国社会结构发生了显著变化。大量农业人口进入城市，扩大了城市的工人队伍。工业化带来了大量的工作机会，企业的管理变得复杂而专业化，管理成为一门专门的学问，从而产生了经理阶层。企业对专业技术人员和办公室职员的需求增加，形成了庞大的白领阶层。这些白领对自己的劳动具有一定的自主权，他们参与对资本的控制和监督，并监督他人的劳动，逐渐成为中产阶层的主体。中产阶层在这一时期积极参与社会变革，推动了进步运动，抑制和消除了当时很多不合理、不公正的现象。中产阶层是 20 世纪初美国进步派的主体，是当时改革的主要倡导者和推动者。

3. 20 世纪 50 年代至 70 年代：中产阶层的鼎盛时期

20 世纪 50 年代至 70 年代，美国经济经历了战后的繁荣时期，中产阶层的发展达到了鼎盛。这一时期，中产阶层在人口中的比例从 38.5% 上升到 45%。白领雇员人数逐渐超过蓝领工人，成为社会的主体。这一变化被认为是美国社会稳定和繁荣的标志。

4. 20 世纪 70 年代至今：中产阶层的分化与困境

自 20 世纪 70 年代以来，美国中产阶层的收入增长开始逐渐放缓，尤其与生产力提升形成了鲜明对比。根据美国劳工统计局的数据，1990—2023 年，美国的劳动力生产率均值增长 90% 以上，但实际工资均值增长幅度不足 40%。1989—2022 年，美国财富分布前 10% 的家庭持有的总财富增长了 306%，而分布后 50% 的家庭财富增长了 285%。到 2022 年，这些类别的家庭总财富分别达到了119.6万亿美元、66.5万亿美元和12.8万亿美元。这种财富分配的两极化使得中产阶层在经济增长中越来越难以实现资产增值。1971年，中产阶层占全美人口总数的61%，但到2021年，这一比例已下降到50%以下。同时，中上层阶层的队伍不仅不见缩小，反而稳步扩大。这种社会阶层的结构性变化对美国的政治和经济政策制定提出了新的挑战。

（二）美国中产阶层发展现状及问题分析

美国中产阶层通常被定义为年收入在5万—20万美元的家庭。根据美国政府的统计数据，中产阶层家庭的平均收入为6万—10万美元。根据皮尤研究中心的分析，1971年，61%的美国成年人被认为属于中产阶层，到2021年，这一数字已下降到50%。目前，认为自己属于中产阶层的美国人已少于大衰退之前。

尽管美国经济在过去几十年中表现出一定的韧性，但中产阶层的收入增长远低于生产力的提升。这种分配不均的趋势使中产阶层与上层阶级的差距越发显著。除此之外，美国居民还面临财富分配不均和财富缩水问题。根据美国国会财政预算办公室（CBO）的报告，1989—2022年，美国财富分布前10%的家庭持有的总财富增长了306%，而分布后50%的家庭财富增长了285%。到2022年，这些类别的家庭总财富分别达到了119.6万亿美元、66.5万亿美元和12.8万亿美元。这种财富分配的两极化使中产阶层在经济增长中越来越难以实现资产增值。尽管中产阶层的财富在2022年达到了39.33万美元的水平，但这一数字在2022年中期下降了7%，相当于减少了约2.7万美元。这种下降是自2008年全球金融危机以来最大的降幅。另外，居民的生活成本攀升，如住房、医疗和教育等基本生活成本迅速攀升，结构性分化与通胀冲击进一步加剧了中产阶层的经济压力。

为了支持中产阶层的发展，美国也出台了一系列政策。拜登政府采取了一系列措施，包括美国救援计划，为中产阶层家庭提供直接财政支持，如儿童税收抵免、紧急租房援助和房主住房援助。这些措施帮助中产阶层家庭应对经济压力。拜登政府提出向最富有的人和家庭加税，以增加联邦政府的收入，用于社会福利和基础设施建设。这些措施旨在缩小中产阶层与上层阶级之间的差距。特朗普政府也采取了一些减税政策，加大对社会福利的投入，但减税政策并未实质性惠及中产阶层，而削减社会福利以及抬高关税将直接影响中产阶层的日常生活支出和长期抗风险能力。

美国中产阶层的规模萎缩与结构脆弱化，反映了全球化、技术变革与政策失衡的深层矛盾。其经验警示，单纯依赖经济增长无法维系中产稳定，需通过税制改革（如累进资产税）、公共服务均等化（如教育平权）和社会保障强化（如职业转型基金），重建阶层流动通道。对于中国而言，需在扩大中等收入群体时，避免“统计幻象”，筑牢防返贫制度堤坝。

（三）美国中产阶层发展特点

美国中产阶层早期以农民和个体私营业主为主，而现在以白领阶层为主，这样的发展过程，和我国相应阶层的发展过程特别相近，因此，找到美国中产阶层发展过程中的利弊对改善我国中等收入者阶层的发展具有指导意义。

特点一：社会高速发展，经济结构完善，低收入者流向中高收入者的渠道畅通。战后，美国成为世界经济中心和政治中心，美国经济随之繁荣昌盛。社会高速发展，产业部门种类多样、齐全，行业之间几乎没有差别，经济的组成和构造结构合理，国家经济实力稳居世界之首。在这种大环境下，美国稳扎稳打，一步一步前进，成功转型成工业国家，并且又很快地跨向了信息化国家。20 世纪 90 年代以后，美国发展最为迅速的是信息服务产业部门，促使国内生产总值的贡献率往前跨了一大步，达到了 60% 以上。伴随着社会经济的高速发展，社会福利覆盖范围越来越广，大部分社会成员从社会的高速发展中受益，收入不断增加，工资水平不断提高，社会成员生活水平显著提升，社会的成功转型使美国中产阶层数量迅速扩大。中产阶层俨然成为美国社会的名片。美国中产阶层之所以发展如此迅速地关键是，美国社会各阶层成员的上升渠道是顺畅的。中产阶层从早期的农民和个体私营业者发展而来，到从事各类劳动的工人努力拼搏成为白领阶层，让其在美国社会成为中产阶层符号，在这个复杂的发展过程中，流动渠道要是不畅通是行不通的，社会大发展更是不可能实现。然而，自由是中产阶层形成的至关要素。对我国而言，长期把农村剩余劳动力人为地束缚在农村，只因户籍制度和劳动就业制度，使农村劳动者劳动力浪费了，更是阻止了他们收入水平的提升，进而对中等阶层的形成和发展壮大不利。并且，与我国相比，美国社会生产部门各行各业种类齐全，社会经济结构比例和排列较为合理，能够吸收社会上多数剩余的劳动力，而我国长期以来的发展指导理念是以城市作为优先发展对象，而且注重工业的发展。对工业的重视程度，超过了对农业和三产服务业的重视程度，导致了目前农业、农村、服务业滞后和农民问题丛生的局面，今后要想扩大农村中产阶层必须深思这一点。

特点二：回想美国中产阶层的发展历程，美国早期中产阶层最初来源于农业社会，而又反过来作用于城乡生活，美国传统的社会生产方式为了适应社会的发展而改变，社会关系也随之改变，使当时美国得到了空前的发展，让从事着农业生产的劳动者有事可做，有力可出，让劳动生产者的比例一度达到70%，农场主顺势成为中产阶层的主角。20 世纪，美国社会从农业社会脱胎出来，向工业社会转变，丢失了个人资产的大量小私营企业主转变为依靠自己的知识和技术收取工资的白领阶层。这部分人成为美国新一代的中产阶层。20 世纪 90 年代以后，美国社会从工业社会向以信息服务的社会转变，又让社会上涌现了一大批高学历白领人员、科技管理人员和部分享受高福利待遇的蓝领阶层，他们构成了现期美国中产阶层的主体。我们很容易发现，每一次社会的成功转型都能催生出美国中产阶层，因为他们适应了社会发展的要求，因而能够在一次次转型中产生新的中产阶层，使中产阶层发展、壮大。

特点三：收入分配合理和税收体制完善，能够有效“调高、扩中、提低”个人收入水平。在美国，社会收入分配机制灵活、分工合理。税收征管体制比较完善，税目种类齐全且高度精细化。第一次分配是企业通过生产经营获得利润收入，按劳分配。再次分配是国家通过财政和税收杠杆调控社会成员收入。还有政府积极鼓励发展慈善事业来弥补财政和税收手段对财产再分配的不足。

经由捐赠减税等措施的调配，合理地分配了社会财富，让财富在社会成员和组织之间体现公平和公正，有效缩小了顶层阶级和底层阶级的数量，扩充了中产阶层的人数。

特点四：每一次社会转型，高度发达的公共教育为社会储备足了人力资源，为中产阶层形成提供了重要保障。从新中国成立之初，美国政府就高度重视发展公共教育。为了公共教育的发展，政府专门规划出教育用地，大肆兴办学校。社会各阶层普遍热衷于此，因办学理念奉行普及民主、普及自由理念，使教育在社会各阶层中高度普及化，使美国成为最具有想象力、创造力的国家。处于社会最下层的成员接受较好的教育，因此而便捷，不仅可以改变自身的命运，实现自己的目标，从而能够去获得较高的职位，还方便了社会成员之间的沟通，进而维护了较好的社会关系。高度发达的公共教育为社会的每一次转型准备好了大量的人力资本，为中产阶层的发展提供源源不断的动力。

二、英国中产阶层的形成与发展

（一）英国中产阶层的形成与历程回顾

1. 14 世纪至 18 世纪：中产阶层的萌芽

14 世纪至 18 世纪，英国社会从等级森严的金字塔结构逐渐演变为更为复杂的社会结构。这一时期，中产阶层开始在贵族与下层平民间的夹缝中形成，主要由商人、手工业者和专业人士组成。这些人在经济活动中逐渐积累财富，开始追求更高的社会地位和政治权利。

2. 18 世纪至 19 世纪初：工业革命与中产阶层的崛起

18 世纪末期，英国发生了工业革命，这一时期标志着新兴资产阶级的出现。工业革命带来了大量的新兴产业，使商人、企业家等新兴资本家获得了巨额财富，并逐渐成为社会上的主要力量。他们通过投资和经商获得利润，从而逐步取代传统的贵族阶层成为社会上的主要经济阶级。19 世纪初，维多利亚女王登基，这一时期也被称为维多利亚时代。在这一时期，英国社会出现了明显的社会分化现象。新兴资产阶级和传统的贵族阶层之间的矛盾日益加深，而工人阶级也开始组织起来争取自身权益。此外，随着殖民地的开发和贸易的扩大，英国也出现了新兴的中产阶层。

3. 19 世纪中叶至 20 世纪初：中产阶层的成熟与壮大

19 世纪中叶，中产阶层在经济上控制了更多的财富，成为经济的“压舱石”。政治上，中产阶层掀起了以议会改革为目的的大规模激进运动，并取得了 1832 年议会改革的成功。这标志着中产阶层在政治上的崛起。中产阶层通过共同的价值观和行为方式塑造文化认同，以向其他社会阶层宣示其身份和地位。他们关注社会现实问题，参与社会立法，勇担社会责任。中产阶层的文化认同在维多利亚时期得到了进一步的发展和巩固。

4. 20 世纪初至 20 世纪中叶：中产阶层的进一步发展

20 世纪初，英国经历了重大的社会变革。第二次世界大战后，工党政府推行福利国家制度，使贫困程度有所减轻。同时，随着经济发展和教育普及，中产阶层人数不断增加。然而，在这一时期，仍然存在着明显的社会不平等现象，贵族阶层仍然占据着相当大的优势地位。

5. 20 世纪后期至今：中产阶层的多元化与复杂化

20 世纪后期，英国的阶级结构发生了巨大的变化。过去的英国曾是一个严格的阶级社会，人们被分为上层阶级、中产阶层和工人阶级。然而，现在的英国已经不再是过去那样简单粗暴的阶级划分，而是变得更加复杂多元。根据最新的调查数据显示，英国现在主要有六个社会阶层：精英阶层、传统中产阶层、新兴中产阶层、传统工人阶级、新工人阶级和最底层贫困群体。这六个社会阶层之间存在着明显的差距，但也有相互渗透和交叉的现象。经济发展带来了社会结构变革。随着全球化和信息技术的发展，英国经济已经从传统制造业转向服务业。这导致一些传统工人阶级岗位减少，同时新兴行业如金融、科技等也催生出了更多高收入职位。这些变化使原来的阶级划分变得模糊，人们的社会地位也发生了改变。教育机会的扩大也是造成阶级结构变化的重要原因。随着教育普及程度的提高，越来越多的人有机会接受高等教育，从而获得更多的知识和技能。这使一些来自工人阶级家庭的年轻人有机会通过学习和努力跃升到中产阶层。

（二）英国中产阶层发展现状及问题分析

在英国，中产阶层通常被定义为个人年收入超过2.5万英镑（约合4万美元）、有房有车且受过良好教育的人群。根据统计数据，英国中产阶层人口占总人口的60%—75%。具体来说，英国约有6100万人口，中产阶层人口在3660万—4575万。英国的中产阶层正在经历统计规模收缩，如果按实际收入中位数75%—200%计算，根据IFS数据英国中产家庭占比从2008年的67%降至2022年的55%；如果按职业标准，英国国家统计局数据显示，2021年专业/管理岗位占比43%，但其中35%面临实际工资下降；如果按资产标准，净资产172000—430000英镑群体占比从2010年的41%缩至2020年的36%。

英国的中产阶层存在空间分布失衡问题，中产阶层多集聚在东南部地区，郊区空心化严重，伦敦金融城半径50千米内集中全英32%的高收入中产，原工业地带（如约克郡）中产比例较20世纪90年代下降11个百分点，通勤带中产因房价/通勤成本挤压，10年间向核心城市回迁率达17%。

英国的中产阶层正遭受资产通胀的压迫、福利减少的风险以及技术革新的冲击等多重挑战。英国伦敦房产收入比从2000年的5.5倍飙升至2023年的12.3倍；教育呈代际固化趋势，私立学校学生占牛津/剑桥新生比例从2010年的32%升至2022年的45%；养老金缺口持续扩大，职工的职业年金覆盖率从2006年的46%降至2021年的34%。与此同时，中产家庭自费医疗支出占比从2010年的11%升至2022年的19%。随着人工智能的发展，据Nesta预测，会计师、法律助理等传统中产职业未来10年自动化风险达40%—65%；受零工经济渗透影响，平台劳动者中32%拥有大学学历，但仅15%享有全职社保。

英国国家中产阶层规模从扩张到收缩的轨迹，折射出发达国家在后工业时代的共同困境：既需维系社会主体阶层的稳定性，又面临全球化、技术革命与福利成本的三重挤压。其经验警示，中产阶层发展不能仅依赖市场自发调节，更需要制度化的资产分配机制（如房产税改革）、包容性人力资本投资（如职业教育贯通）以及风险缓冲体系（如职业转型保障）。这些探索为中国避免“中产塌陷”提供了镜鉴——在扩大中等收入群体规模的同时，更需筑牢防止阶层滑落的制度堤坝。

（三）英国中产阶层的发展特点

特点一：中产阶层发展的物质基础是高水平的社会福利保障。英国中产阶层的形成时间是很早的，可是20世纪之前英国所有城市化和工业化带来的社会财富主要分布在少数人手中，致使社会财富分配不均。受资本主义世界“凯恩斯主义”的盛行的影响，社会发展思想就此发生了转变，国家对社会保障和教育、科技投入了大量的人力、财力，让少数人自愿地从手中转移出他们的个人财富，让大多数的社会成员共利共享。这个时期英国社会发展稳定，社会成员的收入因有福利的支持而增加了很多，这就为中产阶层的发展扩大提供了物质基础。

特点二：中产阶层的制度保障是拥有完善的社会保障制度。英国的税收制度使英国收入差距不断缩小，再加上社会保障制度的不断完善，相当一部分的社会保障资金和医疗卫生保障由政府负担了，社会成员的压力大大减轻。由政府完全负责社会弱势群体，这样做减轻了社会成员的负担，从而提升了中产阶层的收入，保障了中产阶层的形成发展。

此外，政治力量的日益增强促使英国工人阶级通过罢工等形式争取并分享到部分社会财富，从而在不同程度上提升了自身的生活水平，生活质量得到改善。这导致中产阶层队伍的不断扩大，不断有新成员加入。

三、日本中产阶层的形成与发展

（一）日本中产阶层的形成与历程回顾

1. 战后经济高速增长与全民中产社会的形成

第二次世界大战后，日本很多重要城市被夷为平地，经济面临严重困境。

但在战后的第一个10年，日本经济很快恢复。这一时期，日本政府推行了一系列经济改革和重建政策，为后续的经济发展奠定了基础，不过此时的中产阶层规模较小，主要由一些企业主、专业技术人员和政府官员等组成。日本通过教育的均等化和日本式雇佣制度稳定了就业，保障了中产阶层的“中流生活”。教育的普及和城乡教育机会的均等，以及大企业稳定的雇佣制度，使中产阶层得以扩大。

2. 中产阶层的鼎盛时期

在20世纪60年代，日本政府制订了“国民收入倍增计划”，提出了从1961年开始为期10年实现国民收入翻倍，达到西欧先进国家水平的目标。由此，各行各业工薪阶层的收入普遍提升，日本收入分配差距状况得到极大改善。1961—1970年，国民人均实际收入增加了1.4倍。1980年，日本的基尼系数达到了0.349，处于第二次世界大战后的低点之一，社会贫富差距很小，民众的幸福指数很高。

另外，日本大企业实行的终身雇佣制和年功序列制，让工薪族有了稳定的收入预期。社会生产力的提高又使高档耐用品价格不断走低，人们消费能力提升，生活水平大幅上升。这一时期，日本社会形成了庞大而稳定的中产阶层，约九成民众认为自己的生活水平为“中等”，“一亿总中流”的全民中产社会逐渐形成。

3. 中产阶层的分化与困境

20世纪80年代泡沫经济时期，资产价格飙升使中产阶层名义财富增长，但已埋下隐患。20世纪90年代泡沫经济崩溃以来，曾创造了“平等神话”的日本社会逐渐发生变化，特别是在经济长期低迷以及少子化、老龄化日趋严峻的背景下，非正规雇佣、收入差距拉大、阶层固化等问题日益突出，中产阶层分化并向下流动的趋势显示出日本正在从“一亿总中流”社会走向“差距社会”。日本的非正规雇佣比例从1992年的992万人激增至2017年的1739万人，导致收入稳定性下降。尽管1996年家庭年收入中位数仍维持在550万日元，但实际购买力已因经济停滞而缩水。2005年，社会评论家三浦展指出，日本正在由均质的“中流社会”逐渐转变为分化日益严重的“下流社会”，每一年龄段的人生活水平都在往下滑，从“中上”向“中中”，然后从“中中”向“中下”阶层下沉的人日益增加，拼命努力也回不到中流生活的群体在扩大。

2022年，日本厚生劳动省公布，日本的相对贫困率约为15%，也就是每6人中就有1人处于贫困状态，单亲的母子家庭比例尤其高。按现在的标准，中产阶层家庭的平均年收入应达到550万日元（约27.5万元人民币），并拥有自己的住房。然而到了2022年，日本的相对贫困率为15%，“相对贫困”的标准是收入在130万日元以下（约6.5万元人民币）。

（二）日本中产阶层发展现状及问题分析

日本中产阶层规模自20世纪90年代起持续缩小，这一趋势在2024年仍未逆转。根据日本劳动政策研究研修机构的数据，中产阶层（家庭年收入约440万日元，拥有稳定职业、住房等）占比从1985年的63.9%降至2018年的58.1%，而高收入阶层占比从7.4%升至10.3%。2024年，尽管日本实际GDP微增0.1%，但个人消费下降0.1%，实际工资增长乏力，进一步抑制了中产阶层的扩张。此外，非正规就业比例持续上升（2023年占38%），导致收入稳定性下降，加剧了中产阶层的脆弱性。

日本正面临着收入分配不均的挑战，日本富裕阶层（净资产1亿—5亿日元）和超级富豪（净资产超5亿日元）的资产总额在2023年达到469万亿日元，较2011年增长1倍以上，而占家庭总数80%的普通家庭资产仅实现了42.2%的增长。这种分化主要源于股市收益与资产增值，如东证指数在2011—2023年上涨2倍，但普通家庭因缺乏投资能力未能受益。政府政策如“安倍经济学”虽刺激了资本市场，但加剧了贫富差距。2014—2019年，日本最富10%家庭财富增长，而普通家庭财富下降3.5%。

同时，日本老龄化与代际矛盾严重，日本老年群体（60岁以上）持有全国70%的金融资产，年轻人则面临收入停滞与高负债。2023年，60—69岁的居民人均储蓄1340万日元，而年轻人因非正规就业比例高（40%），难以积累资产。这种代际资源分配不均导致年轻人向上流动困难，中产阶层“后继无人”。2022年日本新生儿跌破80万人，总和生育率长期低于1.6。社会学家山田昌弘指出，年轻人因担忧“中产生活无法延续”而推迟婚育，形成“经济预期悲观—少子化—消费萎缩”的恶性循环。2022年调查显示，56%的日本人自认为处于“中产以下”生活水平，仅38%认为达到理想中产标准。

岸田政府提出通过涨薪（2023年最低工资提至每小时1002日元）、育儿补贴等措施重建“厚实中产”，但政策缺乏细节，未能解决“先增长还是先分配”的核心矛盾。尽管2023年大型企业员工工资上涨4%，创30年最高涨幅，但通胀（2022年达40年峰值）抵消了实际收入增长。部分学者主张通过日元贬值吸引制造业回流以提振经济，但面临全球化竞争与自动化替代的制约。

日本中产阶层从“一亿总中流”到“格差社会”的演变，其困境揭示了后工业社会中产阶层的普遍危机：经济增长成果未能普惠，代际流动停滞，制度红利消退。其经验表明，中产阶层的稳定不仅依赖经济增长，更需要公平的分配机制、包容性就业政策与社会安全网建设。对于中国而言，如何在高质量发展中避免“中产塌陷”，需从日本教训中吸取制度设计的智慧，尤其在应对技术革命、全球化冲击与代际公平问题上未雨绸缪。

（三）日本中产阶层发展特点

反观日本中产阶层的诞生和发展历程，最明显的特征就是中产阶层的产生是在经济的高速发展和城市化进程中直接孕育的，而政府提供的社会保障政策尤其是廉租房等也帮助大量的普通百姓顺利进入中产阶层行列。

在教育方面，日本在战后大力投资教育，普及了初中、高中乃至大学教育，提高了国民的整体教育水平。教育的普及化和水平的提高为中产阶层的扩大提供了人才基础，同时也增强了国民的中产阶层意识。

在社会保障方面，医疗保险和养老金待遇门槛较低，普通居民都可以享受到，加上人们生活成本低廉，这些待遇就能够满足普通家庭基本日常生活所需。

在处理阶级关系上，日本让中产阶层作为社会的主角，更没有“杀富济贫”的举措，少数富裕阶层，要想维持自己的社会地位必须通过不断努力才行。在日本，富裕群体需要接受严格的社会舆论监督。如果他们企图通过财富图谋不轨，很有可能被社会抛弃。这种监督机制有助于保持社会的公平和正义。因此，社会各层阶级基本实现了稳定和谐共处。

在税收制度方面，日本的税收制度对中产阶层较为友好，中产阶层的税收负担相对较轻，而更多的社会义务由富裕阶层承担。这种税收制度有助于维持中产阶层的稳定和扩大，形成了以中产阶层为主的“橄榄”型社会结构。

四、发达国家发展中产阶层的启示

从发达国家中产阶层的壮大历程中，我们可以汲取以下宝贵启示。

启示一：发达国家尤其重视城乡协调发展，中产阶层在城市化、工业化进程中得以扩大。

在工业化初期，美国农业劳动者占社会总劳动力的63%左右。然而，随着工业化的推进，这一比例发生了显著变化。1860—1900年，农业人口从总人口的80%下降到60%，而城市人口所占的比重从20%上升到40%。这一转变意味着大量农业劳动力转移到了工业部门。19世纪末，美国完成了近代工业化，并赶上了世界上最先进的工业国家。工业的迅猛发展和这时期欧洲各资本主义国家工业化的发展，增加了对美国农产品的需求，同时也吸收了农业中排斥出的大批过剩的劳动力。随着农业机械化程度和农业劳动生产率的大幅提高，农业生产效率迅速提高。这导致从农业中游离出来的劳动力源源不断地转移到工业生产中，缓和了工业劳动力紧缺与工业飞速发展的矛盾。随着工业化的实现，曾经无事可做的或强而有力的劳动者又有了新生活的希望，这些人被飞速发展的工业接收了，让他们有岗可上。他们的收入水平较之前提升了很多，生活质量也跟着提高了。这一时期，美国国民生产总值平均每年增长，人口平均值也有所增加，表明了整体经济状况得以改善，社会阶层中比例越来越大的是中产阶层，最终形成了以中产阶层为主流的“橄榄”型社会。美国工业化时期，农业劳动者向工业劳动力的转移，不仅促进了经济的快速增长，也提高了劳动者的收入水平和生活质量。

日本在20世纪50年代中期以后，随着工业化的加速发展，大量闲散的农村劳动力开始流向服务业、工业、商业等非农业经济部门，以及人口密集的城市。这一转移不仅缓解了农村的贫困问题，也为工业发展提供了必要的人力资源。日本的城市化率在战后迅速上升，从1945年的27.8%上升到1970年的73.5%，这一变化反映了农村人口大规模流入城市的趋势。在这一时期，新中产阶层崭露头角，取代了旧中产阶层的代表——独立小业主和地主群体，成为社会的中坚力量。日本的新中产阶层主要由在企业或政府机关等大型机构任职的白领、专业人员等构成，他们通常拥有稳定的收入和优秀的教育背景，日本在战后较好地处理了各阶层之间的利益协调，避免了“两极分化”，造就了大量中间阶层，实现了稳定的“橄榄”型社会阶层结构。

启示二：在调节社会财富分配中收入再分配机制具有局限性，运用在扩大中等收入者阶层方面要掌握好适度原则。

英国的经验表明，通过再分配机制转移社会财富、落实“高福利”社会保障的政策存在局限性。这种政策增大了政府财政负担，导致财政超出了其承担能力，进一步制约了社会经济发展水平。高福利政策助长了部分社会成员的惰性，使他们更加依赖社会，更加懒散，通过个人奋斗来改善生活水平的斗志很寡淡，资本外流现象非常严重。这提示我们在扩大中等收入者阶层时，需要平衡福利政策与激励机制，避免削弱社会成员的竞争和奋斗动力。因此，在扩大中等收入者阶层方面，需要掌握适度原则，避免过度依赖再分配机制。与英国相比，美国在掌握适度原则方面做得更好。美国政府推行社会保障的目的是满足社会成员的基本生存需要，没有片面追求高福利，因而正常的市场竞争没有被影响到，社会成员的竞争和奋斗动力更没有被削弱。这为我们提供了一个在扩大中等收入者阶层时，如何平衡社会保障与激励机制的参考。

启示三：公共教育水平的高低对于扩大中等收入者阶层起着至关重要的作用。

人力资本的优势是美国生产力旺盛的重要保证。美国发达的公共教育为优秀的人力资本提供了肥沃的土壤。通过广泛而高质量教育体系，美国培养了大量具备专业知识和技能的人才，这些人才在各个领域发挥着重要作用，为国家的经济发展和社会进步作出了巨大贡献。同时，美国的教育体系注重培养学生的创新能力和实践能力，使毕业生能够更好地适应社会的需求，提高自身的竞争力。

英国重视传统的科技教育，拥有深厚的教育和科技底蕴，孕育了大批中产阶层。英国的教育体系注重培养学生的科学素养和创新精神，为科技进步和经济发展提供了强大的动力。同时，英国的职业教育也非常发达，为学生提供了多样化的职业选择，使他们能够更好地实现自身的价值。

启示四：收入分配制度合理改革，调节过高和过低收入，扩大中等收入。

合理的收入分配制度对于扩大中等收入群体至关重要。在初次分配环节，需要进行规范，确保分配过程公平公正、合理有序。初次分配应依据各生产要素的贡献进行分配，但同时要防止不合理的差距过大。例如，在劳动力市场中，要保障劳动者的合法权益，确保工资水平能够合理反映劳动者的贡献。二次分配要强化，并且更加注重公平。二次分配主要通过税收、社会保障等手段来调节收入分配。一方面，完善税收制度，对过高收入进行合理调节，如提高高收入群体的所得税税率、加强对财产性收入的税收征管等。另一方面，加大社会保障投入，提高社会保障水平，为低收入群体提供基本的生活保障。正确处理效率和公平的关系，在追求经济效率的同时，不能忽视社会公平，要通过合理的收入分配制度，实现效率与公平的有机统一。

在调节社会收入方面，可以借鉴美国慈善事业对财产分配的积极作用。出台适应中国发展的相应政策，支持和鼓励富裕阶层从事民间慈善事业。通过税收优惠等政策措施，引导富裕人群将部分财富用于慈善事业，帮助农村弱势群体和低收入群体。加大扶持农村弱势群体和低收入群体的力度，加快把社会财富向低收入群体转移的步伐。可以通过加大财政对农村地区的投入，改善农村基础设施和公共服务，提高农民的收入水平。加强对低收入群体的职业技能培训，提高他们的就业能力，增加他们的收入来源。

第二节　发展中国家的发展与启示

一、南非中产阶层的形成与发展

（一）南非中产阶层的形成与历程回顾

1. 种族隔离时期：中产阶层的萌芽

在种族隔离时期，南非的社会结构高度种族化，黑人被排除在经济和社会的主流之外。白人占据了大部分的经济资源和政治权力，而黑人则主要生活在贫困线以下。尽管种族隔离政策严重限制了黑人经济地位的提升，但一些黑人通过教育和技能提升逐渐进入中产阶层。这些黑人主要集中在城市地区，从事教育、医疗和政府工作。然而，这一时期黑人中产阶层的比例非常低，主要集中在少数城市和特定行业。

2. 1994 年民主化：中产阶层的崛起

1994 年，南非结束了种族隔离制度，开始实施一系列促进黑人经济发展的政策，如《黑人经济振兴法》（Black Economic Empowerment，BEE）。这些政策旨在通过股权转移、就业平等和技能培训等措施，提高黑人在经济中的参与度和地位。新南非政府将提高全民教育，尤其是黑人教育，作为基本政策。年度教育经费保持在财政预算的 20% 左右，使义务教育、专业技术教育和高等教育得到空前发展。受益于此，仅 2004 年以来拥有大学学历的黑人就激增了 125 万人。除此之外，南非政府还积极推动平等就业，40% 的黑人技术工人都在政府部门工作，白人仅为 13% 。这些政策使黑人中产阶层迅速崛起，成为社会的重要组成部分。

3. 21 世纪初：中产阶层的进一步发展

到 2004 年，黑人中产阶层人数从 170 万人上升到 2013 年的 400 多万人，年收入在 5 万兰特左右。这些黑人中产阶层的购买力水平超过 300 万白人中产阶层。黑人经济赋权政策要求过去由白人垄断的矿业、制造业、金融业、服务业等行业，在规定期限内增加黑人控股的比例。这使一批黑人迅速致富，成为新的富裕阶层。尽管黑人中产阶层人数增加，但社会不平等问题依然严重。白人资本外逃和商业环境的恶化使黑人中产阶层的发展面临挑战。

4. 21 世纪初至今：中产阶层的分化与挑战

21 世纪初以来，南非经济面临诸多挑战，包括高失业率、通货膨胀和经济增长缓慢，这些因素对中产阶层的生活质量产生了负面影响，部分群体甚至面临返贫风险。尽管黑人中产阶层人数增加，但社会不平等问题依然严重。1996—2006 年，黑人群体基尼系数从 0. 53 升至 0. 64，白人则从 0. 45 降至 0. 44，反映中产内部和种族间的贫富差距扩大。2016 年数据显示，约 0. 9% 的白人陷入贫困（约 4. 2 万人），而 63. 2% 的黑人仍处于贫困线以下，显示“另类平等”现象。另外，白人资本外逃和商业环境的恶化使得黑人中产阶层的发展面临挑战。

南非中产阶层的发展是一部从制度性排斥到政策驱动的逆袭史，其崛起得益于民主化改革、教育平权与经济开放。然而，种族分化、收入不平等与公共服务滞后仍是长期挑战。未来，南非需在扩大中产规模的同时，通过结构性改革筑牢阶层韧性，避免陷入“增长性分化”陷阱。

（二）南非中产阶层发展现状及问题分析

根据开普敦大学自由战略营销研究所的数据，一个南非家庭需要赚取大约 22000 兰特（约合 1 万元人民币）才能被视为南非的中产阶层。中产阶层的标志包括拥有稳定的工作、较高的收入、良好的教育背景和一定的消费能力。根据南非统计局 2022 年第四季度的数据，南非的平均工资为每月 26032 兰特（约合 10444 元人民币），比上一季度的 24813 兰特上涨 4. 5%，比 2021 年第四季度的 23828 兰特上涨 9. 2%。按照家庭月收入 22000 兰特及以上标准计算，南非黑人中产阶层 340 万人，占南非非洲黑人人口的 7%，每年消费能力达

4000 亿兰特，其购买力高达 54%。在经济增长缓慢的情况下，高收入纳税人数从 2017 年的 102 万人增加到 2019 年的 128 万人。

南非中产阶层面临显著经济压力，受通货膨胀（2024 年通胀率降至 4.5% 但仍高于疫情前水平）和兰特疲软影响，生活成本持续攀升。87% 的中产家庭表示商品价格上涨是最大负担，家庭储蓄率仅占国民生产总值的 0.13%，为全球最低水平之一。医疗、教育等核心开支被迫缩减，42% 的家庭减少外出用餐以节约开支，22% 的消费者更注重性价比而非品牌。

2012 年黑人中产人数已超过白人（黑人中产阶层人数是 420 万人，而白人中产阶层是 300 万人），但 2024 年其经济地位仍脆弱。非正规就业比例从 2004 年的 20% 升至 38%，黑人中产收入仅为正式员工的 60%—70%，且住房价格指数在黑人社区年增 8.4%，远超白人区域。代际流动受阻，60 岁以上群体持有全国 70% 的金融资产，而年轻人因收入停滞和负债难以积累财富。

尽管 2024 年第四季度南非经济环比增长 0.6%，失业率微降至 31.9%（较前三个月下降 0.2 个百分点），但青年失业率仍高达 59.6%（15—24 岁），且种族间分化显著：黑人失业率 35.8%，白人仅 6.7%。中产阶层内部收入差距扩大，金融和制造业新增就业岗位集中于高技能领域（如金融业新增 23.2 万个岗位），而传统中产职业（如农业）流失 1.1 万个岗位，加剧阶层极化。

南非政府出台了一系列促进经济增长和投资的政策，还通过结构性改革（如能源和物流领域）试图提振经济，但公共债务占 GDP 比例超过 75%，财政赤字达 4.7%，限制了政策空间。国际货币基金组织（IMF）指出，政府需削减低效支出并加强税收管理以维持债务可持续性，但在 2024 年南非的改革进展缓慢，仅部分领域（如电网稳定）取得成效。

南非中产阶层在通胀高企、就业极化与政策滞后的多重压力下，呈现规模萎缩与内部分化的双重困境。尽管结构性改革为长期复苏提供可能，但短期内阶层脆弱性难以缓解。未来需通过财政整顿、教育公平及公共服务升级，重建中产经济基础，否则“增长性分化”可能威胁社会稳定。

（三）南非中产阶层发展特点

南非黑人中产阶层的崛起对这个国家经济的可持续发展起着举足轻重的作用。新兴的黑人中产阶层普遍受过良好的教育，拥有专业特长，他们在政治、经济、科技、文化、新兴产业等领域中崭露头角，成为精英群体。他们的出现不仅为南非的经济发展注入了新的活力，也为社会的进步和稳定带来了积极影响。他们以自己的智慧和才能，推动着各个领域的创新和发展，为南非的未来带来了更多的希望。

南非中产阶层又分为“老中产阶层”和“新中产阶层”。老中产阶层包括从事传统制造业的小企业主，而受过高等教育从事技术和管理工作的国家行政人员、经理、医生和教师等组成了南非新中产阶层。和西方国家中产阶层相比，南非中产阶层的标准相对较低，但是却比国内处于社会底层的群体标准高，同时衡量中产阶层的标准是不断发展变化的，20 世纪 70 年代末，南非中产阶层的标准是房子、汽车以及高水平的物质生活；20 世纪 80 年代末 90 年代初，南非中产阶层的经济实力有了大幅提升，比如拥有自己的公司、豪宅、高级轿车。

南非中产阶层包括实现阶层跃迁的黑人、外来移民以及部分白人。黑人中产阶层的崛起与南非政府的政策支持密切相关，特别是在教育和就业方面。

在社会政策方面，政府在教育、医疗和社会福利方面的投入不断增加，以支持中产阶层的发展。例如，南非政府在教育领域的投入不断增加，年度教育经费保持在财政预算的 20% 左右，使义务教育、专业技术教育和高等教育得到空前发展，为中产阶层提供了更好的教育机会，有助于提升其技能和就业竞争力。另外，中产阶层尤为重视子女教育问题，这一现象显著推动了南非私立学校和高等教育的迅猛发展。例如，众多中产阶层家庭倾向于让子女就读私立学校，每月学费大约为 4000 元人民币。

在生活方式上，南非中产阶层的生活方式逐渐向国际化和现代化靠拢，特别是在消费习惯和生活方式上。例如，中产阶层对高品质商品和服务的需求增加，推动了南非的消费市场发展。目前，黑人已广泛涉足南非最具投资机会和发展前景的多个产业，包括信息通信、金融、房地产、矿业、汽车工业、交通运输、制造业、旅游业、生化工业、食品饮料等行业。有南非学者指出，南非经济始终能保持约5%的年增长率，这在很大程度上得益于黑人中产阶层的消费驱动。从近年来房地产、汽车、有线电视、手机、家用电器、服装、饮料的销售量可以看出，黑人中产阶层的消费能力在不断提升。据预测，在不久的将来，黑人中产阶层势力将持续扩张。

二、印度中产阶层的形成与发展

（一）印度中产阶层的形成与历程回顾

1. 殖民时期（19 世纪至 1947 年）：中产阶层的萌芽

在印度，中产阶层的发展深受英国殖民统治的影响，英国殖民者引入现代行政、教育体系与资本主义经济模式，催生了以律师、医生、教师等职业为主的早期中产阶层。这一群体多为本土精英，服务于殖民政府或参与民族运动，成为印度社会现代化的重要推动力。例如，印度国大党的早期领袖多来自这一阶层，他们在民族独立运动中发挥了关键作用。殖民时期的工业化（如纺织业）和铁路建设促进了城市中产的形成，但种姓制度与殖民剥削限制了阶层的广泛流动，中产规模较小且集中于少数城市。

2. 独立后至经济改革前（1947—1991 年）：缓慢发展与政策推动

印度独立后实施混合经济模式，政府投资高等教育和公共部门，培养了公务员、工程师等职业中产。20 世纪六七十年代，中产阶层逐渐扩大，但受限于低经济增长和官僚体制，规模增长缓慢。种姓制度与城乡差距导致印度的社会流动性受限，成为中产阶层发展主要障碍。尽管法律废除种姓歧视，但实际职业选择和教育资源分配仍受传统阶层影响，中产阶层以高种姓和城市人口为主。

3. 经济自由化时期（1991 年至今）：快速扩张与消费驱动

1991 年，拉奥政府推行市场化改革，开放外资、发展信息技术（IT）和服务业，催生了新兴中产阶层。IT 工程师、跨国公司职员等职业群体迅速崛起，例如，班加罗尔和海得拉巴成为全球 IT 外包中心，吸纳大量中产就业，中产规模从 20 世纪 90 年代初的约 1 亿人增至 2024 年的 6 亿人（按印度标准）。中产家庭消费能力显著提升，智能手机普及率从 2004 年的 64% 升至 2012 年的 95%，住房、汽车和奢侈品需求激增。城市中产的生活方式逐渐接近西方国家，形成“新印度”形象。

印度中产阶层的发展史是一部从殖民依附到自主扩张的转型史，其规模扩张得益于经济自由化与全球化红利，但内部脆弱性、社会流动性障碍及政策局限性仍是长期挑战。

（二）印度中产阶层发展现状及问题分析

如按照家庭收入在 50 万—300 万卢比计算，在 2021 年印度的中产家庭数量为 9100 万户，占所有家庭的 30%。相较收入标准，诸多学者更倾向于用人均消费来界定印度中产阶层。班纳吉（Abhijit V. Banerjee）和迪弗洛（Esther Duflo）等将个人日均支出在 2—10 美元作为定义中产的标准，按照该标准，印度中产阶层群体占比从 30% 上涨至超过 50%，体量从 3 亿人涨至 6 亿人。根据世界数据实验室的定义，2024 年印度将新增 3300 万的中产阶层，成为全球中产阶层增加人数最多的国家之一。

尽管中产阶层的规模在扩大，但印度仍面临消费不足的问题。2024 年，印度的消费疲软趋势日趋明显，中产阶层家庭感到消费压力增大。印度经济略显疲软，政府需要在刺激消费和减少财政赤字之间找到平衡。2024 年的财政赤字预计从 2023 年的 4.8% 消减到 4.4%。

印度正在经历内部分化的挑战，印度的贫富差距依然严重，前 10% 的人群在财富总量中的占比越来越高，收入差距逐步扩大，约 2/3 印度中产家庭年收入低于 8 万卢比（约合人民币 7000 元）。这种不平等影响了中产阶层的生活水平和消费能力。印度的教育、医疗支出占家庭预算的 65%，储蓄率极低。非正规就业膨胀，2024 年非正规就业占比达 38%，收入仅为正规员工的

60%—70%，削弱了中产稳定性。印度教育机会不均（如精英大学录取率仅0.1%—0.3%）和种姓残余影响仍限制底层向上流动，代际财富积累差距显著。

印度中产阶层面临政策依赖与财政压力，政府通过减税和补贴缓解中产压力，但高失业率（青年失业率59.6%）和通胀（食品价格年涨42%）仍威胁阶层韧性。新晋中产阶层的抗风险能力较弱，损失厌恶情绪显著。这些新晋中产阶层对政党选举动员及福利主义产品更为敏感，但当前的福利扩张路径不仅不可持续，还可能长期损害印度的社会稳定和经济繁荣。

为了支持中产阶层的发展，在2025—2026财年，印度政府预算提议提高所得税起征点，从年收入70万卢比提升至120万卢比，以减轻中产阶层的税收负担。在公共服务和基础设施方面，政府增加对医疗、教育和住房等公共服务的投资，以减轻中产阶层家庭的财务负担。同时，集中发展城市基础设施，创造就业机会，提高生活质量。在就业和技能发展方面，政府通过技能发展计划，确保中产阶层能够适应不断变化的经济条件，为中产阶层创造定向就业机会。

印度中产阶层的发展规模和消费能力不断提升，但消费不足、经济增长疲软、中产阶层内部脆弱、社会流动性障碍及政策局限性仍是长期挑战。

（三）印度中产阶层发展特点

印度作为南亚经济发展最快的发展中国家，其中产阶层的发展确实与中国经济发展历程有许多相似之处，特别是在20世纪90年代以后的政策转变和经济改革中，印度政府实施了一系列经济改革措施，包括放松管制、减少政府干预、启动公营企业私有化进程、放宽对外贸易和投资限制以及金融体制改革。这些改革促进了印度经济的快速增长，对外贸易实现强劲增长，吸引大量外资，国际收支状况明显好转，产业结构和出口结构也发生积极变化。

经济改革，促进国家经济全球化。在近现代，印度同中国一样，遭受了西方列强残酷的、毫无人性的掠夺，经济一落千丈。战后，印度实行了缩衣节食的经济政策，致使经济停滞不前。1991 年开始，印度政府觉醒了，开展了经济上的改革。例如：工业领域开放，民间资本进入被认可；市场环境开创竞争平等；制造合适的社会环境督促企业的发展；对外实行开放政策，积极引入外资；调整国内经济机制，加快国家经济全球化的步伐。通过经济改革，印度经济的发展实现了质的飞跃。2010 年，印度官方发布其经济增长速度是 8.6%，国际货币基金组织的测算却是 10.4%，首次超越中国。因经济的迅猛发展，致使贫困人口数量减少，国内居民收入水平普遍增高，经研究得出，印度中产阶层规模宏大，达到了 3 亿人，占社会总人口比例的 30% 左右，印度中产阶层一度成为拉动印度国内需求的主力。

减税政策的实行，减轻了居民负担。20 世纪 80 年代以后，印度税制大幅度的改革进行地如火如荼。个人所得税提高了起征点是税制改革之一，个人所得税的起征点 3 万卢比；对工薪基层采取减轻税收负担的举措；对居民拥有的固定住房等财产实行免税优惠；相应地提高赠与税起征点；实行全额减免信息软件的出口所得。社会成员税负减轻了，他们的收入自然就增多了。

印度政府加大对教育事业的投入，特别是在公共教育系统、素质教育、科技运用等方面。2024 年新教育政策的实施，强调了从死记硬背学习到基于技能教育的转变，注重批判性思维和解决问题的能力，这为提高人力资本和扩大中产阶层提供了基础。

大力发展高新技术产业。按照印度政府的想法，在贫穷落后的大背景下，要想短时间内改变现状，实现经济的大跨越，几乎是不可能完成的。因此，印度另辟蹊径，出台优惠政策，大力扶持以高新技术为核心动力的企业，这种企业以高新技术为依托，从事研究、开发、生产和技术服务，这种产业会带来高经济效益和高社会效益，同时可以通过该产业的发展带动和发展其他产业。为加快发展软件产业，印度政府大力提供该产业的发展基金，还尽心竭力地全方位地扶持开发“软件园”。最终不负众望，以软件产业为代表的高新技术产业发展势头如日中天，收获颇丰。印度一跃成为近年来世界上软件业增长最迅速的国家。近几年印度软件行业年均增长率始终维持在 50% 以上，而世界的年均增长率才只有20%。早在2000年，印度在特种设备信息系统软件市场和世界软件开拓中所占的比例就差不多达到20个百分点。依据美国权威大学等认证的高技术国际技术标准，在世界最高水平59家五级的企业中，其中29家企业是印度的。从长远看，新一代信息技术产业的繁荣和发展将对印度国内经济产生巨大的影响。如印度航空航天、卫星发射等高科技产业的发展是信息技术产业带动的。在发展中国家，印度科技发展水平位列前茅。高新技术产业的迅速发展成就了大量技术人员，工资上涨的技术人员快速壮大了印度中产阶层的队伍，带动了国内消费，扩大了国内需求。

三、巴西中产阶层的形成与发展

（一）巴西中产阶层的形成与历程回顾

1. 早期起源

在19世纪，巴西经济增长较为缓慢，社会等级森严，存在着大量的奴隶，土地等资源集中在少数人手中，社会流动性差，这一时期，巴西难以形成大规模的中产阶层。虽然在19世纪后期，奴隶制度的衰落使社会秩序更具竞争性，从收入角度看有了中产阶层出现的迹象，但从收入和社会地位综合来看，中产阶层还未真正形成。在20世纪20年代，巴西传统社会开始发生明显变化，工业无产阶级开始形成，新兴的中产阶层由于被大庄园主阶级排除在国家政权之外，连续掀起针对政府的政治—军事运动。当时兴起的现代主义美学运动，实际上超出了美学的界限，可视为巴西社会进入新阶段的前兆。

2. 工业化与城市化推动

到1930年，巴西现代化进程开启，中产阶层开始形成。1930—1945年瓦加斯执政时期，虽然经济快速增长，但不平等现象加剧，社会压抑氛围浓厚，中产阶层的巩固发展受到阻碍，在收入和社会地位方面都出现了下滑趋势。到1960年，巴西中产阶层开始初步形成，但人数规模不足巴西就业人口的20%，在拉美主要国家中属于偏低的水平。20世纪中期到后期，巴西经济经历了多次起伏，在经济发展较好的时期，中产阶层有所壮大，但在经济危机期间，如80年代初至90年代中期的“失去的10年”，中产阶层数量停滞甚至萎缩。

3. 经济改革与中产阶层的崛起

在20世纪90年代，巴西政府开始实施一系列经济改革措施，如“有条件的转移支付”等反贫计划，显著改善了收入分配状况。在前总统卢拉任内(2003—2010年)，巴西政府稳定货币汇率，实施了一系列消除贫困、扩大妇女就业和加强教育普及力度的政策，3000万巴西人迈进了中产阶层的门槛。在此期间，巴西有3000多万穷人脱贫后，成为新的中产阶层下层。中产阶层的规模从38%增加到53%，成为巴西社会的主体。巴西的基尼系数呈持续稳定下降态势，总降幅达到15%，贫困率和赤贫率也显著下降。中产阶层的快速扩张深刻地改变了巴西的社会结构。然而，中产阶层的不稳定性依然存在，部分高收入阶层因收入减少而掉入中产阶层队伍。

（二）巴西中产阶层发展现状及问题分析

参考FGV数据，如果按照巴西常用标准将中产阶层定义为月收入2000—10000雷亚尔（约合2523—12617元人民币）的家庭。2023年中产阶层占巴西人口的55%—60%（约1.2亿人）。2024年，某巴西咨询公司的调查报告显示，巴西全国有50.1%的家庭月收入超过3400雷亚尔，踏入了中产阶层。2024年，卢拉政府延续“巴西援助”（Bolsa Família）等福利计划，并提高最低工资（2024年上调至1400雷亚尔），以及将中产纳入“我的房子，我的生活”购房计划，增强低收入群体向上流动的可能性。政府通过税收政策、公共服务投资和就业创造等措施，努力支持中产阶层的发展。巴西的失业率降至6.6%，劳动者收入总量提升，支撑消费市场，促进经济复苏。制定职业培训政策（如“全国就业计划”等）进一步促进技术岗位需求增长（如IT、绿色能源领域）为中产提供就业机会。

巴西的中产阶层发展同样面临困境，巴西的通货膨胀问题一直存在，且居高不下。政府对于通货膨胀问题熟视无睹，错误地选择了持续刺激经济高速增长的政策，面对牺牲广大人民群众的利益而毫无愧色，使贫富差距再次被拉大，中产阶层难以发展及壮大。2024 年 10 月，巴西的年度通货膨胀率上升至 4.76%，为一年来最高水平，严重干旱推高了农作物和能源价格，而疲软的雷亚尔、强劲的经济活动，以及对扩张性财政政策的预期也加剧了通胀压力。

巴西“嫌贫爱富”的经济战略促使了贫富差距的产生。这一偏离社会实际的经济战略一旦实施，就直接破坏社会生产和分配的平衡，社会财富集中到了少数富人的手中，极少数的富人手握社会上绝大多数的财富，贫富差距越来越明显。巴西基尼系数从 0.70 升至 0.81（2024 年数据），成为全球财富最不平等的国家之一，百万富翁人数预计四年内增长 22%，而中产可能面临收入停滞。

由于社会保障制度的不公平性，巴西的中产阶层可能面临更大的经济压力。社会保障支出向高收入者倾斜，使中产阶层在教育、医疗等方面的支出负担加重，加剧了社会财富分配的不公，导致富者更富，穷者更穷。巴西社会保障支出因覆盖面窄、社会排斥严重而带有显著的累退性。许多非正规就业群体未被社会保障所覆盖，社会保障支出向高收入者倾斜，使低收入群体的社会保障权利未得到充分保护。巴西的医疗卫生投入不均衡。2019 年，巴西医疗卫生支出占 GDP 的 9.6%，但其中 60% 的支出是通过私营健康保险或家庭直接支付的方式进行的，导致公共医疗体系资金不足。这种结构性问题严重影响了医疗卫生服务的公平性。巴西在尝试进行社会保障制度改革时，面临巨大的社会阻力。例如，养老金改革提案遭遇大规模反对和抗议，改革难以推进。

除此之外，巴西作为世界上重要的大宗商品出口国，其主要出口产品如铁矿石和大豆的价格波动，以及与美元汇率相关的风险，都有可能对国家的经济稳定性造成冲击。这种经济波动可能会间接影响到中产阶层的收入水平，使他们的经济状况变得不稳定。另外，巴西政府的债务水平已经超过了 GDP 的 80%，这一高比例的债务负担对国家的财政健康状况构成了严峻挑战。为了应对债务问题，政府可能不得不采取紧缩政策，这可能会削弱公共投资和社会福利项目的可持续性。这种政策的实施，可能会限制中产阶层的进一步发展，因为他们在教育、医疗和基础设施等领域的福利可能会受到影响，从而影响他们的生活质量和社会地位。

（三）巴西中产阶层发展特点

巴西中产阶层的发展呈现出以下特点，结合历史趋势与近年动态分析如下：

1. 政策驱动与减贫成效显著

社会政策推动：自2003年卢拉政府推行“家庭补助金计划”（Bolsa Família）以来，巴西构建了全球最大的有条件现金转移支付体系。该计划通过数字平台直接向贫困家庭发放补贴，要求受助家庭必须保证子女完成基础教育并定期体检。截至2023年，该计划覆盖1400万户家庭（占全国27%），月均补助金额达197雷亚尔。配合“零饥饿计划”的食品供应网络建设，巴西成功将营养不良率从2001年的22%降至2022年的8.3%。这些政策创造了“教育—健康—就业”的良性循环，使4000万人口实现收入跨越，其中72%的家庭通过子女教育提升实现阶层跃升。

最低工资提升：巴西建立了全球最严格的最低工资动态调整机制，每两年根据通胀率、GDP增长等指标调整。2024年最低工资标准将达1400雷亚尔（约合270美元），较2003年增长320%。该标准联动社会福利计划（如BPC老年津贴），使低收入群体实际收入增长超过通胀。圣保罗州的调研显示，最低工资提升使家政服务人员月均收入从2010年的500雷亚尔增至2023年的1200雷亚尔，其中35%的从业者通过职业培训进入电商物流等新兴行业。

住房政策创新：2024年卢拉政府推出“我的家，我的生活”升级版计划，将经济适用房覆盖范围扩展至月收入12000雷亚尔家庭（约为全国平均工资的4倍）。通过“零首付+长期低息贷款”模式（利率低至3.5%），计划5年内建设300万套住房。里约热内卢的试点项目中，教师家庭可通过“职业积分”优先选房，积分由教学年限、职称等因素构成，既保障住房需求又强化职业认同。

2. 收入标准与阶层定义的动态调整

收入门槛的指数化调整：巴西地理统计局（IBGE）采用“修正购买力平价”模型，每3年调整一次阶层划分标准。2012年的C级中产标准为月收入291—1019雷亚尔，2024年则提升至3400—12000雷亚尔。这种调整机制使标准始终与通胀率（年均3.5%—6%）、人均GDP增速（2003—2023年复合增长率2.8%）保持同步。例如，2020年疫情期间因经济萎缩，标准调整幅度从5%降至2%，避免中产规模过度缩水。

多维评价体系构建：巴西应用经济研究所（IPEA）开发的“社会进步指数”包含12项非收入指标，如家庭互联网接入率（中产家庭达89%）、子女高等教育入学率（中产家庭67%）、年度国内旅游次数（平均2.3次）等。2024年数据显示，虽然收入达标家庭占比50.1%，但符合多维标准的中产实际仅占38.7%，反映部分家庭存在“收入中产但生活品质未达标”的结构性矛盾。

3. 消费升级与经济结构转型

内需拉动型增长模式：2023年巴西中产家庭消费总额达2.8万亿雷亚尔，占GDP比重为63%。其中，耐用品消费年增长12%（家电、汽车等），奢侈品消费年增长9%（国际品牌门店数量五年增加40%）。圣保罗州的“中产消费指数”显示，家庭年均在教育上的支出达1.8万雷亚尔（占收入15%），健康管理支出8500雷亚尔（占7%），形成“教育—健康—品质消费”的良性闭环。

数字经济赋能：金融科技企业Nubank通过AI风控模型，为1.2亿个用户提供低息贷款（平均利率18%，低于传统银行40%），其中45%的借款人来自中等收入群体。电商平台Mercado Livre推出的“分期付款+消费返现”模式，使中产家庭月均线上消费提升至600雷亚尔。这些创新不仅扩大消费，更推动服务业占GDP比重从2010年的67%升至2023年的72%。

4. 地域与阶层内部的不平衡性

南北发展鸿沟：东南部的圣保罗州集中全国42%的中产家庭，人均GDP

达1.8万美元；而东北部的马拉尼昂州中产占比仅19%，人均GDP不足6000美元。这种差异源于产业布局：东南部集中了全国70%的高科技企业，而东北部仍以农业和初级加工业为主。联邦政府的“东北发展基金”虽已投入2000亿雷亚尔，但基础设施短板（如港口吞吐能力不足）制约了投资转化效率。

阶层内部分化加剧：在50.1%的中产家庭中，68%属于C1阶层（月收入3400—6000雷亚尔），仅12%达到A/B阶层（月收入12000雷亚尔以上）。2024年雷亚尔贬值导致进口商品价格上涨27%，C1阶层家庭被迫削减教育支出（占比从15%降至12%），而A/B阶层通过资产美元化对冲风险。里约热内卢的跟踪调查显示，2022—2024年，18%的C1家庭因通胀滑落至低收入群体，而A/B阶层规模增长9%。

巴西中产阶层的发展呈现“政策驱动型扩张”与“结构性矛盾并存”的双重特点，巴西中产阶层的发展与壮大既是巴西现代化的重要标志，也考验政府平衡经济增长与社会公平的能力。

四、阿根廷中产阶层的形成与发展

（一）阿根廷中产阶层的形成与历程回顾

1. 黄金时代：中产阶层的初步形成（19世纪末至20世纪初）

19世纪末至20世纪初，阿根廷凭借潘帕斯草原的农业和畜牧业出口（小麦、牛肉），成为全球最富裕国家之一，人均GDP与欧美国家相当。布宜诺斯艾利斯成为经济和文化中心，吸引了大量欧洲移民，带动了城市化与中产阶层的萌芽。随着出口经济的繁荣，城市中产阶层（如商人、专业人士、公务员）逐渐壮大。1912年选举法改革扩大了中产阶层的政治参与，强化了其社会地位。

2. 大萧条与政策转向：中产的首次萎缩（20世纪30年代—20世纪50年代）

1929年的经济大萧条导致农产品出口锐减，经济衰退引发政治动荡（如军事政变），中产阶层收入下滑。1946 年庇隆上台后推行国有化和社会福利政策（如提高工人工资、扩大社会保障），短期内改善了底层和中下层生活水平，但过度依赖印钞导致恶性通胀（1951 年通胀率达 50%），中产购买力被削弱。

3. 军政府与新自由主义：中产的持续动荡（20 世纪 60 年代—20 世纪 90 年代）

在 20 世纪 60—80 年代，军政府实施价格控制、国有化等政策，抑制市场活力，导致效率低下和腐败滋生。中产阶层因收入缩水、失业率上升（1995 年达 17.4%）而萎缩，部分沦为“新穷人”。20 世纪 80 年代末，阿根廷政府决定发展农牧业而放弃发展工业，这一决策直接导致了对外贸易上显现出巨额贸易逆差。这一政策转变使阿根廷失去了工业化带来的经济增长和就业机会。阿根廷经济过度依赖农产品和矿产出口，缺乏多元化的产业结构，导致经济易受国际市场波动影响，中产阶层的就业和收入稳定性受到冲击。20 世纪 90 年代梅内姆政府推行私有化、贸易自由化等新自由主义改革，吸引外资的同时导致民族工业崩溃，失业加剧。中产阶层在金融开放中资产缩水，贫富差距扩大（1997 年最富 10% 占国民收入 37.1%）。阿根廷在庇隆主义和自由主义的频繁切换中，债务积累越来越多，国家发展却越来越慢。这种政策的不稳定性，导致了经济的衰退，进一步加剧了中产阶层的困境。

4. 基什内尔时代：中产阶层的短暂复苏（21 世纪初）

在 2003—2015 年，基什内尔夫妇执政期间，通过实施出口导向型的增长策略，该国家实现了年均 GDP 增速高达 9% 的显著成就。与此同时，政府采取了一系列社会福利措施，例如对食品价格进行限制以及扩大补贴范围，这些政策有效地提升了民众的生活水平。这些积极的经济和社会政策共同作用，使中产阶层的比例从 2001 年的 15% 显著增长至 2011 年的 32.5%，中产阶层的规模实现了翻番。然而，这一时期也伴随着高通胀问题，通货膨胀率高达 25%—35%，这给中产阶层的生活带来了沉重负担。此外，政府实施的资本管制政策进一步加剧了中产阶层的不满情绪。由于资产价值缩水，部分中产阶层群体开始对现行政策和政府失去信心，转而支持反对派。这种社会政治的转变，为未来可能出现的经济和社会危机埋下了潜在的隐患。

5. 近年危机：中产阶层的崩塌（20 世纪初至今）

2018 年后，货币贬值（比索兑美元跌幅超 50%）、通胀飙升（2024 年达 57%）、债务危机（2021 年政府债务占 GDP 超 80%）导致中产快速贫困化。2024 年数据显示，布宜诺斯艾利斯四口之家的中产收入门槛需 126 万比索（约合 1500 美元），但平均工资仅为贫困线的 60%，中产阶层占比从高峰期的 32. 5% 降至不足 20%。政府出台的紧缩政策（如取消租金上限）以及公共服务价格的持续上涨（如水电费用的年涨幅超过了 50%）等，都在进一步压缩中产阶层的生存空间。一些中产家庭不得不削减在教育、医疗等基本生活必需品上的支出。这种现象导致了所谓的“中产贫困化”，即原本处于社会中层的群体，因为经济压力而逐渐陷入贫困的境地。

（二）阿根廷中产阶层发展现状及问题分析

截至 2024 年，阿根廷中产阶层规模不断萎缩的趋势并没有逆转。阿根廷长期面临高通胀问题，2023 年通胀率接近 100%，2024 年虽有所缓解，但物价上涨仍对中产阶层的购买力造成严重侵蚀。中产阶层家庭每月的消费与生活成本不断飙升，2024 年 4 月，布宜诺斯艾利斯市贫困家庭的生活成本为 825809 比索，较 3 月的 766146 比索上涨了 7. 8%。中产阶层的最低收入标准从 1157084 比索上涨到 1264441 比索，增长了 9. 3%，贫困线上涨至 467177 比索，比上年高出 290. 2%。2024 年 5 月，阿根廷的贫困率为 52. 9%，赤贫率为 18. 1%，为 2003 年以来最高水平。与米莱上任前相比，贫困率上升了 11 个百分点。2024 年，阿根廷的失业率跃升了 2 个百分点，达到 7. 7%，虽然这个数字似乎远低于实际水平，因为阿根廷的地下经济占其国内生产总值的一半左右。阿根廷外债规模庞大，2024 年外债总额高达 2827. 53 亿美元。外债压力导致政府采取紧缩政策，影响经济增长，进而影响中产阶层的收入和生活质量。

为应对经济危机，阿根廷政府采取了削减公共开支、减少补贴的政策。在 2023—2024 年，阿根廷公共开支的减少约占其 GDP 的 5%，其中社会福利是重点削减对象，能源和交通等经济补贴也大幅减少。养老金的减少尤为突出，2023 年 12 月，米莱废除了自动根据通货膨胀调整养老金的法案，改为由行政当局根据自己的裁量来决定养老金的增加。阿根廷的中产阶层和低收入群体对削减福利、提高能源价格以及财政紧缩政策表示强烈反对。自由化的改革可能在短期内带来失业和收入下降，特别是在一些传统产业和劳动密集型领域，结果可能加剧贫困和社会不平等。政局动荡、经济困境和社会不平等导致社会流动性降低，中产阶层难以通过教育和职业发展实现经济地位的提升，根廷中产阶层的规模正在缩小，越来越多的人陷入贫困。

（三）阿根廷中产阶层发展特点

阿根廷中产阶层的发展历史与其经济政策、社会动荡紧密交织，呈现出显著的波动性和结构性矛盾。结合历史脉络与近年动态，综合分析了阿根廷中产阶层的发展特点：

1. 政策驱动的波动性与经济危机下的萎缩

政策反复与中产脆弱性：阿根廷中产阶层的兴衰与政策方向密切相关。20 世纪 40 年代庇隆主义通过社会福利政策短暂提升中下层生活水平，但过度干预经济导致恶性通胀（1951 年达 50%）。20 世纪 90 年代新自由主义改革（私有化、贸易自由化）虽短暂吸引外资，却导致民族工业崩溃、失业率攀升（1996 年达 17. 3%），约 300 万中产阶层陷入贫困。从庇隆主义到新自由主义，极端政策切换导致经济稳定性差，中产成为政策代价的主要承担者。

经济危机冲击：2001 年金融危机和 2018 年后的持续通胀（2024 年达 57%），导致中产资产大幅缩水。例如，2019 年比索单日贬值 37%，股市暴跌 62%，中产资产瞬间蒸发 1/3。2024 年数据显示，中产阶层比例从 2011 年的 32. 5% 降至不足 20%。

2. 收入标准与阶层定义的动态变化

收入门槛的通货膨胀效应：中产标准因经济恶化不断攀升。2017 年，布宜诺斯艾利斯四口之家的中产收入门槛为 126 万比索（约 1500 美元），但

2024 年因通胀（年涨幅超 290%）需超过 1800 美元，远高于最低工资（194 美元）。

非收入指标的重要性：除收入外，教育、住房和消费能力（如汽车、年度旅游）也是中产定义的核心。然而，2021 年调查显示，1/3 自认中产的家庭实际处于贫困线下，反映了中产阶层收入水平与生活质量的脱节。

3. 消费能力下降与社会分化

购买力缩水与消费降级：中产阶层曾是消费主力，但近年通胀与汇率波动（如 2024 年美元兑比索上涨 27%）迫使其削减非必需支出，如从品牌商品转向廉价替代品，甚至延迟耐用品购买。

地域与阶层内部分化：东南部发达地区（如布宜诺斯艾利斯）中产集中，而北部省份贫困率居高不下。此外，中产内部也分化为“上层中产”（与技术岗位、全球化消费挂钩）和“下层中产”（依赖工资且易滑入贫困）。

4. 长期结构性问题与政策失效

中等收入陷阱与产业单一：依赖大宗商品出口（如大豆、铁矿石）导致经济脆弱性，缺乏产业升级使中产难以稳定扩张。例如，2024 年农业出口波动直接冲击家庭收入。

贫富差距与基尼系数高企：新自由主义时期（20 世纪 90 年代）贫富差距从 6 倍扩大至 46.6 倍，2024 年基尼系数达 0.81，财富集中于 10% 的富人群体，中产收入停滞。

教育与移民红利的消退：历史上，免费公立教育和移民（欧洲裔为主）是中产壮大的支柱，但近年教育质量下降、人才外流（50 万名青年移居海外）削弱了阶层流动性。

社会情绪与政治影响：中产阶层曾是马克里政府（2015—2019 年）的关键支持者，但经济恶化导致其倒戈，成为社会抗议主力。未来政策需平衡市场化改革与社会公平，但短期内复苏希望渺茫。

五、发展中国家中产阶层发展的启示

通过观察南非、印度、巴西以及阿根廷这些国家中产阶层的发展历程，我们可以获得宝贵的启示，这些启示对于如何有效地扩大我国的中等收入群体具有重要的指导意义。

1. 强化政策稳定性与经济韧性

为了确保经济的稳定增长和增强经济的韧性，我们需要避免采取南非式的激进改革措施，同时也要防止陷入阿根廷式的政策反复无常。通过实施稳健的宏观调控政策，例如有效的通胀治理和汇率稳定措施，可以为中产阶层创造一个可预期的经济环境，从而促进经济的持续健康发展。

2. 教育均等化与人力资本投资

为了实现教育的均等化和提升人力资本投资，我们可以借鉴巴西在职业培训方面的成功经验，建立一个覆盖城乡的技能提升网络。此外，推广“教育券”制度，确保流动儿童和农村儿童能够享有平等的教育机会，这对于缩小城乡教育差距和提升整体国民素质至关重要。

3. 税制改革与社会保障兜底

税制改革是优化收入分配和增强社会保障体系的重要手段。通过优化个人所得税结构，例如提高免征额和降低中低收入者的税负，减轻中低收入群体的经济压力。同时，加大转移支付的力度，完善住房、医疗等公共服务，可以为社会弱势群体提供更有力的保障，确保社会的公平与正义。

4. 产业升级与就业结构优化

为了促进产业升级和优化就业结构，还需要积极推动数字经济、绿色能源等新兴产业的发展，这些领域有望创造更多中高收入的工作岗位。同时，通过支持中小企业和个体工商户的发展，可以拓宽就业渠道，为中等收入群体提供更多就业机会，从而促进社会的稳定和谐。

5. 区域协调发展与代际流动机制

解决中西部和农村地区发展滞后的问题是实现区域协调发展的关键。通过增加基础设施投资，比如交通和通信网络的建设，以及教育资源的合理分配和倾斜，可以有效提升这些地区的经济发展水平。这样的措施有助于提升区域间的代际流动性，为年青一代提供更多的上升流动机会，从而打破贫困循环，促进社会的整体进步。

南非、阿根廷的教训表明，经济政策失误和社会结构失衡会直接摧毁中产阶层并固化代际不平等；巴西和印度的经验则凸显了教育均等化和产业升级对代际流动的重要性。我国需在“做大蛋糕”与“分好蛋糕”之间平衡，通过系统性政策措施的实施，促进中等收入群体的持续扩大，最终构建“橄榄型”社会，实现经济的高质量发展和社会的共同富裕。

第三节　转型国家的发展及启示

一、改革中的波兰中产阶层的形成与发展

波兰的经济转型路线也是曲折的、充满非议的，更有早期实行激进的“休克疗法”经济改革方案。今天的波兰好似脱胎换骨，那个在转轨之初伤痕累累的波兰更像是经历了一场噩梦，好在梦醒了。波兰经济转型成功的经验主要概括为以下几点：

一是20世纪80年代的经济改革促进了经济的转型。波兰在“现实社会主义”社会期间，有过三次重大的经济改革，其中“第二阶段改革”宛如平地一声雷。因为它妄图突破已有的计划经济框架，实行“独立自主、自筹资金、自负盈亏”的方针政策，并大胆引入市场机制。这一改革虽然未成熟就夭折了，但它为后来市场经济的适应和社会体制的转型奠定了宝贵的社会基础和思想基础。

二是成功实施了“休克疗法”，给市场机制扫清了路障。“休克疗法”取得的成效是：第一，短缺经济消除了，从卖方市场成为买方市场；第二，价格扭曲消灭了；第三，价格上向国际市场靠拢了。假若没有“休克疗法”，波兰经济也许不会迅速发展扩大。

三是国营企业私有化致使私营经济占据主力军位置。同别的东欧国家相比，波兰的私有化特点是：有序、彻底。从“小私有化”着手，将小型的商

业和服务业首先实现私有化，而后全面铺开。同时采取了“靓女先嫁”的政策，把经营状况良好的企业，在征求取得职工同意后，或转让，或拍卖，实现企业私有化。在私有化方面，东欧所有国家的经济转轨过程中最酷炫，也颇有微词。波兰在1996年修改了六年前颁布的《私有化法》，这一制度性措施的颁布，为国内经济的私有化提供了法律根据，为全国国有企业的全面推动给出了指导性意见。波兰政府为此成立了高级理事会和管理机构——国库部，专门负责经济和财政私有化这一环节。波兰的经济体系经历了私有化的根本变革。自1990年起，在短短的13年期间，国有企业的数量从8453家锐减至1736家，实现了71176家企业的成功转型，基本上完成了企业的私有化进程。至2002年，经过12年的转变，国有经济在国内生产总值中的占比从69.1%显著下降至约26%，降幅显著。

四是合理利用外资但不过度依赖外资。在转轨初期，大多数中东欧国家会选择走“国退洋进”的道路，因为市场经济的管理方式和运作经验缺乏、资金匮乏。中东欧国家引进了大量西欧外资后很快搭建起了市场经济框架，可是这些引进的资金确掌控了他们的经济命脉，从此它们便患上了严重的“外资依赖症”——外资企业控制了实体经济和虚拟经济，于是不管是国家还是个人都欠下了外债。相对来说，波兰不同于其他东欧国家，它自身掌控经济独立大权。波兰经济私有化具有两面性即开放性和民族性。波兰一方面加大扶持本土民族产业力度，另一方面给外国投资者积极创造有利的投资环境。波兰由国有经济占主导地位，蜕变成由中小私营企业占主导地位的国家。波兰经由多年的努力打拼，目前雇员在250人以下的中小企业有200多万家，这一庞大数字展示给我们的是这样的一个事实——中小企业创造了48%的国内生产总值和提供了60%以上的就业机会，占企业总数的99%。波兰政府专门为鼓励和扶持中小企业设立企业发展机构——企业发展局，扶持如：中小企业资金补足、融资快速担保、技术改造创新、业务精英培训、国际市场开拓、信息咨询等方面。大批量的中小私营企业在给波兰经济增加了活力的同时，还避免了外资随意支配波兰经济的潜在威胁。金融危机来临后，波兰企业投资总额下降的幅度很小，仅下降了 0.3%，外商直接投资仅减少了 10%。精确的数据告诉我们，国际资本撤离并没有给波兰造成多大影响，更不可能是致命一击的影响，大量中小私营企业的存在为波兰政局及经济的稳定提供了坚实的后盾。

五是收入分配合理。在经济改革过程中，成本的分摊也是不均衡的，一部分人受益，势必会有一部分的人受损。波兰的改革共识促进了经济体制转型，公有资产分配相对合理，工人阶层普遍受益，培育了大量中产阶层，支撑了国内市场需求。波兰的中产阶层发展得益于经济转型取得的显著成绩，创造了连续 20 多年中高速增长的“奇迹”。转轨国家中，波兰的贫富差距较低，值得我们学习与借鉴。就基尼系数而言，在转轨的 11 年期间，其基尼系数仅提高了 0.02，低于俄罗斯、捷克、匈牙利等转型国家。波兰改革以来，整体生活条件普遍提高得到改善，贫富差距未见扩张，而且富裕阶层与中产阶层的差距不再像以前那么明显，贫穷人口很少，仅有 5.7%。劳动者工资上调速度较快，在金融海啸之前每年以 7% 的比例在增加。波兰作为中东欧最大的国家，大规模的中产阶层带动了经济市场消费，即便是在疯狂肆虐威胁全球的金融危机时期，波兰居民没有表现出过多在意与担心，他们的消费水平并没有下降，私人消费反而往上提升了 2.2%。而它的邻国像捷克和匈牙利由于国内市场空间相对狭小，经济增长尤其依靠出口，出口拉动了 70% 及以上的国内生产总值。因此，经济受到严重的打击。

二、转型中的俄罗斯中产阶层的形成与发展

据高等经济学院社会政策研究所 2024 年 1 月数据，2023 年俄罗斯有 31.7% 的居民可算作中产阶层，达到过去 10 年最高值。据社会学家斯维特兰娜·马列耶娃数据，截至 2022 年底，俄罗斯中产者占全国人口的比例是 32%。

俄罗斯中产阶层的含义包含了两层意思：一是在国家和社会视野里，俄罗斯中产阶层的规模、组成和特征难以准确描述。中产阶层受到政府的关注和支持，但政府的作为难以形成系统、持续的动力促进中产阶层的发展。目前，出于对发展经济的考量，俄政府制定了一个国家重要发展目标就是发展中产阶

层。但2008年金融危机的到来对这一目标造成了重大打击。二是在学术研究视野里的中产阶层，有学者认为，俄罗斯中产阶层起源于苏联时期，苏联解体、俄罗斯进行改革后，这个阶级也就不复存在了。苏联时期的俄罗斯中产阶层主要包括苏共政府机关里的中、下层工作人员、受过高等教育的白领和军队领导者，改革后，这些群体的收入和生活水平均出现了不同程度的下降，甚至成为游走在社会底层边缘的贫困群体。

在苏联时代，俄罗斯存在一个特殊的中产阶层，这个时期的财产是由政策规定或行政命令支配的，而不是法律意义上的个人财产所有权。这些情形同改革开放之前的中国有些类似。在苏联改革经济市场过程中，家庭月收入在1000美元的俄罗斯中产阶层范围广，包括传统体制下那些政府管理机关中的中、高级管理人员，实行私有化后的新富阶层，公司经理、中小企业主、农场主及部分知识分子。

苏联解体后，俄罗斯推行“休克疗法”，导致恶性通货膨胀，经济大幅衰退。大量国营企业倒闭或被收购，卢布大幅贬值。原本收入较高的知识分子、政府雇员等群体的积蓄化为乌有，生活质量急剧下降，许多中产阶层家庭一夜之间沦为贫困阶层。在这期间还成长出了七大金融寡头，几乎垄断了俄罗斯80%的国民财富，社会贫富差距极度恶化。

2000年普京当选总统后，采取了一系列措施稳定经济、打击寡头，俄罗斯经济开始复苏。随着经济的发展，中小企业家、中高级管理者、高级官员和部分知识精英等群体逐渐壮大，新兴中产阶层开始缓慢增长。但此时俄罗斯社会财富的增长主要集中于能源领域，多数行业受益较少，限制了中产阶层队伍的快速发展。但在2014—2021年俄罗斯遭遇经济危机和受新冠疫情冲击，中产阶层的发展受到影响，职业选择等方面发生变化，部分中产阶层面临收入下降、就业不稳定等问题。

俄罗斯社会转型直接影响了中产阶层的形成与发展。不同于自发形成，俄罗斯的中产阶层缘于俄罗斯政府的推动，政府把建立强大有力的中产阶层上升为政治上的战略任务。崇尚自由主义的决策者们，通过私有化等形式试图建立一个以中产阶层为基础的新政治制度的社会构架。通过颁布《关于私有化法令》和《关于合作社活动法令》等制度，让那些具有较强适应能力、有变通思想的群体和个人获得了巨大的好处。目前，俄罗斯中产阶层主要包含中小企业家、管理人员、专业人员、中层官僚、高中级军官等能顺应新时代的适应性群体。其中核心是中小企业家、管理人员、个体经营者等。20 世纪 80 年代后期，苏联推行的《合作制法》让小企业发展得如日中天。进入 90 年代初期以后，小型企业被大批有限责任公司、股份公司代替了。90 年代中期，俄罗斯政府和议会又通过了《政府支持俄罗斯联邦小企业的基本法》，这让小企业的法律地位有法可依，在资金、政策方面有优惠支持，使得俄罗斯遍地是小型私有化企业。迄今为止，小企业在俄罗斯国内生产总值的贡献也是不可小觑的，已经达到 12% 左右，在一些大城市比重还要更高。

在经济改革过程中，茁壮成长的小企业成为国内经济发展强而有力的动力，给国民经济注入了新鲜血液的同时还给众多的失业者提供了就业岗位，更是缓解了巨大的经济负担，成为技术创新的重要源泉。一批先进的企业家在小企业的发展中孕育长大，他们大多受过高等教育，有着非同一般的社会适应能力、富有开拓和进取精神，时刻关注政治局势是否稳定和法制是否健全，关心市场经济中的社会规则是否公平，更是享有丰硕的私人财产，他们成为俄罗斯社会稳定发展的重要组成成分。特别是专业技术人员，他们的数量虽然不如企业家多，但其富于创造性和专业知识技能，是社会发展的新生力量，对中产阶层的存在和发展具有特别重要的意义。他们被定义为“新中产阶层”而广受研究者关注。但是，由于俄罗斯中产阶层的产生基础很薄弱，因此，现阶段俄罗斯中产阶层的主体仍然是以中小企业家为主的“老中产阶层”。私有化和股份化企业成就的新群体因持股的股票收益不高，很难进入中产阶层行列。能够进入中产阶层行列的新人，人数和构成都明显不足，具有专业知识和技能的专家、学者和教师等群体中大部分人的经济地位和社会地位比改革前还低了，沦为社会底层成员。因此，俄罗斯中产阶层不具有广泛的社会基础性。而未来，阻碍中小企业发展的因素如资金不足、税负繁多、产业结构调整升级等，克服了以上阻力中产阶层就得以发展，要想发展中产阶层还要调整新中产阶层结构，更大范围地吸纳专业技术人员，特别是增加教育者、受教育者和文化工作者的吸收。社会经济发展水平的高低、国家政策的调整是否合理和社会发展的规划是否有前瞻性直接作用于俄罗斯中产阶层，影响着俄罗斯中产阶层的形成。

三、转型国家中产阶层发展的启示

启示一：推进“富民”的进程是发展中产阶层的基础。

在俄罗斯转型初期，政府没有以民生为转型的出发点，使人民生活水平大幅下降，从而出现了“民穷国弱”的境况。在重新确立了富民的改革方向后，俄罗斯的中产阶层规模也迅速壮大起来，其经济保持平稳增长、国家综合国力也大大地提升了。而我国自 20 世纪 90 年代以来，过分地强调经济发展效率，过分地看重经济发展速度这一指标，导致城乡居民收入差距不断拉大，逐渐累积社会阶层矛盾，成为危害社会稳定的潜在因素，中等收入者阶层的比重和规模达不到同时期发达国家的水平。

启示二：建立提高收入水平与扩大中产阶层两者之间的良性关系。

波兰、俄罗斯等国家成功转型都是源于支持、鼓励创业，发展中小企业和第三产业等一系列惠民政策与措施，既扩大了就业水平，也降低了失业率。在法律上明文规定了最低工资，保障了社会成员的基本生活，促进工资形成自然增长机制的同时，加大了对拖欠工资的企业的惩罚力度，从而为中产阶层的发展提供了政策扶持。另外，为了促进社会成员向上流动，提高中产阶层（如教师、医生和政府工作人员）的工资。俄罗斯为了缩小贫富差距，促进社会公平，严厉打击了寡头企业，严惩腐败、偷税漏税等行为；并提高了对社会底层贫困群体的补贴，促进中产阶层以下群体向上流入中产阶层，短时间内中产阶层数量迅速上升，中产阶层的消费能力也得到了提升。

启示三：完善制度保障，为中产阶层发展创造有利条件。俄罗斯转型困难时期，在维持了苏联较完善的社会保障体系的基础上，还提高了新的福利标准，如提高弱势群体的收入，促使其向上流入中产阶层。在我国，社会保障体系仍存在明显的城乡差距，与城镇相比，农村社会保障水平较低，公共服务体系更不完善，农村收入水平增长幅度较小，以致于农村中产阶层难以形成规模，而在我国农业人口占大多数，要想扩大中产阶层，就要着手建立健全的农村社会保障体系，构建完善的农村公共服务体系，加大“精准扶贫、精准脱贫”力度，促进贫困群体向上流动，为扩大中产阶层提供制度保障。

第四节　本章小结

在国际形势变化莫测的大背景下，随着中国社会结构、经济结构转型，新的社会矛盾也不断涌现，如何扩大中产阶层规模，引导其发挥“稳定器”的作用，尤为关键。虽然政府公文或法律条文中并没有对中产阶层进行合理化、合法化界定，但是“中等收入者”的字眼，多次在全国人大会议或者两会中被提及，党的二十大再次明确提出要“扩大中等收入者比重”，预示政府对调整不合理的金字塔社会结构的决心。在社会主义制度下如何进一步解放生产力，深入推进生产方式的改革，实现全面建设小康社会的伟大中国梦，关乎社会与经济的发展。在向工业化、后工业化的转型时期，我们可以借鉴但不照搬发达国家转型期是如何扩大中产阶层的。借鉴时需要注意以下问题。

（1）继续深入对中产阶层问题的理论研究和实践探索。新中国成立之初，在苏联社会主义模式盛行时期，阶级概念、阶级斗争等理论渗透到社会、政治、经济、文化等方面。在形而上学的思维模式中，社会阶层结构中除了工人阶级、农民中产阶层被排除在外。改革开放后、社会阶层结构发生了巨大的变迁，随着社会主义市场经济的确立与发展，国内生产总值的高速持续增长，发展扩大中产阶层也被提上日程。

（2）完善法律法规，保护正当的、合法的私有财产。回顾人类历史长河以及借鉴西方发达国家的经验，保护私有财产与保证公民合法权利同样重要。

洛克在其《政府论》一书中提道，政府应当保护公民自由、平等和财产权。随后发达国家的政府修正了法律，在法律条文中明确提出了个人拥有正当、合法的私人财产权，享受法律保护。

苏联模式时期对马克思主义的片面理解，政府排斥和否定了个人拥有私有财产的权利，形成了卢梭式思维理念：私有财产是社会伦理道德退化的根源，其阻碍了社会的发展与进步、导致社会成员之间分配不平等，是万恶之源。因此，这种极端片面的认识，导致国家综合国力竞争力不强，社会生产效率低，人民生活水平比较低，同时公有制的优越性也得不到发挥。

改革开放以后，社会意识形态有了很大的进步，承认了私有财产和合法性，对经济机制而言，允许非公有制经济的存在。这一经济体制的改变极大促进了社会结构转型以及经济的发展，随着生活水平的提高，中产阶层也开始不断发展，政府也将“扩大中等收入者比例”提上日程，这种国家扶持政策，在一定程度上为扩大中产阶层提供了良好的社会环境。但是，在法律法规尚不完善，缺乏对私有财产的有效保护。因此，要扩大中产阶层，完善法律法规是十分必要的。

（3）创造民主、公正的社会秩序和市场经济环境。不可否认，有部分群体是依靠个人自身脑力才能、技术才能等获取正当的工资报酬等而加入中产阶层行列的。由于中国是一个比较看重人情的国家，所以在劳动力市场和商品市场存在比较普遍的人格化交易，加上有限准入秩序的作用，使精英群体可以通过某些特权和利用权力干涉市场经营，而非法地、不平等的敛取经济利益、财富，从而使中产阶层的合法地位得不到大众的认可。

要扩大中产阶层的规模，使其发挥社会稳定器，以及促进经济增长的功能，就必须建立社会公正、民主的社会秩序，加快政府监管力度，避免官官勾结、官商勾结，切断他们用权力谋取不正当收入的渠道。与此同时，市场经济必须建立与之匹配的平等竞争体制，鼓励大众通过平等竞争获取财富，加入中产阶层。

（4）打破城乡户籍限制，提高社会流动性。从国家统计局最新公布的数据来看，2024 年我国常住人口城镇化率已达到 67.00%，与发达国家 80% 的平均水平相比仍有差距，这也意味着中国城镇化潜力巨大，未来将继续为经济发展释放动能。然而，户籍制度造成的城乡二元结构仍是阻碍社会流动性的关键瓶颈：农民工群体虽进入城市工作生活，却因户籍限制难以享受均等公共服务，其家庭在教育、医疗、住房等领域长期面临“半城镇化”困境。提高城镇化质量、释放内需潜力，需从以下两方面深化改革。

一是深化户籍制度改革，构建“以人为本”的落户政策。①全面放宽落户门槛：除超大城市外，取消其他城市落户限制，允许稳定就业、居住的流动人口通过“积分制”或“承诺制”便捷落户。例如，浙江省已试点“租房即可落户”，有效吸引外来人口扎根。②剥离户籍与公共福利绑定：短期内难以全面放开户籍的地区，可优先实现社保、医保、子女教育的“常住地全覆盖”，逐步弱化户籍的福利分配功能。例如，广东省推行“居住证 + 社保年限”入学政策，缓解随迁子女教育难题。③建立城乡人口双向流动机制：鼓励城市人才下乡创业，同时保障进城农民保留农村土地权益，消除迁移后顾之忧。重庆、成都等地探索的“宅基地使用权有偿退出”模式，为农民市民化提供了资产转换路径。

二是以公共服务均等化夯实城镇化根基。①加大财政转移支付力度：中央财政设立“农业转移人口市民化专项基金”，按常住人口规模向地方拨付教育、医疗等公共服务经费，缓解地方政府“人多钱少”压力。②推动基础设施向县域下沉：通过高铁、城际交通网络缩短城乡时空距离，引导产业向中小城市梯度转移。例如，江苏昆山通过承接上海产业外溢，形成“产城融合”的新型城镇化样本。③数字化赋能公共服务普惠：利用“互联网 + 政务”打破地域壁垒，实现异地医保结算、跨省入学登记等线上办理。2023 年全国医保异地直接结算率超 85%，显著降低流动人口成本。

（5）在财政政策方面，对其实行减负政策。财政政策可以从收入和支出两个方面考虑。在财政收入方面，如在中产阶层的发展还未成熟的时期，对其不设置过高的累进税率，使其拥有更多的个人可支配收入；在财政支出方面，加强医疗保健、交通通信、教育娱乐，尤其是居民住宅等基础设施的投资建设。收入政策和支出政策相辅相成发挥作用，为中产阶层的扩大创造有利的经济条件。

（6）建立完善的社会保障机制，降低低收入群体所占人口比例，促进其向中产阶层流动。贫富差距拉大是一个十分迅速的过程，缩小贫富差距却是一个十分漫长的过程。当少数人社会高层群体掌握大部分财产，社会底层群众所占比例较高却拥有极少财产时，而中产阶层的发展还不成规模时，两极分化的社会阶层的矛盾就不断滋生、累积，当到达极致时，就会爆发社会冲突，引发社会动荡。所以，即使在发达国家，通过各种途径缩小贫富差距。而社会保障政策正是保证社会底层群众的利益，疏导“仇富”的社会心理，减弱阶层矛盾冲击。其中可以借鉴的社会保障政策有：

一是在劳动工资方面，实行最低工资保障制度。发达国家的实践证明，对于城镇居民来说，实行最低工资保障制度有利于缓解贫困。在“全面推进精准扶贫、精准脱贫”的攻坚时期，完善最低工资保障制度、居民最低生活保障制度，能极大改善贫困人口的生活水平，缓解贫困危机，提高精准脱贫的实施效果。

二是对高等收入群体征收较高税率的个人所得税的同时，鼓励并引导其投资办厂、捐助公共事业。实践证明，个人收入调节税是缩小贫富差距的一个重要手段，将这部分所得税收收入用于贫困人群，还可以缓解其“仇富”心理。同时，鼓励和引导高等收入投资办厂或者资助公共事业的建设，如教育、卫生等，这样，不仅可以缩小收入差距，还可以创造就业机会、带动经济发展，也可以促进社会福利和社会公益事业的进步。

三是完善政府监督机制，规范政府行为，严惩以权谋私的行为。现实的经验教训告诉我们：与经济垄断相比，权力垄断对经济发展和对社会资源分配的负面影响更大。个别利用不完善的监督机制或者钻取法律空子，以权谋私，非法敛取社会财富，进入社会结构顶端。因此，进一步规范政府行为，完善政府监督机制，加大惩罚力度，在缩小贫富差距的同时，还有利于市场经济机制的建立、社会分层结构的合理化。

（7）在货币政策方面，对其实行宽松的政策。一是为受信贷约束但有发展潜力的个体提供创办企业的资金。为个人带来经济利益的同时，也能增加社会财富、促进经济的增长。二是向有消费需求，但没有购买能力的有较高学历、较高专业技术职务的社会群体提供消费信贷。满足这部分群体的消费需求，不仅带着社会整体的消费水平，还能使其发挥消费示范的功能，带动商品市场的发展的同时，拉动经济的增长。

（8）在收入分配政策方面，提高其工资报酬。提高以脑力才能、技术才能见长的群体的工资报酬，一方面可以提高其投身于事业、带动生产的积极性；另一方面可以提升其消费购买力。发挥好“按劳分配和按生产要素分配”的综合作用，调动劳动者的积极性和创造性，提高生产效率的同时，合理化社会资源配置。

（9）大力发展教育、特别是高等教育。西方国家对高等教育赋予了极高的评价，他们把高校比作发展中产阶层的机器。大力发展教育，推进义务教育优质均衡发展，深化高等教育改革，使更多人民群众有分享经济增长成果的机会。经验分析和实证分析都告诉我们，教育对子代社会地位的贡献率较高，在劳动力市场上，文凭也是识别劳动者能力的重要信号，具有高文凭的个体，获得稳定且高薪的职位机会更多。个体接受高等教育不仅可以获得系统、专业化的知识，而且还可以激发其创新和自我发展的潜能，为其社会阶层向上流动打下坚实基础。

第七章 结论与政策建议

第一节 主要结论

本书主要从代际职业流动性以及代际收入流动性两条路径分析了扩大中等收入群体过程中存在的问题，概括来说主要有以下几个方面。

就后致性影响因素而言，子代受教育程度、子代收入，以及子代工作单位类型都对其社会阶层有正向作用，子代的生活压力感知虽然不直接影响社会阶层，但是可以通过影响其收入而对其社会阶层产生影响。

就先赋性影响因素而言，父辈是否是中等收入群体将直接影响子代在社会阶层中所处的位置，以及连同父辈的收入、父辈的受教育程度等变量通过影响子代的特征变量而间接影响子代的社会阶层。

从中等收入群体子女的职业流动方向可以看出，代际职业继承指数大于代际职业流动指数，劳动力市场存在“子承父业”现象，在中等收入群体的各个职业中，一般专业技术以及高级专业技术的子女代际继承指数最高。中等收入群体职业的代际流入指数和代际流出指数的数值均小于 1 或者约等于 1，反映出中等收入群体和其他社会阶层的开放程度较低，各职业阶层间存在垂直流动的障碍。

子代的职业深受父辈职业的影响，与整体社会相比，中等收入群体的子女面临着向下流动风险更高，向上流动机会更小的困境。从长远来看，会导致“职业阶层固化”，中产阶层难以扩大的局面。

存在二元分割的劳动力市场，且农村的劳动力市场开放程度更低，与城镇相比，农村子女也面临着难以向上流动，更易向下流动的窘境，导致中等收入群体缺乏底层群众的基础性来源，规模难以扩大。

就整个社会阶层而言，仍然存在单位壁垒。受有限准入秩序制度以及“人格化交易”劳动市场环境的影响，“圈外”的人难以进入“圈内”“圈内”的人通过代际职业继承的方式，将其现在拥有的经济收入、权利、社会声望等地位传递给子女。

我国居民的受教育程度目前还不到“知识失业，体脑倒挂”的时期，教育程度越高，对代际向下流动抑制作用和代际向上流动的促进作用的贡献越大，大力发展教育事业是十分有必要的，这不仅可以扩大中等收入群体，而且对整个社会阶层都有利。

父辈收入与子代收入呈正相关关系，父辈收入越高，子女收入随父辈收入的上升而上升。农村子女代际收入弹性高于城镇，在整体社会阶层也有相同的规律，说明存在城乡二元分割的现象，农村的代际收入流动性较低，其子女更容易受父辈收入的影响。对比整体社会阶层和中等收入群体发现，中等收入群体子女的收入比整体社会阶层更容易受父辈收入的影响。

中等收入群体父子同职与父辈收入对数的交叉项的估计系数也高于整体阶层。中等收入群体通过父子同职，以职业为载体更是提高了收入在两代之间的传递。也就是说，代际职业继承指数的飙升，降低了代际收入流动，进一步造成了代际间收入差距的传递。代际职业流动性较低时，不仅使职业阶层趋向固化，还使子代间的收入差距进一步拉大。

受教育程度与子代收入呈正相关关系。农村教育水平提升对子代收入的边际效应要高于城镇，所以尤其是在农村更应该加大教育的投资。继续完善教育体制改革，实现义务教育优质均衡发展，提高高等教育、职业教育的收益率。

第二节　制度层面上解决中等收入群体固化的路径

本书主要将诺思的“人格化交易”与“有限准入秩序”思想引入逻辑框架，分析我国市场转型过程中，中等收入群体的代际职业流动性与代际收入流动性对扩大中等收入群体的影响，从制度经济学视角阐释中国社会阶层日趋固化的成因。基于研究结论，我们提出以下制度性建议。

第一，加大对公共权力的监督，严惩腐败，逐步向“开放准入秩序”转轨。

转型期社会底层群众难以向上流动，部分原因在于公共权力异化，腐败行为是公共权力异化的外在表现。政府权力监督机制不完善，是通过权力寻租成为部分社会上层群体谋取不合理、非法财富并跻身社会顶层的重要渠道。官官勾结、官商勾结等腐败行为编织了一张巨大的关系网，处于弱势地位的社会成员无法与之公平竞争，难以获取应有的经济收益、权利或社会声望等地位。而代内之间的不平等通过代际传递的方式进一步影响子代间的不平等，对社会危害极大。因此，我国应加大对公共权力的监督、监管力度，严惩腐败，防止公共权力异化，撕破关系网，为社会底层群众打通向上流动的道路。

在逐步向“开放准入秩序”转变的过渡期，要逐步实现劳动力市场和商品市场的非人格化交易。有限准入向开放准入秩序的转变并非一蹴而就，可以先向成熟型有限准入演变。这个过程需要逐步实现：首先，在精英阶层内部先实现非人格化交易，然后再逐渐扩展至非精英阶层。其次，设计激励与约束相容的制度，让既得利益者认识到非人格化交易更有助于实现自身利益，从而减少改革过程中的阻力，推动转轨的进行。“开放准入秩序”下的“非人格化交易”是实现长期社会和谐发展、经济稳步增长的必要条件。在劳动力市场上，非人格化交易有利于代际职业的流动，进而促进社会流动，打破社会阶层固化的局面。

第二，在社会保障制度及分配制度上更加重视公平。

（1）在社会保障制度方面，社会保障制度作为社会治理的基础制度之一，仍存在诸多问题，主要表现为覆盖面小、保障程度低以及等级化严重等。不合理的社会保障制度会导致个人发展机会不均等。完善社会保障体系，提高社会底层群众的社会福利待遇，使政策向底层群众倾斜，如制定与实施“失业救济、伤残保护、社会福利和保险、贫困扶助”等政策。完善的社会保障制度能够发挥缓解社会阶层固化的作用。

（2）在分配制度方面，分配制度作为调节收入差距的重要手段，“初次分配和再分配都要更加注重公平”。赋予底层群众通过个人努力获得向上流动的机会，从而不断扩大中等收入群体的规模。中等收入群体是社会底层和社会上层的缓冲阶层，成熟的中等收入群体能够缓冲社会极端阶层之间的矛盾，促进社会和谐稳定发展，经济平稳持续增长。

第三，引导教育发挥对社会流动的推动作用。

（1）充分发挥教育扶贫的政策效果，教育是带动贫困地区发展的撬板，是阻断贫困代际传递的根本举措。通过教育扶贫，可以提高个人知识和技能，增加个人收入，为社会培养人才，提高劳动生产率；完善资助体系：通过完善灵活就业人员和新就业形态劳动者居住证申领政策，健全以居住证为主要依据的农业转移人口随迁子女入学保障政策，确保随迁子女能够平等接受教育；加大财政投入力度：中央财政对地方教育转移支付规模的增加，特别是对中西部地区的支持，是实现教育资源均衡分布的关键。例如，中央财政教育转移支付资金半数以上用于中西部地区，重点实现专项倾斜、分担倾斜、因素倾斜、资助倾斜的“四个倾斜”。

（2）构建优质均衡的基本公共教育服务体系，推进义务教育优质均衡发展。这包括优先保障基本公共教育服务，在经济社会发展规划、财政资金投入、公共资源配置等方面优先保障基本公共教育服务，实行义务教育免试就近入学，全面推进义务教育免试就近入学和公办民办学校同步招生政策，确保不同群体适龄儿童平等接受义务教育；加快发展职业教育，增强贫困地区人口内生发展动力，通过职业教育、高等教育或职业培训实现家庭脱贫更加注重教育资源均衡分布，加大教育资源向贫困地区的投入，使贫困家庭子女与中等收入群体及以上群体的子女享受公平、均等的教育资源。

（3）加大教育信息化建设，全力推进教育信息化建设，扩大优质教育资源覆盖面，逐步缩小区域、城乡、校际差距。

第四，打通各阶层就业通道。

代际间收入的流动与职业流动有着直接联系。代际职业流动缓慢，不仅会造成职业阶层固化，也会使代内间收入不平等传递到子代，降低代际收入的流动性，所以提高代际职业的流动性尤为关键。

（1）要调整不合理的就业结构、丰富职业类型，为代际流动扫清障碍，畅通就业渠道。

（2）建立政策和舆论引导机制。在树立公平竞争的价值观和职场规则的同时，一方面要鼓励用人单位聘用更有能力和才干的贫困家庭子女；另一方面要加强对贫困家庭子女的培训，使其具有一技之长，为社会所用。

（3）建立公平的法律制度、完善政治制度、深化经济体制改革。在法律制度方面，要确保法律面前人人平等，至少做到司法、行政相独立，减少行政权对公正司法判决的干扰，保障“无权无势”的人也能通过法律获得正当权益，为维护代际社会公平流动保驾护航。在政治制度方面，要确保更多群众享受“政治红利”，提高中等收入群体的政治参与度，增强其政治话语权，为他们提供积极争取实现自身利益最大化的渠道。在经济体制方面，政府应逐渐退出市场，引入竞争机制，剥夺行政的“再分配权利”，切断“权力寻租”蔓延增生的途径、消灭“制度排斥”变异滋生的行径。同时，加强对政府机关与国有企业等单位的监督与约束，拆除“单位壁垒”，杜绝“权物交易、权钱交易、权权交易等腐败现象”，促进非精英阶层代内、代际之间的阶层流动。

第五，逐渐取消城乡二元分割户籍制度。

加快推进城镇化进程不能仅停留在口号层面，城镇化率水平也不应只是一个单纯的数字。要让农村人口真正融入城市生活，就需要调整社会各个方面的体系与之配套，尤其是关乎民生的就业与收入问题，以及福利体系和公共服务的资源配置体系等。要解决城乡二元分割制度带来的社会不公平问题，关键在于实现各项社会、经济活动与户籍脱钩。

参考文献
REFERENCES

[1] 埃里克·奥林·赖特. 阶级分析的三种逻辑与中产阶级研究 [J]. 江苏社会科学, 2008 (4): 51-56.

[2] 埃米尔·涂尔干. 社会劳动分工论 [M]. 渠东, 译. 北京: 生活·读书·新知三联书店, 2000.

[3] 保罗·科利尔. 最底层的10亿人 [M]. 北京: 中信出版社, 2008.

[4] 边燕杰, 张文宏. 经济体制、社会网络与职业流动 [J]. 中国社会科学, 2001 (2): 77-89.

[5] 边燕杰, 李路路, 李煜, 等. 结构壁垒、体制转型与地位资源含量 [J]. 中国社会科学, 2006 (5): 100-109.

[6] 彼德·布劳. 社会生活中的交换与权力 [M]. 北京: 华夏出版社, 1987.

[7] 查尔斯·赖特·米尔斯. 白领——美国的中产阶级 [M]. 杭州: 浙江人民出版社, 1986.

[8] 程丽香. 沿海农村的社会流动——来自福建省福清市18个村庄的调查 [J]. 福建省社会主义学院学报, 2003 (3): 67-72.

[9] 道格拉斯·C. 诺思. 暴力与社会秩序 [M]. 杭行, 王亮, 译. 上海: 格致出版社, 2013.

［10］丹尼尔·贝尔．后工业社会的来临——对社会预测的一项探索［M］．北京：商务印书馆，1984.

［11］丹尼斯·吉尔伯特，约瑟夫·A. 卡尔．美国阶级结构［M］．北京：中国社会科学出版社，1992.

［12］尼科斯·普兰查斯．当代资本主义的阶级［M］．何建章，等，编．北京：中国社会科学出版社，1976.

［13］德热拉斯·吉拉斯．新阶级［M］．陈逸，译．北京：世界知识出版社，1963.

［14］方鸣，应瑞瑶．中国农村居民代际收入流动性研究［J］．南京农业大学学报（社会科学版），2010，10（2）：14－18.

［15］方鸣，应瑞瑶．中国城乡居民的代际收入流动及分解［J］．中国人口·资源与环境，2010，20（5）：123－128.

［16］格尔哈斯·伦斯基．权力与特权：社会分层的理论［M］．杭州：浙江人民出版社，1987.

［17］盖奥尔格·齐美尔．社会学——关于社会化形式的研究［M］．北京：华夏出版社，2002.

［18］高勇．社会樊篱的流动——对结构变迁背景下代际流动的考察［J］．社会学研究，2009（6）：1－17.

［19］郭丛斌，丁小浩．职业代际效应的劳动力市场分割与教育的作用［J］．经济科学，2004（3）：74－82.

［20］郭丛斌，丁小浩．高等教育跨越职业代际效应的作用［J］．高等教育研究，2004（4）：24－28.

［21］郭丛斌，闵维方．中国城镇居民教育与收入代际流动的关系研究［J］．中国教育学前沿，2008（1）：3－14.

［22］郭凡．当前广州社会的代际流动［J］．社会学研究，1995（6）：59－66.

［23］韩军辉．机会不等与收入不均：城乡家庭收入的代际流动［J］．华

南农业大学学报（社会科学版），2010，9（3）：72－78.

［24］韩军辉，龙志和．基于多重计量偏误的农村代际收入流动分位回归研究［J］．中国人口科学，2011（5）：26－35.

［25］何石军，黄桂田．中国社会的代际收入流动性趋势：2000—2009［J］．金融研究，2013（2）：19－32.

［26］何晓琦，邓晓岚．跨代收入流动及其评估［J］．统计研究，2006，23（6）：39－43.

［27］胡联合，胡鞍钢．中产阶层："稳定器"还是相反或其他——西方关于中产阶层社会政治功能的研究综述及其启示［J］．政治学研究，2008（2）：43－51.

［28］黄晓波．职业流动的民族差异及其成因探究——以广西为例［J］．经济研究导刊，2010（13）：95－96.

［29］姜力．转型期影响我国社会阶层流动因素分析［J］．江苏师范大学学报（哲学社会科学版），2014，40（4）：108－111.

［30］K. 戴维斯，W. 莫尔．分层的一些原则［J］．美国社会学评论，1945（10）：242－249.

［31］L. 科塞．社会冲突的功能［M］．北京：华夏出版社，1989.

［32］李晚莲．社会变迁与职业代际流动差异：社会分层的视角［J］．求索，2010（6）：62－64.

［33］李强．中国大陆城市农民工的职业流动［J］．社会学研究，1999（3）：95－103.

［34］李路路．制度转型与阶层化机制的变迁——从"间接再生产"到"间接与直接再生产"并存［J］．社会学研究，2003（5）：42－51.

［35］李路路，杨娜．社会变迁与阶级分析：理论与现实［J］．社会学评论，2016，4（1）：3－11.

［36］李强．社会分层十讲［M］．北京：社会科学文献出版社，2011.

［37］李强．当代中国社会分层：测量与分析［M］．北京：北京师范大学

出版社，2010.

［38］李强．关于中产阶级和中间阶层［J］．中国人民大学学报，2001，15（2）：17－20.

［39］李培林．社会冲突与阶级意识——当代中国社会矛盾研究［J］．社会，2005，25（1）：7－27.

［40］李培林．中国跨越“双重中等收入陷阱”的路径选择［J］．劳动经济研究，2017（1）：3－20.

［41］李正东．关于当前中产阶层研究的几个思考［J］．天府新论，2004（1）：90－95.

［42］李正东．试论中国中产阶层——当前中国社会转型进程中社会结构整合的动态探索［J］．广东社会科学，2001（2）：102－108.

［43］李任玉，陈悉榕，甘犁．代际流动性趋势及其分解：增长、排序与离散效应［J］．经济研究，2017，52（9）：165－181.

［44］梁漱溟编．中国文化要义［M］．上海：学林出版社，1987.

［45］陆学艺．当代中国社会十大阶层分析［J］．学习与实践，2002（3）：55－63.

［46］陆学艺．当代中国社会流动［M］．北京：社会科学文献出版社，2004.

［47］罗杰·吉布森．资产分配［M］．北京：机械工业出版社，2000.

［48］罗伯特·K. 默顿．社会理论和社会结构［M］．南京：译林出版社，2006.

［49］李春玲．断裂与碎片：当代中国社会阶层分化实证分析［M］．北京：社会科学文献出版社，2005.

［50］马克思，恩格斯．马克思恩格斯全集（第20卷）［M］．北京：人民出版社，1971.

［51］马克思，恩格斯．马克思恩格斯选集（第26卷）［M］．北京：人民出版社，1973.

［52］马克斯·韦伯．经济与社会．上卷［M］．北京：商务印书馆，1997.

［53］曼库尔·奥尔森．国家兴衰探源：经济增长、滞胀与社会僵化［M］．北京：商务印书馆，1993.

［54］诺思．制度变迁理论纲要［A］//经济学与中国经济改革［M］．上海：上海人民出版社，1995.

［55］P. 布尔迪约，J. C. 帕斯隆．继承人：大学生与文化［M］．刑克超，译．北京：商务印书馆，2002.

［56］权衡．公共政策、居民收入流动与收入不平等［J］．经济学家，2004，6（6）：57－63.

［57］权衡．政府权力、收入流动性与收入分配——一个理论分析框架与中国经验［J］．社会科学，2005（5）：64－73.

［58］塞缪尔·亨廷顿．变化社会中的政治秩序［M］．王冠华，刘为，等，译．上海：生活·读书·新知三联书店，1989.

［59］塞缪尔·亨廷顿．第三波——20世纪后期民主化浪潮［M］．上海：上海人民出版社，1998.

［60］S. N. 艾森斯塔德．现代化：抗拒与变迁［M］．张旅平，沈原，陈育国，等，译．北京：中国人民大学出版社，1988.

［61］沈瑞英．矛盾与变量：西方中产阶级与社会稳定研究［M］．北京：经济管理出版社，2009.

［62］沈原．社会转型与工人阶级的再形成［J］．社会学研究，2006（2）：13－36.

［63］孙三百，黄薇，洪俊杰．劳动力自由迁移为何如此重要？——基于代际收入流动的视角［J］．经济研究，2012（5）：147－159.

［64］孙凤．职业代际流动的对数线性模型［J］．统计研究，2006（7）：61－65.

［65］唐世平．社会流动、地位市场与经济增长［J］．中国社会科学，

2006 (3): 85 - 97.

[66] 王海港. 中国居民收入分配的代际流动 [J]. 经济科学, 2005 (2): 18 - 25.

[67] 王春光. 中国职业流动中的社会不平等问题研究 [J]. 中国人口科学, 2003 (2): 27 - 36.

[68] 阮德信, 唐晓东. 我国中产阶层形成路径新探 [J]. 生产力研究, 2004 (12): 82 - 84.

[69] 维弗雷多·帕累托. 普通社会学纲要 [M]. 田时刚, 译. 上海: 生活·读书·新知三联书店, 2001.

[70] 托克维尔. 旧制度与大革命 [M]. 冯棠, 译. 北京: 商务印务馆, 1996.

[71] 托克维尔. 论美国民主 [M]. 北京: 商务印书馆, 1997.

[72] 吴启焰, 刘春卉. 边缘化新白领的中产阶层化研究: 内容、理论构架与未来 [J]. 人文地理, 2015 (1): 40 - 44.

[73] 吴晓刚. 中国的户籍制度与代际职业流动 [J]. 社会学研究, 2007 (6): 38 - 65.

[74] 魏颖, 张春艳. 代际收入流动与收入不平等问题研究 [J]. 中国社会科学院研究生院学报, 2009 (4): 97 - 102.

[75] 夏尔·托克维尔. 旧制度与大革命 [M]. 北京: 商务印书馆, 1997.

[76] 夏建中. 社会分层、白领群体及其生活方式的理论与研究 [M]. 北京: 中国人民大学出版社, 2012.

[77] 谢勇. 人力资本与收入不平等的代际间传递 [J]. 上海财经大学学报, 2006, 8 (2): 49 - 56.

[78] 西摩·马丁·李普塞特. 政治人——政治的社会基础 [M]. 北京: 商务印书馆, 1993.

[79] 邢春冰. 中国农村非农就业机会的代际流动 [J]. 经济研究, 2006

(9)：103－116.

［80］严善平．大城市社会流动的实态与机制——来自天津市居民问卷调查的实证分析［J］．中国社会科学，2000（3）：104－114，205.

［81］亚里士多德．政治学［M］．北京：中国人民大学出版社，1999.

［82］姚先国，赵丽秋．中国代际收入流动与传递路径研究：1989—2000［C］．第六届中国经济学年会入选论文．

［83］余红，刘欣．单位与代际地位流动：单位制在衰落吗？［J］．社会学研究，2004（6）：52－63.

［84］张宛丽．对现阶段中国中间阶层的初步研究［J］．江苏社会科学，2002（4）：85－94.

［85］张宛丽．中产阶层为何也沦为“夹心层”［J］．人民论坛，2010，10（7）：42－43.

［86］王春光．中国职业流动中的社会不平等问题研究［J］．中国人口科学，2003（2）：27－36.

［87］张静．我国当代中产阶级的崛起及其社会功能［J］．西北人口，2007，28（4）：119－121.

［88］张翼．中国人社会地位的获得——阶级继承和代内流动［J］．社会学研究，2004（4）：76－90.

［89］张瑞玲．农村居民的代际职业流动研究［J］．兰州学刊，2009(3)：107－110.

［90］张瑞玲．农村居民代际职业流动影响因素分析——基于河南省蔡寨村的调查［J］．农林经济管理学报，2010，9（2）：36－41.

［91］郑杭生，李路路．当代中国城市社会结构：现状与趋势［M］．北京：中国人民大学出版社，2004.

［92］周玉．社会网络资本与干部职业地位获得［J］．社会，2006，26(1)：83－97.

［93］周晓虹．中产阶级：何以可能与何以可为？［J］．江苏社会科学，

2002 (6): 37 -45.

[94] 周晓虹. 中国中产阶层调查 [M]. 北京: 社会科学文献出版社, 2005.

[95] ACEMOGLU D, ZILIBOTTI F, Acemoglu D, Zilibotti F. Was Prometheus Unbound by Chance? Diversification & Growth [J]. Working Papers, 1995, 6 (8): 442 -443.

[96] ADELMAN I, MORRIS C T. Society Politics & Economic Development: A Quantitative Approach [M]. Baltimore: Johns Hopkins Press, 1967.

[97] ALESINA, ALBERTO, RODRIK, et al. Distributive Politics and Economic Growth [J]. Cepr Discussion Papers, 1991, 109 (2): 465 -490.

[98] BANERJEE A V, DUFLO E. What is Middle Class about the Middle Classes around the World? [J]. Journal of Economic Perspectives, 2008, 22 (2): 3 -28.

[99] BECKER G, N. TOMES. An Equilibrium Theory of the Distribution of income and Intergenerational Mobility [J]. The Journal of Political Economy, 1979, 87: 1153 -1189.

[100] BELL DANIE. Will Economic Crisis Bring Democracy to Asia? After the Tsunami [J]. New Republic, 1998, 218 (10): 22 -25.

[101] BLAU P, D. DUCAN. The American Occupational Structure [M]. New York: Free Press, 1967.

[102] BJÖRKLUND A, JÄNTTI M. Intergenerational Income Mobility in Sweden Compared to the United States [J]. American Economic Review, 1997, 87 (5): 1009 -1018.

[103] BIAN Y. Bringing Strong Ties Back in: Indirect Ties, Network Bridges, and Job Searches in China [J]. American Sociological Review, 1997, 62 (3): 366 -385.

[104] BIAN Y, LOGAN J R. Market Transition and the Persistence of Power:

The Changing Stratification System in Urban China [J]. American Sociological Review, 1996, 61 (5): 739 -758.

[105] BIRDSALL N, LONDONO J L. Asset Inequality Matters: An Assessment of the World Bank's Approach to Poverty Reduction [J]. American Economic Review, 1997, 87 (2): 32 -37.

[106] BIRDSALL N, GRAHAM C, PETTINATO S. Stuck in Tunnel: Is Globalization Muddling the Middle? [J]. Ssrn Electronic Journal, 2001.

[107] BIRDSALL N. The (Indispensable) Middle Class in Developing Countries; or, The Rich and the Rest, Not the Poor and the Rest [J]. Social Science Electronic Publishing, 2010, 28 (5): 1755 -1760.

[108] BROWN R H. Social Mobility and Economic Growth: A Renaissance Example. [J]. British Journal of Sociology, 1973, 24 (1): 58.

[109] BUCHANAN J M, et al. Toward a Theory of Rent - Seeking Society [M]. Texas: Texas A&M University Press, 1980.

[110] BURT, R. S. Structural Holes: The Social Structureof Competition [M]. Cambridge, MA: Harvard University Press, 1992.

[111] CHECCHI D, PERAGINE V. Inequality of Opportunity in Italy [J]. Journal of Economic Inequality, 2010, 8 (4): 429 -450.

[112] CLARKE, GEORGE R. G. More Evidence on Income Distribution and Growth [J]. Journal of Development Economics, 1995, 47 (2): 403 -427.

[113] COMIS. Intergenerational Mobility in Europe: Evidence from ECHP [R]. Child Working Papers, 2003.

[114] DAHAN M, GAVIRIA A. Sibling Correlations and Intergenerational Mobility in Latin America [J]. Economic Development & Cultural Change, 2001, 49 (3): 537 -554.

[115] DEARDEN L, MACHIN S, REED H. Intergenerational Mobility in Britain [J]. Economic Journal, 1997, 107 (440): 47 -66.

[116] DEININGER K, SQUIRE L. New Ways of Looking at Old Issues: Inequality and Growth [J]. Journal of Development Economics, 1998, 57 (2): 259 - 287.

[117] DOEPKE M, ZILIBOTTI F. Occupational Choice and the Spirit of Capitalism [J]. Social Science Electronic Publishing, 2008, 123 (2): 747 - 793.

[118] EASTERLY W. The Middle Class Consensus and Economic Development [J]. Social Science Electronic Publishing, 2001, 6 (4): 317 - 335.

[119] ERIKSON R, GOLDTHORPE J H, PORTOCARERO L. International Class Mobility in Three Western European Countries: England, France, and Sweden [J]. British Journal of Sociology, 1979, 30 (4).

[120] ERIKSON R, GOLDTHORPE J H. Intergenerational Inequality: A Sociological Perspective [J]. Journal of Economic Perspectives, 2002, 16 (3): 31 - 44.

[121] ERIKSON, R, GOLDTHORPE, JOHN H, et al. Intergenerational Class Mobility in Three Western European Societies: England, France and Sweden [J]. British Journal of Sociology, 1979, 30 (4): 415 - 441.

[122] GALOR O, TSIDDON D. Technological Progress, Mobility, and Economic Growth [J]. American Economic Review, 1997, 87 (3): 363 - 382.

[123] GALOR O, MOAV O. From Physical to Human Capital Accumulation: Inequality and the Process of Development [J]. Review of Economic Studies, 2004, 71 (4): 1001 - 1026.

[124] GERTZ G. The New Global Middle Class: A Cross - Over from West to East [J]. Washington, 2010.

[125] GONG H, LEIGH A, MENG X. Intergenerational Income Mobility in Urban China [J]. Review of Income & Wealth, 2012, 58 (3): 481 - 503.

[126] HAIDER S, SOLON G. Life - Cycle Variation in he Association between Current and Lifetime Earnings [J]. American Economic Review, 2006,

96 (4): 1308 – 1320.

[127] HAUSMANN R, PRITCHETT L, RODRIK D. Growth Accelerations [J]. Journal of Economic Growth, 2005, 10 (4): 303 – 329.

[128] HASSLER J, MORA J V R, ZEIRA J. Inequality and Mobility [J]. Journal of Economic Growth, 2007, 12 (3): 235 – 259.

[129] KHARAS H. The Emerging Middle Class in Developing Countries [J]. Oecd Development Centre Working Papers, 2010.

[130] LAMBERT F, PIGNATTI M. What Explains Cross – Country Differences in Life – Cycle Consumption? A comparison between Italy and the United States [J]. New York, 2007, 45 (8): e3 – e4.

[131] LANDES, DAVID. The Wealth and Poverty of Nations: Why Some Are So Rich and Some So Poor [M]. New York: W. W. Norton & Company, 1998.

[132] LEFRANC A, PISTOLESI N, TRANNOY A. Inequality of Opportunities vs. Inequality of Outcomes: Are Western Societies All Alike? [J]. Review of Income & Wealth, 2008, 54 (4): 513 - 546.

[133] LEFRANC A, PISTOLESI N, TRANNOY A. Equality of Opportunityand Luck: Definitions and Testable Conditions, With an Application to Income in France [J]. Journal of Public Economics, 2009, 93 (11 – 12): 1189 – 1207.

[134] LEVI M. Of Rule and Revenue: [M]. Oakland: University of California Press, 1989.

[135] LOAYZA N V, RADDATZ C. The Composition of Growth Matters for Poverty Alleviation [J]. Journal of Development Economics, 2010, 93 (1): 137 – 151.

[136] LIN N. Social Resources and The Emergence of Social Structure [C]. Paper presented at the XII World Congress of Sociology, July, Madrid, Spain, 1990b.

[137] MAOZ Y D, MOAV O. Intergenerational Mobility and the Process of

Development [J]. Economic Journal, 1999, 109 (458): 677 – 697.

[138] MARSDEN P V, LIN N. Social Structure and Network Analysis [J]. Social Forces, 1982, 63 (3): 854.

[139] MORAND O F. Inequality, Mobility, and the Transmission of Ability [J]. Journal of Macroeconomics, 2004, 26 (3): 533 – 545.

[140] M. S. GRANOVETTER. The Strength of Weak Ties [J]. The American Journal of Sociology, 1973, 78 (3): 1360 – 1380.

[141] MURPHY K M, SHLEIFER A, VISHNY R. Income Distribution, Market Size, and Industrialization [J]. Quarterly Journal of Economics, 1989, 104 (3): 537 – 564.

[142] NATALIE CHUN, RANA HASAN, MEHMET ULUBASOGLU. The Role of the Middle Class in Economic Development: What Do Cross – Country Data Show? [J]. Review of Development Economics, 2017, 21 (2): 404 – 424.

[143] NAPEL S, SCHNEIDER A. Intergenerational Talent Transmission, Inequality, and Social Mobility [J]. Economics Letters, 2006, 99 (2): 405 – 409.

[144] NEE VICTOR. A Theory of Market Transition: From Redistribution to Markets in State Socialism [J]. American Sociological Review, 1989, 54 (5): 663 – 681.

[145] NORTH D C, WALLIS J J, WEINGAST B R. Violence and the Rise of Open – Access Orders [J]. Journal of Democracy, 2008, 20 (1): 55 – 68.

[146] NORTH D. Institutions, Institutional Change and Economic Performance [M]. Cambridge: Cambridge University Press, 1990.

[147] NICOS POULANTZAS. Classes in Contemporary Capitalism. New Left Books, 1975 [J]. Politics & Society, 1976, 6.

[148] NICOLETTI C, FOLIANO F. Estimating Income Poverty in the Presence of Missing Data and Measurement Error [J]. Journal of Business & Economic Statistics, 2011, 29 (1): 61 – 72.

[149] OWEN A L, WEIL D N. Intergenerational Earnings Mobility, Inequality and Growth [J]. Journal of Monetary Economics, 1998, 41 (1): 71 – 104.

[150] PEROTTI R. Growth, Income Distribution, and Democracy: What the Data Say [J]. Journal of Economic Growth, 1996, 1 (2): 149 – 187.

[151] PERSSON T, TABELLINI G. Is Inequality Harmful for Growth? [J]. American Economic Review, 1994, 84 (3): 600 – 621.

[152] PIKETTY T. Capital in the Twenty – First Century: [M]. Cambridge: The Belknap Press of Harvard University Press, 2014.

[153] PIORE M J. Fragments of a "Sociological" Theory of Wages [J]. American Economic Review, 1973, 63 (2): 377 – 384.

[154] RAVALLION M. The Developing World's Bulging (but Vulnerable) Middle Class [J]. Policy Research Working Paper, 2009, 38 (4): 445 – 454.

[155] REDDING S G. The Spirit of Chinese Capitalism [M]. 上海：格致出版社，2009.

[156] RÓNA – TAS A. The First Shall Be Last? Entrepreneurship and Communist Cadres in the Transition from Socialism [J]. American Journal of Sociology, 1994, 100 (1): 40 – 69.

[157] ROEMER J. Equal Opportunity and Intergenerational Mobility: Doing Beyond Intergenerational Income Transition Matrices [J], Corak, M. (ed.), Generational Income Motility in. North America and Europe. Cambridge: Cambridge University Press, 2004.

[158] RICHARD PARKER. The Myth of the Middle Class [M]. New York: LIVERIGHT, 1972.

[159] SCHOR J. The New Politics of Consumption. Boston Review, Summer, 1999.

[160] COYNER S. J. Class Consciousness and Consumption: The New Middle Class During the Weimar Republic [J]. Journal of Social History, 1977, 10 (3): 310 – 331.

[161] SHORROCKS A. Income Inequality and Income Mobility [J]. Journal of Economic Theory, 1978b, 46: 376 - 393.

[162] SOLON, GARY. Generational Income Mobility in North America and Europe: A Model of Intergenerational Mobility Variation over Time and Place [M]. Cambridge: Cambridge University Press, 2004.

[163] SOLON G. Cross Country Differences in Intergenerational Earnings Mobility [J]. Journal of Economic Perspectives, 2002, 16 (3): 59 - 66.

[164] SOLON G. Intergenerational Income Mobility in the United States [J]. American Economic Review, 1992, 82 (3): 393 - 408.

[165] WALDER A G. Markets and Inequality in Transitional Economies: Toward Testable Theories [J]. American Journal of Sociology, 1996, 101 (4): 1060 - 1073.

[166] YUAN Z, GUANGHUA W, KHOR N. The Rise of the Middle Class in the People's Republic of China [R]. ADB Economics Working Paper Series, 2011.

[167] ZHOU X. Economic Transformation and Income Inequality in Urban China: Evidence from Panel Data [J]. American Journal of Sociology, 2000, 105 (4): 1135 - 1174.

后记
POSTSCRIPT

完成本部拙作《扩大中等收入群体的路径研究——基于代际流动的视角》，是一段充满学术探索与实证求证的旅程。从最初的研究框架构思到最终的书稿定稿，无数次的推翻与重建，让我对扩大中等收入群体这一议题有了更为深刻的理解。本书试图揭示制度变迁、社会流动与中等收入群体形成之间的复杂关联。作为作者，我在此回顾研究的初衷、挑战，为后续研究提供一点参考。

本书的动力源于两大现实关切：一是中等收入群体对社会稳定与经济增长日益凸显的重要性；二是快速制度转型背景下代际流动面临的深层挑战。中国经济腾飞与社会分层加剧、“阶层固化”现象并存，这一矛盾亟待系统性剖析。通过将代际流动理论与制度经济学相结合，本书以宏观制度演变与微观社会经济行为的双重视角，探索扩大中等收入群体的可行路径。

本书可能的贡献：一是理论整合：融合新制度经济学、社会分层理论与代际流动研究，构建了多维分析框架，揭示了从“人格化交换”到“非人格化交换”、从“有限准入秩序”到“开放准入秩序”的制度变迁过程中如何促进我国代际流动；二是实证严谨性：基于代际职业流动与代际收入流动的定量模型，研究揭示了中等收入群体扩大的系统性障碍，如先赋性因素（如家庭背景）的持续影响、劳动力市场的制度惯性等。

本书研究难免存在局限，令人遗憾的是，截至2025年，本书所采用的CHNS数据库仅更新至2015年，而其他微观调查数据，如CFPS数据库，也仅涵盖2010—2020年的数据。我国在代际流动方面的长期追踪数据存在明显不足，这对进行因果推断构成了显著的挑战。此外，我国制度改革的渐进性意味着政策环境的演变，理论模型需持续更新。

本书深化了我对制度、文化与个体能动性如何交织塑造人生轨迹的理解。数据背后的故事——无论是打破贫困代际循环的家庭，还是横跨数代的系统性排斥——提醒我们，扩大中等收入群体不仅是经济议题，更是维护社会凝聚的道德使命。

本书是在博士论文的基础上修订的，在此特别感谢博士生导师卢现祥教授。作为我学术道路的引路人，卢老师以渊博的学识和严谨的治学精神为我树立了治学典范。在论文写作过程中，从选题方向的确立到理论框架的构建，每个关键节点都凝聚着老师的智慧启迪。特别感念卢老师“授人以渔”的育人理念，鼓励我在制度经济学框架下进行学科探索；以“问题导向”的研究方法论，培养我建立独立发现问题、分析问题的能力；更以“板凳要坐十年冷”的治学态度，教会我如何在浮躁的学术环境中保持定力。这些精神财富早已超越论文指导本身，成为滋养我学术生命的重要养分。

特别感谢中国健康与营养调查提供数据及青岛金圣润电器有限公司数字化管理优化咨询项目提供的资金支持。本书的出版承蒙中国财政经济出版社领导及编校团队的专业指导，在此一并致谢。文责自负，但学术传承永续，愿以此书为新的起点，继续在求真问道的征途上砥砺前行。

中国正处于新发展阶段，培育充满活力、包容共享的中等收入群体仍是核心课题。本研究仅是漫长求索中的一步——唯愿繁荣之路向所有人敞开，超越出身之偶然与历史之重负。

尹玉琳

2025年3月于烟台